D0166219

Cinema for
Portuguese Conversation

Cinema for Portuguese Conversation

Bonnie S. Wasserman

PC
5035
.W37
2009

Cinema for Portuguese Conversation
© 2009 Bonnie S. Wasserman

Focus Publishing/R. Pullins Company
PO Box 369
Newburyport, MA 01950
www.pullins.com

Cover: *O Caminho Das Nuvens*, a Lucy & Luiz Carlos Barreto Production. Photo by Vera Bungarten.

ISBN 13: 978-1-58510-346-1
To see available ebook versions, visit www.pullins.com

All rights are reserved. No part of this publication may be reproduced, stored in a retrieval system, or transmitted in any form or by any means, electronic, mechanical, by photocopying, recording, or by any other means, without the prior written permission of the publisher. If you have received this material as an examination copy free of charge, Focus Publishing/R. Pullins Company retains the title to the information and it may not be resold. Resale of any examination copies of Focus Publishing/R. Pullins Company materials is strictly prohibited.

Printed in the United States of America

Last updated May 2012 LS

Contents

Acknowledgments

First and foremost, I would like to acknowledge Sonya Collins for all her help. Sonya was indispensable when it came to compiling copyright forms and articles for the leitura section of this book. Paul Almeida Rosen collaborated with the grammatical segment and some of the exercises. Bernardo Wagon, Cassiano Fagundes, and Walter Azevedo helped with translations.

The students of Rutgers University-Newark contributed greatly through their participation in classes related to Lusophone film. Ron Pullins from Focus Publishing was very open in terms of time and design. Special thanks to Amanda Pepper and Linda Diering for all their editorial help, too. Finally, "muito obrigada" to Dr. Steven F. Butterman, Suzana Nunes e Silva, Margarida Mello and Valdete Lima, for their attention to detail in editing the Portuguese sections of this book.

This book is dedicated to my dear friend Lori A. Unz (1965-2008) who always supported me and knew I could do it.

Movie Vocabulary

filme *m* - film
comédia *f* - comedy
drama *m* - drama
filme policial *m* - detective film
filme de aventura *m* - action film
filme de capa e espada *m* - action "cape and sword" film
filme de ação *m* - action film
filme de suspense *m* - suspense film
filme de terror *m* - horror movie
faroeste *m* - western
filme de ficção científica *m* - science fiction movie
documentário *m* - documentary
desenho animado (animação) *m* - animated film
filme mudo *m* - silent movie
bilheteria *f* - ticket office
fracasso *m* - failure

A Equipe

realizador(a) *m/f* - director
diretor(a) *m/f* - director
produtor(a) *m/f* - producer
roteirista *m/f* - screenwriter
distribuidor(a) *m/f* distributor
filmar - to film
produzir um filme - to produce a film
roteiro *m* - screenplay

Os Atores

ator/atriz *m/f* - actor/actress
estrela *f* - star
papel *m* - role
papel principal *m* - leading role
papel secundário *m* - secondary role
personagem *m/f* - character
herói *m* - hero
heroína *f* - heroine

A Técnica

câmera *f* - camera
zoom *m* - zoom
cena *f* - scene
close-up/primeiro-plano/close *m* - close up
plano longo *m* - background
figurino *m* - model (set up for theater or cinema)
som *m* - sound
efeito sonoro *m* - sound effect
voz off/voz over *f* - voice-over
música de filme/trilha musical *f* - music
trilha sonora *f* - soundtrack
efeitos especiais *m* - special effects
créditos *m* - credits
montagem/a edição *f* - editing
legendas *f* - subtitles
dublar - to dub
versão original *f* - original version
sinopse *m* - preview

O Cinema

sala de cinema/um cinema - movie theater
ir ao cinema - go to the movies
passar um filme - show a film
tela *f* - screen
poltrona *f* - seat
assistir a um filme - to watch a movie
cinéfilo(a) *m/f* - movie lover

O Vídeo

videolocadora *f* - place to rent videos
videocassette (DVD) *m* - video cassette
alugar - to rent
devolver - to return
VHS, DVD - form of video
controle remoto *m* - remote control
fast forward, avançar - to fast forward
rebobinar - to rewind

Prêmios (Film Festivals, Awards)

Festival de Gramado
Festival de Brasília
Mostra Internacional de São Paulo
Festival do Rio
Festival Internacional de Curtas Metragens de
    São Paulo
Informaçãoes sobre festivais:
    www.KINOFORUM.ORM

Como exprimir uma opinião?

Eu acho que - I think that
Eu gosto de - I like
Eu adoro - I love
Eu detesto/odeio - I hate

Que tipo de filme você detesta/odeia? - What
    type of film do you like?
Eu prefiro - I prefer
Na minha opinião - In my opinion
Eu concordo com isso/ele/ela - I agree with
    this/him/her
Eu discordo de - I disagree with
Eu mudei a minha opinião - I changed my
    mind
Pelo que eu sei - From what I know
Eu estou convencido de que - I'm convinced
    that
Eu duvido que/eu questiono - I doubt that/ I
    question
Isso me lembra de - This reminds me of

Perguntas para Conversar

1. Quantas vezes por mês você vai ao cinema?
2. Qual foi o último filme a que você assistiu?
3. Onde você gosta de sentar-se na sala (na frente, no meio, atrás)?
4. A que tipo de filme você gosta de assistir?
5. Quantas salas tem o cinema que você frequenta?
6. Você é um(a) cinéfilo(a)?
7. Em sua opinião, qual foi o melhor filme de todos os tempos?
8. Você acha que hoje em dia o som dos filmes é alto demais?
9. Quem é seu ator/atriz preferido(a)?
10. Você gosta de muitos efeitos especiais?
11. Você tem um DVD e um VHS em casa?
12. Você usa um serviço como Netflicks ou vai à videolocadora?
13. Como se chama a videolocadora perto da sua casa?
14. Quanto custa alugar um vídeo?
15. Se você não devolver o filme, quanto custa a multa (fine)?

How to Use This Book

Every chapter is different, though most contain the following exercises or variations:

Antes do filme (Prior to watching the film)

Informação geral (general information about the film)
Apresentação do filme (presentation of the film)
Diretor (the director)
Atores principais (information about the actors)
Prêmios (film awards)
Vocabulário (vocabulary)
Expressões (colloquial expressions in the movie)
O contexto (the historical context of the film)
A busca de trabalho (group questions to think about before watching)

Depois do filme (After the film)

Os personagens (match the characters with their descriptions)
Ordem cronológica (put events in chronological order)
Determine se a frase é verdadeira ou falsa (true or false)
Fotografia (photography: multiple choice)
Pequenas respostas (photography: short answer)
Quem disse as frases? (who said what: match the characters with film dialogue)
Relações entre os personagens (discuss the relationships between characters
    [in some chapters])
Vocabulário (vocabulary: fill in the blanks)
Antônimos/Sinônimos (vocabulary: match the synonyms or antonyms [in some chapters])
Expressões (find the correct expression)
Palavras cruzadas (crossword puzzle [in some chapters])
Mapa (map exercise [in some chapters])
Conversa (conversation questions with cultural information)
Crie uma sinopse (create a preview)
Canto dos Críticos (prepare a TV show about movies)
Redação (essay writing)
Análise de uma cena (analyze a specific scene)
Comparação com outros filmes (compare other films in the book)
Atividade de leitura (read an article, essay, or short story)
Perguntas (answer questions regarding material)

For the instructor

This book is designed to expose students to Brazilian cinema while developing their skills in Portuguese. Presented thematically, this book can be used in the order in which it is arranged, or by skipping around to different chapters and topics. Each chapter presents background material on the film that should be presented before the movie exercises that are designed for reading, writing, and oral proficiency. By watching the movies and completing the exercises provided, students will have a better grasp of the language and culture of Brazil and other Lusophone countries.

For the student

Going to the movies is probably one of the best ways to learn a language. This book is designed to teach Portuguese and Lusophone culture by focusing on a specific movie in each chapter. It is important that you come to class when the film is shown and prepare the exercises before and after the viewing. The first part of each chapter will present a background of the motion picture and provide information on the director, the main actors, and what the film is about. In the second half of the chapter there are exercises about the vocabulary, expressions, dialogue, characters, and overall plot. Some exercises are individual; others are to be done in groups. The final exercise presents a short piece to read and questions to answer. By preparing the work in this book, you will have greater insight into the main issues treated in these movies, an improved vocabulary, and better reading and writing skills.

Introduction

Cinema for Portuguese Conversation is a textbook for intermediate and advanced students of Portuguese that uses film as the basis for teaching vocabulary, strengthening oral and written skills, and presenting Lusophone culture. The book is divided into five sections reflecting major themes in Brazilian, Portuguese, and Lusophone African cinema: the *sertão* (backlands), urban violence, political transitions, women, and the mythological legend of Orpheus. The movies come from different cinematic periods from 1959 until 2003, and can be found easily on the Internet, in libraries, or in rental stores.

In the first section, there are three movies exploring the *sertão*, an important trope in Brazilian cinema first examined in depth during the *Cinema Novo* movement of the 1960s and 70s. *Caminho das Nuvens* (2003) follows the true tale of a family of seven that bikes from the far northeastern region of Brazil to Rio de Janeiro in search of a better life. This movie, dedicated to the famous "King" of Brazilian music, Roberto Carlos, follows the "curves of life" that the family experiences along the way from the north to the south of Brazil. The second movie, *Vidas Secas* (1963), is considered a classic and is based on the book *Barren Lives* by Graciliano Ramos. Filmed in black and white, *Vidas Secas* depicts the difficulties encountered by a family trying to survive during one of the northeast's many droughts. *Vidas Secas* is a distinct example of Cinema Novo, a movement that attempted to portray the disparity in Brazil's socio-economic conditions. The third film in this section is *Central do Brasil* (1998), a worldwide box office hit, that follows the journey of a little boy and a letter writer from Rio to find the boy's father. One of the first films to depict the inverse of typical Brazilian migration by going from the south to the north, this movie reveals changes in the country's spiritual fabric.

Urban violence is the next topic of a number of films and though they may contain some brutality, they provide the viewer information on certain motivating factors behind the stark increase in Brazil's urban decay and bloodletting. The first production, *Carandiru* (2003), is based upon a narrative that described the massacre of prisoners in the largest penitentiary in South America. Told through the eyes of a doctor doing research on AIDS among inmates he interviewed, this movie sheds light not just on brutality, but on the humanity found in some of the most hardened criminals. Next, the award-winning documentary *Ônibus 174* (2002) follows the life of a young man who takes a bus hostage. This fascinating and cinematically stunning film depicts abandoned street children and their invisibility within Brazilian society. Finally, the popular *Cidade de Deus* (2002) addresses the growth of a *favela* on the outskirts of Rio de Janeiro. This violent movie reveals the drugs and corruption that keep such neighborhoods from becoming safe places to live.

Four movies about politics and the effect of regime transitions form the third segment. *O Que é Isso, Companheiro* (1997) examines the kidnapping of American Ambassador Charles Elbrick in 1969. This film delves into the tactics taken by a left wing organization to end the censorship and oppression of the military dictatorship. In *Terra Estrangeira* (1996), instead of fighting the government during a period of economic and political change, a young man flees to Portugal and gets involved in a smuggling operation. Both films educate viewers about important moments in Brazilian history and offer tight and exciting plots. *O Testamento do Senhor Napumoceno* (1997) is a delightful Cape Verdean film that follows the life of a successful businessman by using flashbacks. This movie subtly portrays the history of this Lusophone African nation leading up to its independence in 1975. *Capitães de Abril* (2000), an excellent film by Maria de Medeiros, explores the intricacies of the April 25th Revolution that ended nearly five decades of fascist rule in Portugal. This film emphasizes in particular the role of low ranking officers, such as captains and majors, in standing up to the old guard.

Women and their relationships with men is the theme of a number of Brazilian films. *Dona Flor e Seus Dois Maridos* (1976) by Bruno Barreto is a classic based on the novel of the same name by Jorge Amado. Filmed in Salvador, Bahia, this movie incorporates Afro-Brazilian culture, cuisine, and religion in its portrayal of a woman who has two husbands. This movie has some nudity. *Eu, Tu, Eles* (2000) is another movie about unofficial polygamy, though this time in the *sertão*. Darlene, the protagonist, lives with three men and has children outside of wedlock. In addition to offering a realistic portrayal of *sertanejo* life and folklore, this movie depicts the difficulties women have in a traditional, paternalistic society.

Orpheus, the mythological Greek poet and musician, has inspired a number of plays and movies including *Orfeu Negro* in 1959 and *Orfeu* in 1999. Both films are very musical—the first exposed the world to the Bossa Nova music of Antônio Carlos Jobim, and the second to Bahian master Caetano Veloso. Though the former was a universal hit, winning the Oscar for Best Foreign Film, it has been criticized in recent years for depicting *favelados* as content with their poverty. In any case, by watching both pictures, viewers will have the opportunity to question how the movie industry can adapt themes from both myth and theater (both movies were based on a play about Orpheus by Brazilian Vinicius de Moraes).

In conclusion, the aforementioned films provide ample material to study Lusophone cinema, history, and Portuguese. By classifying each movie within a general subject heading, students will have the opportunity to see how individual works fit within a broader thematic topic. It is my hope that this will inspire them to go to the cinema more often and learn more about what is behind the words and images on the screen.

O Sertão

O Caminho das Nuvens

Informação geral

Apresentação do filme

Romão vive no Nordeste do Brasil e tem cinco filhos que não consegue sustentar. Ele quer começar uma vida nova no Rio de Janeiro. Sem dinheiro para pagar as passagens de ônibus, Romão leva a sua família numa viagem de bicicleta pelo país onde passam por pequenos vilarejos e paradas de caminhão rumo ao seu destino final, que é de ganhar R$ 1.000 por mês. Veja como ele e a sua família enfrentam os obstáculos e se saem nessa grande empreitada, com a ajuda da fé e do amor.

Prêmios

- ✪ The Golden India Catalina (Cartagena Film Festival)
- ✪ The Grand Coral (Havana Film Festival)
- ✪ The Golden Seashell (San Sebastián International Film Festival)

Diretor

Vicente Amorim trabalhou diversas vezes como assistente de direção em filmes como: *Tieta do Agreste* (1996), *Orfeu* (1999) e *Bossa Nova* (2000).

Atores principais

Wagner Moura (Romão) nasceu em 27 de junho de 1976 e atuou em diversos programas de televisão, novelas e seriados, como *JK* (2006), de grande sucesso, no qual fez o jovem Juscelino. Atuou em filmes como: *Woman on Top* (2000), *Abril Despedaçado* (2001), *O Homem do Ano* (2003), *Carandiru* (2003) e *Deus é Brasileiro* (2003).

Cláudia Abreu (Rose) nasceu em 12 de outubro de 1970, no Rio de Janeiro e trabalhou em diversos seriados, novelas e em filmes como *Tieta do Agreste* (1996), *O Que é Isso, Companheiro?* (1997), *O Xangô de Baker Street* (2001) e *O Homem do Ano* (2003).

Vocabulário

Substantivos

baile *m* - dance
ônibus *m* - bus
instrução *f* - instruction
estrada *f* - road
vereador *m* - city councilman, alderman
rede *f* - hammock
cigarro *m* - cigarette
licença *f* - license
bendito *m* - blessed
caminhoneiro *m* - truck driver
serviço *m* - job
motorista *m/f* - driver
conselho *m* - advice
bênção *f* - blessing
romeiros *m* - pilgrims
sereia *f* - mermaid
posto *m* - gas station

peixeira *f* - machete
aumento *m* - salary raise
dúvida *f* - doubt
bichinho *m* - small animal, pet
instrução *f* - instruction
brinquedo *m* - toy
graça *f* - grace
tribo *f* - tribe
curvas *f* - curves
estrada *f* - road
forma *f* - form
castigo *m* - punishment
céu *m* - heaven, sky
estrela *f* - star
infinito *m* - infinite
tormenta *f* - storm

Adjetivos

tímido(a) *m/f* - shy
idoso(a) *m/f* - old
mole *m/f* - easy (slang), soft, slow
burro(a) *m/f* - dumb, donkey, idiot

doido(a) *m/f* - crazy
safado(a) *m/f* - pervert
autêntico(a) *m/f* - authentic

Verbos

levantar - to raise (levantar-se - to get up)
roubar - to steal
pedir - to request
ajuntar / juntar - to put together
ajudar - to help
passar - to go over to the other side
permanecer - to remain
preparar - to prepare
comparar - to compare
chegar - to arrive
dançar - to dance
poder - can, to be able to

explicar - to explain
fumar - to smoke
procurar - to search, to want
esquecer - to forget
querer - to want
viver - to live
ter - to have
estar - to be
ser - to be
saber - to know
ir - to go
lavar - to wash

Advérbios

depressa - fast

Expressões

bem-vindo - welcome
dar carona - give a ride, hitch-hike
eu mando em você - I command you
agradecido - grateful
fazer cocô - to defecate
amar pra valer - to love for real
ser gente - to be someone, to be an adult,
   respectful

não aguenta - can't take it
promessa - promise
que porra é essa? - What the hell is that?
castigo do céu - Heaven's punishment
tá servido? - would you like to have
   something to eat?
ô xente! - oh my (*northeastern expression*)
fazer xixi - to pee

Antes do filme

Leitura: O contexto

É difícil conseguir trabalho no Nordeste e muitos nordestinos procuram uma vida melhor no Sul do Brasil. Geralmente os homens vão sozinhos ao Rio ou São Paulo e depois mandam dinheiro para as famílias, que ficam à sua espera, às vezes por muito tempo. Em outros casos, a família inteira enfrenta os perigos da viagem. Neste filme, uma família atravessa o Brasil de bicicleta, esperando chegar a um destino onde existam mais oportunidades de vida e de trabalho.

A busca de trabalho

Responda às seguintes perguntas em grupo.

1. Uma das razões para deixar o local onde se vive é a busca do trabalho. Como você retrataria no cinema os problemas socioeconômicos que levam à decisão de deixar tudo para trás e partir para um futuro incerto?

2. Se tivesse uma família grande, você a levaria numa viagem muito longa e perigosa?

3. Quais são as dificuldades que os pais têm com os filhos? Em sua opinião, qual é a idade mais difícil para um adolescente lidar com os pais?

Depois do filme

Atividades escritas

A. Os personagens

Relacione o personagem à sua caracterização.

1. ____ Rose
2. ____ Romão
3. ____ Rodney
4. ____ Clévis
5. ____ Antônio

A. quer um salário de R$ 1.000,00 por mês
B. mulher de Romão
C. tem 14 anos e quer fumar
D. gosta de cantar com a sua mãe
E. gosta de sentar na frente de caminhões

B. Ordem cronológica

Enumere as cenas na sequência em que elas aparecem no filme.

_____ Antônio defende a mãe e alguém corta o nariz dele.

_____ Romão levanta a mesa do Padre Cícero.

_____ Rose faz redes e ganha algum dinheiro.

_____ Clévis quase morre atropelado por um caminhão.

_____ A família chega ao Rio e sobe o Corcovado.

_____ Antônio encontra Rodney em frente à televisão.

_____ A família dança e canta como se pertencesse a uma tribo de índios.

_____ Rodney faz xixi na perna de Antônio.

_____ Antônio rouba dinheiro da igreja.

C. Verdadeira ou falsa

Determine se a frase é verdadeira ou falsa.

1. V   F   Rose e Romão têm sete filhos.

2. V   F   Romão queria um emprego que pagasse um salário de R$ 1.000,00.

3. V   F   A família viaja para São Paulo.

4. V   F   A família viajava de fuscão (nome carinhoso para o carro mais popular da Volkswagen).

5. V   F   Um dos filhos de Rose e Romão é sonâmbulo. (ele anda quando dorme).

6. V   F   O morro do Corcovado, onde está o Cristo Redentor, fica em Santa Catarina.

7. V   F   Romão levantou a mesa do Padre Cícero.

8. V   F   Rose gosta de fazer redes.

9. V   F   Romão tinha um bom relacionamento com Antônio.

10. V   F   Toda a família chega à Cidade do Rio de Janeiro.

D. Fotografia

Veja a foto a seguir e escolha as respostas mais adequadas para descrevê-la.

1. Quem está na foto?
   a. Romão e seus amigos.
   b. Rodney e sua namorada.
   c. Rose e seus filhos.
2. Em que momento se vê essa cena no filme?
   a. No fim do filme.
   b. No meio do filme.
   c. No começo do filme.
3. O que os personagens estão fazendo na foto?
   a. Eles estão andando de táxi.
   b. …andando de bicicleta.
   c. …andando a cavalo.
4. Quanto ao clima, o que você vê na foto?
   a. Está nevando.
   b. Faz sol.
   c. Está chovendo.
5. Que sentimentos percebemos a partir da expressão da personagem em primeiro plano?
   a. Ela está feliz.
   b. Ela parece determinada.
   c. Ela está zangada.

E. Pequenas respostas

Veja a foto e escreva três ou quatro frases para cada uma das solicitações a seguir.

1. Descreva a foto.
2. Dê um título para a foto. A seguir, justifique sua escolha.
3. Descreva as emoções traduzidas pela expressão dos personagens.
4. Crie um diálogo entre os personagens.

F. Una a fala ao personagem

Coloque a primeira letra do nome do personagem na lacuna, para identificar quem disse o quê.

1. _____ "Você é um castigo do céu"   A. Rose
2. _____ "Venha cuidar do seu filho"   B. Antônio
3. _____ "Eu sou homem"   C. Romão
4. _____ "Isso não é vida"

G. Relações entre os personagens

Veja o diagrama e descreva as relações entre os personagens em termos familiares, legais, emocionais, e de qualquer outra maneira que você possa imaginar. Por exemplo, há tensão entre eles? No caso de haver triângulos, qual é o personagem dominante em cada um deles?

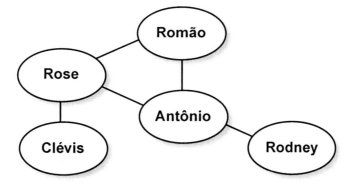

H. Vocabulário

Preencha os espaços em branco com as palavras da lista abaixo:

baile	salário	vereador	motorista	estrelas
brinquedos	tribo	rede	estradas	tímida

1. Os jovens vão ao _____ hoje à noite para dançar.
2. O _____ dirige o caminhão e não pode dormir por muitas horas.
3. Muitas _____ do cinema americano moram na Califórnia.
4. No filme *O Caminho das Nuvens*, algumas pessoas da família fingem pertencer a uma _____ de índios.
5. O marido dela é um político da nossa cidade: ele é o _____.
6. Uma pessoa introvertida é _____.
7. Romão procura um _____ melhor para que ele possa pagar as despesas de família.
8. O nenê reclama quando a irmã toma seus _____.
9. A família canta a música de Roberto Carlos sobre as _____ da vida.

I. Antônimos

Ligue as palavras da coluna A aos seus antônimos na coluna B.

A	B
depressa	inferno
idoso	inteligência
céu	certeza
dúvida	esquecer
burrice	difícil
lembrar	devagar
fácil	jovem

J. Sinônimos e expressões de significado equivalente

Ligue as palavras e expressões da coluna A a seus correspondentes na coluna B.

A	B
doido	você gostaria de comer?
autêntico	faca
castigo	não posso mais
via pública	rua
tá servido?	louco
peixeira	verdadeiro
não aguento	punição

K. Expressões

Escolha a expressão mais adequada para preencher a lacuna.

1. O motorista queria _____ à família de Romão porque achava difícil viajar até o Rio de bicicleta.
   a. dar carona
   b. agradecido
   c. fazer cocô
   d. ser gente

2. Romão sempre dizia a Antônio que o filho era o seu _____.
   a. amar pra valer
   b. ô xente
   c. castigo do céu
   d. eu mando em você

3. Quando alguém chega à nossa casa, costumamos dizer: _____
   a. Você é um castigo do céu!
   b. Seja bem-vindo!
   c. Tá servido?
   d. Você não aguenta!

4. Pais querem ensinar os seus filhos a _____.
   a. serem gente
   b. promessa
   c. amar pra valer
   d. dar carona

5. Romão fez uma _____ em Juazeiro do Norte.
   a. carta
   b. arroz
   c. promessa
   d. sorriso

L. Crie uma sinopse

Depois de ver o filme e discuti-lo na aula, siga as instruções abaixo e escreva uma pequena sinopse para encorajar outras pessoas a assisti-lo. Sinopses devem ser curtas e dar destaque aos momentos mais excitantes e marcantes do filme.

1. Selecione as cenas que você quer destacar.
2. Escreva algumas linhas descrevendo cada cena que você destacou.
3. Coloque-as em sequência, de maneira que a leitura seja atrativa aos futuros espectadores.

M. Redação

A partir das perguntas e proposições a seguir, escreva um ensaio de uma página.

1. Descreva promessas e peregrinações que acontecem na cultura luso-brasileira. Cite outros filmes que apresentem essa temática.
2. Como é o relacionamento de Romão com o filho mais velho? Rose tenta intervir para melhorar a situação entre eles?
3. Como é o relacionamento entre os irmãos? Eles se protegem uns aos outros?
4. Por que a música e o som são elementos importantes em *O Caminho das Nuvens*?
5. Em sua opinião, por que o filme é dedicado a Roberto Carlos?
6. Por que o título do filme é *O Caminho das Nuvens*? Como esse nome se reflete no enredo? Discuta a questão em seu texto.

N. Comparação com outros filmes

Escreva um ensaio de uma página comparando os filmes que constam neste livro.

1. Muitas tomadas foram feitas do céu em direção à terra. Como a cinematografia de *O Caminho das Nuvens* pode ser comparada à de filmes como *Ônibus 174*?

2. Como esse filme, que enfoca uma viagem, pode ser comparado a outros filmes brasileiros de viagem, como *Central do Brasil* e *Vidas Secas*? Onde as histórias deles acontecem? Em todos eles há cenas de peregrinações?

3. Como a religião é vista em *Central do Brasil*, *Orfeu Negro* e *O Caminhos das Nuvens*? O que esses filmes têm em comum? E em que eles diferem?

4. Como a pobreza é representada nesses filmes? Há uma pobreza rural e outra urbana? Como você as descreveria?

5. Descreva como o aparelho de TV é representado neste e em outros filmes brasileiros, como em *Central do Brasil*, por exemplo.

6. Rose tem algum poder em sua família? Compare-a com as mulheres de outros filmes brasileiros.

Atividades orais

A. Mapa do Brasil

Convide um colega para fazer par com você, vejam o mapa e respondam às perguntas a seguir.

1. Quais são as cidades principais entre Fortaleza e Rio de Janeiro?

2. Quantos quilômetros há entre Fortaleza e Brasília? E entre Fortaleza e São Paulo? E entre Fortaleza e Florianópolis?

3. Que cidades são mencionadas no filme?

4. Quantos estados tem no Brasil?

5. Que países fazem divisa com o Brasil?

B. Conversa

Em pares ou grupos de até quatro alunos, respondam às perguntas.

1. Como começa o filme? Os pais e as crianças mais velhas sempre observam cuidadosamente as crianças mais novas?

2. No filme, assista à cena na qual aparece a cidade de Juazeiro. O que as pessoas fazem diante da estátua de Padre Cícero? O que Romão faz para obter a confirmação de que "não tem nenhum pecado"? O que a família recebe da população da cidade após o feito de Romão?

3. Rose gosta da viagem? Em que momentos ela esbraveja? Discuta o relacionamento entre Rose e Romão.

4. Por que Antônio quer ficar em São Bento? Por que seu pai não o deixa ficar?

5. O que acontece em Porto Seguro? Por que Porto Seguro? O que é o caminho das nuvens? A que grupo de índios alguns membros da família fingem pertencer?

6. Que emoção sente Romão ao perceber que Antônio o está olhando entre os que figem ser índios?

7. Como são chamadas as paradas de caminhão na estrada?

8. Qual dos personagens é sonâmbulo? Isto simboliza alguma coisa no filme? Onde Antônio sempre encontra o irmão?

Para saber: Padre Cícero

♦ Padre Cícero (1844-1934) foi um líder religioso carismático que mudou o Nordeste do Brasil.

♦ Nascido no estado do Ceará, Padre Cícero servia seu povo e muitos acreditavam que ele fazia milagres como transformar a hóstia em sangue. A notícia sobre esses feitos se espalhou, e milhares de peregrinos começaram a chegar em sua cidade, Juazeiro do Norte.

♦ Peregrinos de todo o Brasil vão até Juazeiro pagar suas promessas e tentar melhorar algum aspecto de suas vidas através da fé.

♦ Eles visitam a estátua do padre, que dizem ser uma das três maiores do mundo, e o museu que fica na casa onde acreditam que ele tenha vivido.

9. Quem é Roberto Carlos? O que Rose e seu filho cantam em restaurantes e paradas de caminhão?

10. Descreva os problemas que Antônio tem com o pai. São problemas típicos de quem está crescendo? O que significa ser um homem para os personagens do filme? Você acha que isso varia, dependendo da cultura?

11. Qual é o pagamento mínimo que Romão aceita por seu trabalho?

Para saber: A música de Roberto Carlos

♦ Há mais de quatro décadas, Roberto Carlos é considerado o "rei" da música brasileira.

♦ Roberto Carlos nasceu em Cachoeiro do Itapemirim, estado do Espírito Santo, em 1941.

♦ Ele começou a cantar cedo, e mais seriamente depois que um acidente dilacerou uma de suas pernas.

♦ Muitas de suas canções, escritas por ele e amigo e também músico Erasmo Carlos, foram gravadas e cantadas por outros cantores e artistas brasileiros.

♦ O filme traz várias canções de Roberto Carlos, entre elas "Como é grande o meu amor por você".

♦ Hoje, o público de Roberto Carlos é bem diversificado, e inclui desde senhoras de idade avançada até jovens roqueiros, que cultuam suas canções dos anos de 1970 e 1980.

---

12. Por que Romão faz o bebê chorar exatamente quando sua esposa esta va trabalhando, fazendo redes?

13. O que há no museu de Padre Cícero? Que objeto, lá, ao ser levantado revela a pureza de uma pessoa?

14. O que Rose pede ao povo em Juazeiro? As pessoas lhe dão o que ela pede? E depois que seu marido é bem sucedido?

15. Romão é alfabetizado? E Rose? Como sabemos disso?

16. O que acontece quando Antônio vê o dinheiro da caixa de dízimo da igreja? Como seus pais descobrem o que ele fez? Qual é a reação deles?

17. O que acontece em Feira de Santana?

Para saber: O Corcovado

♦ O Corcovado é um dos pontos turísticos mais famosos do Rio de Janeiro. Corcovado significa corcunda, e refere-se ao monumento de 710 metros de altura (ou 2.330 pés). Em seu topo, encontra-se a estátua que representa Jesus, de 125 pés ou 38 metros, chamada Cristo Redentor.

♦ A construção da estátua começou em 1926 e terminou em 12 de outubro de 1931. Para chegar ao Cristo Redentor, pode-se pegar um trem que sobe o morro do Corcovado por dentro da Floresta da Tijuca.

♦ Lá em cima, a escadaria leva até uma plataforma, de onde se vê boa parte da cidade, inclusive os bairros de Copacabana e Ipanema e algumas favelas do Rio de Janeiro.

♦ O Pão de Açúcar e a Lagoa Rodrigo de Freitas também podem ser vistos de lá. Pessoas de todo o mundo já visitaram o Corcovado, inclusive o Papa João Paulo II.

18. Que animal eles acham na casa abandonada e comem?

19. O que o cigarro simboliza no contexto do filme? Por que Antônio sempre quer fumar na frente de seu pai?

20. Que tipo de trabalho o menino consegue? Ele parece feliz em deixar sua família? E seu pai: parece aliviado?

21. Como o Corcovado é mostrado no filme? O que Rose diz ao marido sobre viajar de novo? Como é a paisagem do Rio? Compare as estátuas do Cristo Redentor e do Padre Cícero.

C. "Canto dos Críticos"

O "Canto dos Críticos" é um programa de televisão imaginário, produzido e apresentado durante a aula. Depois de cada filme, um grupo de três a quatro estudantes discute os temas mais importantes nele retratados e questiona se o filme deve ser assistido ou não pelo público. Um estudante deve usar a câmera. Escolha dois críticos e um diretor para discutir o filme de hoje. Crie perguntas para o programa e depois, discuta-as no ar. Peça a alguém para gravar a discussão.

D. Análise de uma cena (25:53 - 33:37)

Cena: A família visita Juazeiro do Norte, onde ficam a estátua e o museu do Padre Cícero.

Assista à cena e responda às perguntas.

Observe

1. O que os barraqueiros estão vendendo?

2. Descreva a estátua do Padre Cícero. O que os peregrinos fazem quando chegam até ela?

3. O que os homens tentam fazer com a mesa do museu do Padre Cícero? Alguém consegue? De acordo com a crença, quem conseguirá levantá-la?

4. Por que Romão quer tanto levantar a mesa?

5. O que Rose acha da idéia de Romão levantar a mesa?

Escute

1. Que tipo de música se ouve quando a família chega a Juazeiro do Norte? E quando Romão tenta levantar a mesa?

2. O que Rose diz a Romão sobre as crianças? Ele a escuta?

3. O que Romão diz a Rose sobre a família continuar viajando? E agora, aonde eles irão?

A cena na história

1. Como a cena analisada acima se relaciona com o resto do filme? Quando Romão tem a idéia de ir para o Rio de Janeiro?

2. Há no filme outras cenas de conteúdo religioso?

Atividade de leitura: Padre Cícero

Antes de ler o artigo sobre Padre Cícero, considere as seguintes perguntas.

1. Você conhece alguma outra figura histórica que tenha se tornado legendária? O que aconteceu na vida dessas pessoas para que isso acontecesse?

2. No seu país de origem, há um homem ou uma mulher que tenham inspirado o povo a fazer promessas e peregrinações?

3. Como uma peregrinação pode fazer parte de um filme?

Coletânea de textos sobre Padre Cícero

Daniel Walker

Pequena Biografia do Padre Cícero
- O Cearense do Século -

DADOS PESSOAIS - Padre Cícero Romão Batista nasceu no Crato (Ceará) no dia 24 de março de 1844. Era filho de Joaquim Romão Batista e Joaquina Vicência Romana, conhecida como Dona Quino.

O batistério de Padre Cícero dá como data de seu nascimento o dia 23 de março de 1844, mas ele nunca fez referência a essa data e sempre considerou a data do seu nascimento o dia 24 de março, como está no seu testamento.

Aos seis anos de idade, começou a estudar com o Prof. Rufino de Alcântara Montezuma.

Um fato importante marcou a sua infância: o voto de castidade, feito aos 12 anos, influenciado pela leitura da vida de São Francisco de Sales.

Em 1860, foi matriculado no Colégio do renomado Padre Inácio de Sousa Rolim, em Cajazeiras-Paraíba. Aí pouco demorou, pois a inesperada morte do seu pai, vítima de *cólera-morbo,* em 1862, o obrigou a interromper os estudos e voltar para junto da mãe e das duas irmãs solteiras (Angélica Vicência Romana e Maria Angélica Romana, sendo esta mais conhecida como Mariquinha).

A morte do pai, que era pequeno comerciante no Crato, trouxe sérios aperreios financeiros à família, de tal sorte que, mais tarde, em 1865, quando Cícero Romão Batista ingressou no Seminário da Praínha, em Fortaleza, só o fez graças à ajuda do seu padrinho de crisma, o Coronel António Luiz Alves Pequeno, nome proeminente no município de Crato.

ORDENAÇÃO - Padre Cícero foi ordenado no dia 30 de novembro de 1870. Após sua ordenação retornou ao Crato, onde no dia 8 de janeiro de 1871 celebrou sua primeira missa na terra natal. Enquanto o Bispo não lhe dava paróquia para administrar, ficou ensinando Latim no Colégio Padre Ibiapina, fundado e dirigido pelo Prof. José Joaquim Teles Marrocos, seu primo e grande amigo.

CHEGADA A JUAZEIRO - No Natal de 1871, convidado pelo Professor Semeão Correia de Macedo, Padre Cícero visitou pela primeira vez o povoado de Juazeiro (então pertencente a Crato), e aí celebrou a tradicional *Missa do Galo.*

O padre visitante, de 28 anos de idade, estatura baixa, pele branca, cabelos louros, olhos azuis penetrantes e voz modulada causou boa impressão aos habitantes do lugar. E a recíproca foi verdadeira. Por isso, decorridos alguns meses, exatamente no dia 11 de abril de 1872, lá estava de volta, com bagagem e família (a mãe, as duas irmãs e uma criada conhecida como Tereza do Padre), para fixar residência definitiva no Juazeiro.

Muitos livros afirmam que Padre Cícero resolveu fixar moradia em Juazeiro devido a um sonho (ou visão) que teve, segundo o qual, certa vez, ao anoitecer de um dia exaustivo, após ter passado horas a fio no confissionário do arraial, ele procurou descansar no quarto contíguo à sala de aulas da escolinha onde improvisaram seu alojamento, quando caiu no sono e a visão que mudaria seu destino se revelou. Ele viu, conforme relatou aos amigos íntimos, Jesus Cristo e os doze apóstolos sentados à mesa, numa disposição que lembra a *Última Ceia,* de Leonardo da Vinci. De repente, adentra ao local uma multidão de pessoas carregando seus parcos pertences em pequenas trouxas, a exemplo dos retirantes nordestinos. Cristo, virando-se para os famintos, falou da sua decepção com a humanidade, mas disse estar disposto ainda a fazer um último sacrifício para salvar o mundo. Porém, se os homens não se arrependessem depressa, ele acabaria com tudo de uma vez. Naquele momento, ele apontou para os pobres e, voltando-se inesperadamente ordenou: **E você, Padre Cícero, tome conta deles!**

APOSTOLADO - Uma vez instalado no lugarejo, formado por um pequeno aglomerado de casas de taipa e uma capelinha erigida pelo primeiro Capelão, Padre Pedro Ribeiro de Carvalho, em honra de Nossa Senhora das Dores, padroeira do lugar, ele tratou inicialmente de melhorar o aspecto do pequenino templo, adquirindo várias imagens com as esmolas dadas pelos fiéis.

Depois, tocado pelo ardente desejo de conquistar o povo que lhe fora confiado por Deus, desenvolveu intenso trabalho pastoral com pregação, conselhos e visitas domiciliares, como nunca se tinha visto na Região. Dessa maneira, rapidamente ganhou a simpatia dos habitantes, passando a exercer grande liderança na comunidade.

Paralelamente, agindo com muita austeridade, cuidou de moralizar os costumes da população, acabando pessoalmente com os excessos de bebedeira e a prostituição. Restaurada a harmonia, o povoado experimentou, então, os primeiros passos de crescimento, atraindo gente da vizinhança curiosa por conhecer o novo Capelão. Para auxiliá-lo no trabalho pastoral, Padre Cícero resolveu, a exemplo do que fizera Padre

Ibiapina, famoso missionário nordestino, falecido em 1883, recrutar mulheres solteiras e viúvas para a organização de uma irmandade leiga, formada por *beatas,* sob sua inteira autoridade.

MILAGRE - Um fato incomum, acontecido em 1º de março de 1889, transformou a rotina do lugarejo e a vida de Padre Cícero para sempre.

Naquela data, ao participar de uma comunhão geral, oficiada por ele na Capela de Nossa Senhora das Dores, a beata Maria de Araújo ao receber a hóstia consagrada, não pôde degluti-la, pois a mesma transformara-se em sangue.

O fato repetiu-se outras vezes, e o povo achou que se tratava de um novo derramamento do sangue de Jesus Cristo e, portanto, era um milagre autêntico.

As toalhas com as quais se limpava a boca da beata ficaram manchadas de sangue e passaram a ser alvo da veneração de todos.

REAÇÃO DA IGREJA - De início, Padre Cícero tratou o caso com cautela, guardando inclusive sigilo por algum tempo. Os médicos Marcos Madeira e Idelfonso Correia Lima, e o farmacêutico Joaquim Secundo Chaves foram convidados para testemunhar as transformações, e depois assinaram atestados afirmando que o fato era inexplicável à luz da ciência. Isto contribuiu para fortalecer no povo, no Padre Cícero e em outros sacerdotes a crença no milagre.

O povoado passou a ser alvo de peregrinação: as pessoas queriam ver a beata e adorar os panos tintos de sangue.

O professor e jornalista José Marrocos, desde o começo um ardoroso defensor do milagre, cuidou de divulgá-lo pela imprensa.

A notícia chegou ao conhecimento do Bispo D. Joaquim José Vieira, irritando-o profundamente. Padre Cícero foi chamado ao Palácio Episcopal, em Fortaleza, a fim de prestar esclarecimentos sobre os acontecimentos que todo mundo comentava.

Inicialmente, o bispo ficou admirado com o relato feito por Padre Cícero, porém depois, pressionado por alguns colegas de batina que não aceitavam a idéia do milagre, mandou investigar oficialmente os fatos, nomeando uma Comissão de Inquérito composta por dois sacerdotes de reconhecida competência: os Padres Clicério da Costa Lobo e Francisco Ferreira Antero.

Os padres comissários vieram, passaram 15 dias investigando os fatos, assistiram às transformações, examinaram a beata, ouviram testemunhas, conversaram com os médicos, e depois concluíram que o fato era mesmo divino. Mas o bispo não gostou desse resultado e nomeou outra Comissão, constituída pelos Padres António Alexandrino de Alencar e Manoel Cândido.

A nova Comissão agiu rapidamente. Em apenas dois dias convocou a beata, submeteu-a a pressões psicológicas, deu-lhe a comunhão e como nada de extraordinário aconteceu, concluiu: **Não houve milagre!**

Este novo resultado foi do inteiro agrado do bispo, mas o povo, o Prof. José Marrocos, Padre Cícero e todos os outros padres que acreditavam no milagre protestaram.

Com a posição contrária do bispo, criou-se um tumulto, agravado quando o Relatório do Inquérito foi enviado à Santa Sé, em Roma, e esta confirmou a decisão tomada pelo bispo.

Todos os padres que acreditavam no milagre foram obrigados a se retratar publicamente, ficando reservada ao Padre Cícero uma punição maior: a suspensão de ordem.

Durante toda sua vida ele tentou revogar essa pena, todavia foi em vão. Aliás, ele até que conseguiu uma vitória em Roma, quando lá esteve em 1898. Entretanto, o bispo, por intransigência, manteve-se irredutível na decisão tomada inicialmente.

Cem anos depois o milagre de Juazeiro passou a ser exaustivamente estudado por cientistas, historiadores, parapsicólogos e até mesmo muitos padres, e as conclusões apontam para a inexistência de fraude ou embuste, como muitos segmentos da Igreja até então supunham.

No momento encontra-se em curso um processo visando à reabilitação histórica e eclesiástica de Padre Cícero, solicitado pelo próprio Vaticano e conduzido pelo bispo D. Fernando Pânico, da Diocese do Crato.

VIDA POLÍTICA - Proibido de celebrar, Padre Cícero ingressou na vida política. Como explicou no seu Testamento, o fez para atender aos insistentes apelos dos amigos e no momento histórico em que os juazeirenses esboçavam um movimento de emancipação política.

Conseguida a independência de Juazeiro, em 22 de julho de 1911, Padre Cícero foi nomeado Prefeito do recém-criado município. Além de Prefeito, também ocupou a Vice-Presidência do Ceará.

Sobre sua participação na Revolução de 1914 ele afirmou categoricamente que a chefia do movimento coube ao Dr. Floro Bartolomeu da Costa, seu grande amigo. A Revolução de 1914 foi apoiada pelo Governo Federal e tinha o objetivo de depor o Presidente do Ceará, Coronel Franco Rabelo. Com a vitória da Revolução, Padre Cícero reassumiu o cargo de Prefeito, do qual havia sido retirado pelo governo deposto, e seu prestígio cresceu. Sua casa, antes visitada apenas por romeiros, passou a ser procurada também por políticos e autoridades diversas.

Era muito grande o volume de correspondência que Padre Cícero recebia e mandava. Não deixava nenhuma carta, mesmo pequenos bilhetes, sem resposta, e de tudo guardava cópia. O grande acervo de cartas e documentos do Padre Cícero constitui hoje excelente fonte de estudos desenvolvidos por muitas universidades do Brasil e do Exterior. Boa parte dessa documentação passou muito tempo trancada a sete chaves no Palácio Episcopal da Diocese do Crato e somente a partir de 2001, com a nomeação do bispo D. Fernando Pânico o acesso foi franqueado aos pesquisadores.

ENCONTRO COM LAMPIÃO - Com respeito a Lampião, Padre Cícero encontrou-se com ele em 1926. Aconselhou-o a deixar o cangaço, e nunca lhe deu a patente de *Capitão*, como foi dito em alguns livros. Na verdade, Lampião veio a Juazeiro a convite do Deputado Floro

Bartolomeu para ingressar no Batalhão Patriótico e combater a Coluna Prestes. É possível que ele tenha usado o nome do Padre Cícero para tal, pois Lampião jamais recusaria um pedido do Padre Cícero. Dr. Floro não pôde receber Lampião e seu bando, pois já se encontrava no Rio de Janeiro para onde fora doente, chegando a falecer, coincidentemente, na época em que o famoso cangaceiro visitou Juazeiro. Como insistia em receber a patente de Capitão prometida por Dr. Floro, um dos secretários de Padre Cícero (Benjamim Abraão), convenceu Dr. Pedro de Albuquerque Uchoa, único funcionário público federal residente em Juazeiro, a assinar um documento por eles mesmos forjado, concedendo a famigerada patente que tantos aborrecimentos trouxe ao Padre Cícero, a quem muitos escritores atribuem a autoria.

A verdade é que mais tarde Dr. Uchoa foi chamado a Recife para se explicar junto às forças armadas sobre a concessão da patente, e ele, naturalmente temendo ser punido, não encontrou outra solução senão atribuir tudo ao Padre Cícero, certo de que ninguém seria capaz de repreender aquele virtuoso e respeitado sacerdote. Quem conhece a índole do Padre Cícero sabe perfeitamente que ele seria incapaz de praticar ato tão abjeto.

IMPORTÂNCIA - Padre Cícero é o maior benfeitor de Juazeiro e a figura mais importante da sua história. Foi ele quem trouxe para Juazeiro a Ordem dos Salesianos; doou os terrenos para construção do primeiro campo de futebol e do aeroporto; construiu as capelas do Socorro, de São Vicente, de São Miguel e a Igreja de Nossa Senhora das Dores; incentivou a fundação do primeiro jornal local (O Rebate); fundou a Associação dos Empregados do Comércio e o Apostolado da Oração; realizou a primeira exposição da arte juazeirense no Rio de Janeiro; incentivou e dinamizou o artesanato artístico e utilitário, como fonte de renda; incentivou a instalação do ramo de ourivesaria; estimulou a expansão da agricultura, introduzindo o plantio de novas culturas; contribuiu para instalação de muitas escolas, inclusive a famosa Escola Normal Rural e o Orfanato Jesus Maria José; socorreu a população durante as secas e epidemias, prestando-lhe toda assistência e, finalmente, projetou Juazeiro no cenário político nacional, transformando o pequeno lugarejo na maior e mais importante cidade do interior cearense.

Os bens que recebeu por doação, durante sua quase secular existência, foram doados à Igreja, sendo os Salesianos e a Diocese do Crato seus maiores herdeiros.

Ao morrer, no dia 20 de julho de 1934, aos 90 anos, seus inimigos gratuitos apregoaram que morto o ídolo, a cidade que ele fundou e a devoção à sua pessoa acabariam logo. Enganaram-se. A cidade prosperou e a devoção aumentou. Até hoje, todo ano, religiosamente, no Dia de Finados, uma grande multidão de romeiros, vinda dos mais distantes lugares do Brasil, chega a Juazeiro para uma visita ao seu túmulo, na Capela do Socorro.

Padre Cícero é uma das figuras mais biografadas do mundo. Sobre ele já foram editados mais de trezentos livros, sem se falar nos artigos que são publicados frequentemente na imprensa. Ultimamente sua vida vem sendo estudada por cientistas sociais do Brasil e do Exterior.

Não foi ainda canonizado pela Igreja, porém é tido como santo por sua imensa legião de fiéis espalhados pelo Brasil.

O binômio oração e trabalho era o seu lema. E Juazeiro é o seu grande e incontestável milagre. Em março de 2001, em eleição promovida pelo Sistema Verdes Mares de Televisão, Padre Cícero foi escolhido O CEARENSE DO SÉCULO. ❖

DELLA CAVA, Ralph. *Milagre em Joazeiro.* 2 ed. São Paulo: Editora Paz e Terra, 1985.
FORTI, Maria do Carmo P. *Maria de Araújo, a beata do Juazeiro.* São Paulo: Edições Paulinas, 1991.
CUEIROS, Optato. *Lampião.* 2 ed. São Paulo, 1953.
MENEZES, Fátima. *Lampião e o Padre Cícero.* Recife: Universidade Federal de Pernambuco, 1985.
OLIVEIRA, Amália Xavier de. *O Padre Cícero que eu conheci.* 3 ed. Recife: Editora Massangana, 1981.
SOBREIRA, Azarias. *O Patriarca de Juazeiro.* Petrópolis: 1968.

Perguntas

1. Em que estado nasceu Padre Cícero?
2. Como foi "O Milagre" descrito no texto? A Igreja o aceitou?
3. Quais são as idéias de Padre Cícero sobre a política?
4. Em que cidade Padre Cícero resolveu morar?
5. Como foi o encontro de Padre Cícero com Lampião?

Central do Brasil

Informação geral

Apresentação do filme

Josué é um menino que vive com a mãe no Rio de Janeiro e quer conhecer o pai, Jesus, que supostamente ainda mora no Nordeste do Brasil. Quando a mãe morre em um horrível acidente de trânsito, Josué é forçado a confiar na última pessoa com quem teve contato, Teodora, uma redatora de cartas que faz ponto na Estação Central do Brasil. Contudo, cuidar de um órfão é mais um problema entre tantos outros na vida de Teodora, e ela entrega o menino a uma mulher cujas intenções em relação a Josué são duvidosas, em troca de dinheiro. Arrependida, algum tempo depois, ela busca e os dois acabam se juntando e atravessando o interior do país. Durante a jornada, eles aprendem um sobre o outro, sobre si mesmos, o Brasil e as possibilidades do amor.

Diretor

Walter Salles nasceu no Rio de Janeiro, no dia 12 de abril de 1956. O diretor de *Central do Brasil* dirigiu, produziu e colaborou com alguns dos maiores sucessos do cinema brasileiro dos anos de 1990 e 2000. Dirigiu também *Terra Estrangeira* (1996), *Abril Despedaçado* (2001), *Diários de Motocicleta* (2004) e *Dark Water* (2005). Ele também produziu os seguintes filmes: *Madame Satã* (2002), *Cidade de Deus* (2002) e *Cidade Baixa* (2005).

Prêmios

✪ Além da indicação para o Oscar de Melhor Atriz para Fernanda Montenegro e de Melhor Filme Estrangeiro, *Central do Brasil* ganhou o Globo de Ouro e outras premiações em Berlim, Argentina, Cuba, Itália e Espanha.

Atores principais

Algumas das personagens que aparecem no filme são reais.

Fernanda Montenegro (Dora) nasceu no Rio de Janeiro, no dia 16 de outubro de 1929. Considerada a "grande dama" da televisão brasileira, Arlette Pinheiro Monteiro Torres, mais conhecida pelo nome artístico Fernanda Montenegro, começou sua carreira trabalhando na televisão. Sua atuação no cinema inclui: *A Hora da Estrela* (1985), *O Outro Lado da Rua* (2004), *O Que é Isso, Companheiro?* (2004) e *Casa de Areia* (2005). Ela foi indicada ao Oscar de melhor atriz por *Central do Brasil*.

Marília Pêra (Irene) nasceu no dia 22 de janeiro de 1943, no Rio de Janeiro. Participou de muitas, novelas, séries de televisão e de muitos filmes como *Pixote: a Lei do Mais Fraco* (1981) e *Tieta do Agreste* (1996), com Sonia Braga.

Vinícius de Oliveira (Josué) nasceu em 7 de junho de 1985. Menino humilde, engraxate, foi escolhido entre mais de 1.500 candidatos para o papel de Josué. A partir de então, sua vida mudou: Vinícius, hoje, é um ator internacionalmente conhecido, e trabalha em cinema, teatro e televisão.

Soia Lira (Ana) trabalhou também em filmes como *Abril Despedaçado* (2001) e *A Árvore da Marcação* (1995) e em seriados da televisão.

Othon Bastos (Cesar) nasceu no dia 23 de maio de 1933, em Tucano, Bahia. Bastos tem uma longa carreira como ator. Fez muitos trabalhos na televisão e também em filmes, entre eles *O Pagador de Promessas* (1962), *Deus e o Diabo na Terra do Sol* (1964), *O Que é Isso, Companheiro?* (1997), *Villa Lobos: Uma Vida de Paixão* (2000) e *Abril Despedaçado* (2001).

Otávio Augusto (Pedrão) nasceu no dia 30 de janeiro, em São Manuel, São Paulo. Otávio é outro ator muito conhecido por sua participação na TV, onde atuou em diversos seriados, novelas e no cinema.

Stela Freitas (Yolanda) nasceu no dia 18 de maio de 1951, em São Paulo. Stela atuou bastante na TV e em filmes como *Memórias do Cárcere* (1984) e *Romance da Empregada* (1987), entre outros.

Matheus Nachtergaele (Isaías) nasceu no dia 3 de janeiro de 1969, em São Paulo. Nachtergaele trabalhou em muitos filmes, em seriados e novelas da televisão, e é um dos jovens atores mais conhecidos do país. Atuou em *O Que é Isso, Companheiro?* (1997), *O Primeiro Dia* (1998), *Cidade de Deus* (2002) e *Amarelo Manga* (2002).

Caio Junqueira (Moisés) trabalhou em *O Que É Isso, Companheiro?* (1997) e *Abril Despedaçado* (2001).

Vocabulário

Substantivos

apito *m* - whistle
roda *f* - wheel
garimpo *m* - mining, a mine
cachaça *f* - alcoholic beverage made of sugar cane
romaria *f* - pilgrimage
elogio *m* - praise
evangélico *m* - Evangelical Christian
mendigo *m* - beggar
boi *m* - ox

enterro *m* - burial
salsicha *f* - sausage
invasão *f* - invasion, unused land occupied by migrant workers or the homeless
roça *f* - countryside
pecador *m* - sinner
foguetes *m* - rockets, fireworks
correio *m* - post office, mail
cartas *f* - letters
quartel *m* - soldier's quarters

mortadela *f* - sausage

estúdio *m* - studio

rodoviária *f* - bus station

moleque *m* - slang for young boy

estrada *f* - road, highway

placas *f* - road signs

madeira *f* - wood

pião *m* - top (toy)

caminhão *m* - truck

carpinteiro *m* - carpenter

mesa *f* - table

lixo *m* - trash

gaveta *f* - drawer

motorista *m/f* - driver

ônibus *m* - bus

dever *m* - duty

remador *m* - rower

sócio *m* - business partner

canoa *f* - canoe

transporte *m* - transportation

trem *m* - train

metrô *m* - subway

passageiro *m* - rider

bicicleta *f* bicycle

cavalo *m* - horse

parada de caminhão *f* - truck stop

parada para descanso *f* - rest stop

pau de vinhático *m* - mahogany wood

tabuinha da pôpa *f* - stern seat of a canoe

peregrinação *f* - pilgrimage

crentes *m/f* - believers

cifras *f* - figures

empresários *m* - business owners

perfis *m* - profiles

credulidade *f* - credulity

cultos *m* - worship; masses (services)

mentiroso(a) *m/f* - liar

Adjetivos

pelado(a) *m/f* - naked

positivo(a) *m/f* - positive

cumpridor(a) *m/f* - responsible

fabricado(a) *m/f* - fabricated, manufactured

sensato(a) *m/f* - sensible

ordeiro(a) *m/f* - orderly, neat person

Verbos

mandar - to send

mover - to move

dirigir - to drive

viajar - to travel

escrever - to write

mentir - to lie

indagar - to question, to ask

entregar - to turn in

encomendar - to order

testemunhar - testified

ralhar - to argue

reagir - to react

Advérbios

rápido - faster

devagar - slower

longe - far

perto - close

Expressões

minha Nossa Senhora da Aparecida! - "oh, my goodness" (Our Lady of Aparecida, patron saint of Brazil)

tenho saudades de - to miss someone or something

com vergonha - ashamed, embarrassed

ó de casa? - anyone home?

faço questão - I insist

o que é isso? - what is going on?

castigo da minha vida - curse of my life

pagar promessa - fulfill a religious promise

Antes do filme

Leitura: O contexto

O início de *Central do Brasil* começa apresentando uma das regiões do Rio de Janeiro onde a classe trabalhadora vive, e enfoca as dificuldades que o brasileiro comum, sempre apressado, enfrenta ao ir para o trabalho: trens superlotados, estações cheias. No fim do dia, as pessoas voltam para lares normalmente desconfortáveis. O filme também enfoca os riscos que correm os jovens e inocentes, como o órfão Josué. Ele quase é mandado para um futuro incerto, desconhecido e talvez sinistro no exterior. Além de revelar as condições sócioeconômicas dessa população, o filme mostra outras áreas do Brasil, como o Nordeste, como regiões ricas, com um passado espiritual, um histórico diversificado e um futuro dinâmico. *Central do Brasil* é o primeiro grande sucesso do cinema brasileiro que retrata o retorno à terra até então representada como uma área pobre e desértica, lar de migrantes que a deixam em direção às metrópoles do Sul.

A religião e a situação socioeconômica do Brasil

Responda às seguintes perguntas em grupo.

1. Imagine a vida da classemédia trabalhadora no Brasil: ela é diferente da que existe em seu país?
2. Veja o mapa do Brasil e discorra sobre as diferenças socioeconômicas entre o Norte e o Sul.
3. Quais são os nomes dos personagens mais conhecidos da Bíblia e quais são as histórias deles?

Depois do filme

Atividades Escritas

A. Os personagens

Relacione o personagem à sua caracterização.

1. ____ Josué	A.	o homem forte da rodoviária
2. ____ Moisés	B.	amiga de Teodora
3. ____ Dora	C.	irmão de Josué; crê na volta do pai
4. ____ Irene	D.	dona do "orfanato"
5. ____ Pedrão	E.	escritora de cartas
6. ____ Yolanda	F.	irmão de Josué: não crê na volta do pai
7. ____ Isaías	G.	menino que procura Jesus
8. ____ Jesus	H.	pai de Isaías, Moisés e Josué

B. **Ordem cronológica**

Enumere as cenas na ordem em que elas aparecem no filme.

_____ Dora dirige-se ao trabalho na Central do Brasil.

_____ O motorista do caminhão foge de Dora e Josué.

_____ Dora e Josué chegam a Bom Jesus do Norte.

_____ Dora e Irene leem as cartas guardadas na gaveta.

_____ Josué e Dora fogem do apartamento de Yolanda.

_____ Pedrão mata o menino que rouba um rádio na estação ferroviária.

_____ Dora perde Josué durante a festa da peregrinação.

_____ Isaías convida Dora e Josué para ficarem em sua casa.

_____ Dora e Josué olham para a fotografia que tiraram juntos.

C. **Determine se a frase é verdadeira ou falsa.**

1. V F   No princípio do filme, Dora gosta de crianças.

2. V F   A mãe de Josué morre de câncer.

3. V F   O pai de Josué mora com uma outra mulher e um filho.

4. V F   Josué quer conhecer o pai.

5. V F   Os irmãos de Josué têm nomes bíblicos e moram numa casa nova.

6. V F   A viagem de Josué e Dora começa no Rio Grande do Sul

7. V F   Bom Jesus do Norte fica no estado do Amazonas.

8. V F   Pedrão mata um jovem que rouba um rádio.

9. V F   Josué não gosta de Irene, a amiga de Dora.

10. V F   Dora não bebe vinho no ônibus.

D. Fotografia

Veja as três fotos e escolha as resposta mais adequadas para descrevê-las.

1. Josué está em cima de (foto 1):
   a. Uma mesa.
   b. Um caminhão.
   c. Um cavalo.

2. Quem são os personagens na foto 2?
   a. Irene e Moisés.
   b. Yolanda e Pedrão.
   c. Dora e Josué.

3. Quem é a terceira figura na foto 2?
   a. Padre Cícero.
   b. Lampião.
   c. Um sambista.

4. Onde se passa esta cena (foto 3)?
   a. No Rio de Janeiro.
   b. Em São Paulo.
   c. Em Bom Jesus do Norte.

5. Quando se passa esta cena no filme (foto 3)?
   a. No fim do filme.
   b. No começo do filme.
   c. No meio do filme.

E. Pequenas respostas

Veja a terceira foto e escreva três ou quatro frases para cada uma das solicitações a seguir.

1. Descreva a foto.
2. Dê um título para a foto. A seguir, justifique sua escolha.
3. Descreva as emoções traduzidas na expressão dos personagens.
4. Crie um diálogo entre os dois personagens.

F. Relações entre os personagens

Veja o diagrama e descreva as relações entre os personagens em termos emocionais, criminais, profissionais e de qualquer outra maneira que você possa imaginar. Por exemplo, há tensão entre eles? No caso de haver triângulos, quem é o personagem que domina as relações?

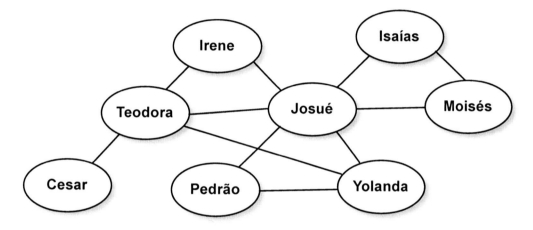

G. Vocabulário

Preencha as lacunas com as palavras da lista abaixo:

| pecador | entregar | peregrinação | sócio | rodoviária |
| carpinteiro | remadores | invadem | fogos | mendigo |

1. No Nordeste do Brasil, há muitas pessoas desabrigadas que _____ as terras desocupadas.
2. No fim da peregrinação há muitos _____ no céu.
3. Um _____ trabalha com madeira.
4. Os ônibus partem de uma _____ .
5. Numa canoa há dois _____ .
6. O _____ voltou à igreja para rezar e redimir seus pecados.
7. No 28 de setembro, os alunos têm que _____ seus trabalhos ao professor.
8. Dora não tinha um _____ para trabalhar com ela.
9. No filme, há uma _____ de milhares de pessoas a Bom Jesus do Norte.
10. Depois de perder a sua mãe, Josué se torna um _____ que mora sozinho na estação ferroviária e pede comida para comer.

H. Expressões

Determine quem disse as seguintes frases, em que contexto e quando (no começo, meio ou no fim do filme).

1. "Minha Nossa Senhora da Aparecida!"
    Quem disse: _____
    Contexto: _____
    Quando: _____

2. "Tenho saudades de tudo."
    Quem disse: _____
    Contexto: _____
    Quando: _____

3. "Está com vergonha?"
    Quem disse: _____
    Contexto: _____
    Quando: _____

4. "Ó de casa!"
    Quem disse: _____
    Contexto: _____
    Quando: _____

5. "Faço questão."
    Quem disse: _____
    Contexto: _____
    Quando: _____

6. "Castigo da minha vida."
    Quem disse: _____
    Contexto: _____
    Quando: _____

I. Palavras cruzadas

Ponha a palavra certa no lugar correto.

Vertical

1. lugar para despachar as cartas
2. nu
3. forma de comunicação
4. onde Dora pôs as cartas
5. brinquedo que gira em torno de si mesmo
6. barco estreito
7. morada para soldados
8. mina
9. jogar fora
10. perguntar

Horizontal

A. salsicha
B. não é negativo
C. som agudo
D. peregrinação
E. gado
F. discutir
G. não dizer a verdade

J. Crie uma sinopse

Depois de ver o filme e discuti-lo na aula, escreva uma sinopse para encorajar outras pessoas a assisti-lo. Sinopses devem ser curtas e dar destaque aos momentos mais excitantes e marcantes do filme. Como você escreveria uma sinopse para *Central do Brasil*?

1. Selecione as cenas que você quer destacar.
2. Escreva algumas linhas descrevendo cada cena.
3. Coloque-as em sequência, de maneira que a leitura seja atrativa aos futuros espectadores.

K. Redação

A partir das perguntas e proposições a seguir, escreva um ensaio de uma página.

1. Como a religião é retratada no filme? A que rituais podemos assistir?
2. Compare os nomes do filme em Inglês e Português (*Central do Brasil* e *Central Station*).
3. Quais são os nomes dos irmãos e do pai no filme? Eles são bíblicos? Como é relação entre os personagens bíblicos e os personagens do filme?
4. O que simbolizam as cartas no filme? Qual é o significado delas terem sido escritas por pessoas que moram no Sul para as que moram no Norte e pelas que moram no Norte para as que moram no Sul?
5. Descreva os relacionamentos entre pais e filhos e pais e filhas no filme. Eles são parecidos ou diferentes?

6. Uma viagem leva os personagens de um lugar a outro. Durante o trajeto, eles mudam e resolvem questões pessoais. Descreva a viagem de *Central do Brasil*. Os personagens mudam de alguma forma? Como?

7. Descreva alguns lugares que Dora e Josué visitam. Como eles chegam lá? Por que Dora vende Josué para Yolanda? O que Dora imagina que acontecerá ao menino? É possível imaginarmos o destino de Josué em razão da resposta de Yolanda?

L. Escrevendo cartas em português

Você pode escrever cartas formais e informais em Português, dependendo da finalidade dela. Uma carta típica é dividida nas seguintes partes:

Cabeçalho

O cabeçalho contém os primeiros elementos de uma carta: a data e o local de onde foi escrita.

Exemplos:

Rio de Janeiro, 28 de março de 2008
Sociedade Carioca de Samba
Avenida Atlântica, 474
Rio de Janeiro, RJ
CEP 20120-000

Abertura

Essa parte é dirigida a uma pessoa, a um grupo de pessoas ou à instituição que vai ler a carta.

Exemplos:

Caro Roberto (modo informal)
Querida Marta (informal)
Caros amigos (informal)
Prezado(a) (informal)
À Exma. Senhora (formal)
Ao Ilmo. Senhor (formal)

Pronomes de tratamento:

Você - para pessoas próximas
O senhor/A senhora - para pessoas de respeito, mais velhas ou desconhecidas
Vossa Senhoria - tratamento cerimonioso, também usado em cartas comerciais

Vossas Senhorias	V. Sas.	pessoas de cerimônia
Vossa Excelência	V. Exa.	altas autoridades de universidades; ministros, prefeitos, etc.
Vossa Alteza	V. A.	príncipes, princesas e duques
Vossa Eminência	V. Ema.	cardeais
Vossa Reverendíssima	V. Revma.	sacerdotes em geral
Vossa Santidade	V. S.	Papa
Vossa Majestade	V. M.	reis e imperadores

Texto

A estrutura do texto depende da finalidade da carta, do estilo de escrita do redator, da pessoa a quem é dirigida (o destinatário) etc. Geralmente, nas primeiras linhas, introduzimos o assunto, para depois desenvolvê-lo em outros parágrafos. Na abertura da carta, você também pode perguntar como o destinatário está e se sente, e falar um pouco sobre você, principalmente se a carta é informal, para amigos e pessoas conhecidas. Neste caso, quem manda é a sua criatividade.

Carta Informal

A carta informal começa com qualquer um destes exemplos: "Caro/a", "Querido/a", e termina com "um beijo", "beijos", "um abraço" e o nome de quem a envia.

Um exemplo de carta informal:

Como vai? Eu vou bem, e as coisas aqui estão melhorando.
Tudo bem? Espero que sim.
Espero que tudo esteja bem por aí.

Formal

Venho por meio desta solicitar meu afastamento da empresa por motivos de saúde.
Solicito através desta carta uma declaração de rendimentos...
Gostaria de pedir...
Apresento, por meio desta, meu currículo para sua apreciação.

Fechamento

É onde o redator agradece e se despede. Pode variar de acordo com a formalidade da carta.

Exemplos:

Informal
Um abraço, Sandro
Um beijo da Susana
Carinhosamente, Marcos
Formal
Atenciosamente, John Smith
Cordialmente, Samuel Levy

M. Encher a gaveta de cartas

Esta atividade divide-se em duas partes: 1. Em grupos de três ou quatro alunos, escrevam duas cartas (pessoais, de negócio, etc.) para pôr numa "gaveta" geral. 2. Depois de encher a gaveta, deixem o outro grupo determinar a carta que fica e a que será enviada.

N. Comparação com outros filmes

Depois de assistir aos outros filmes mencionados nas perguntas abaixo, escreva um ensaio de uma página.

1. Você considera a viagem de Dora e Josué uma peregrinação? Como essa viagem se relaciona com a de outros filmes, como em *O Caminho das Nuvens*?

2. Em que a representação do Nordeste neste filme é semelhante à de outros da seção Sertão?

3. No que a caracterização de Dora e de outras mulheres é parecida ou diferente da realizada em outros filmes da seção Mulher?

4. Discuta a importância do aparelho de TV no filme. Compare essa importânciá à das telas gigantes de TV de *O Caminho das Nuvens* e com a TV de *Terra Estrangeira*. Em sua opinião, o diretor está tentando falar sobre a relação da sociedade brasileira com suas TVs?

Atividades orais

A. Conversa

Em pares ou em grupos de até quatro alunos, respondam às perguntas a seguir.

1. Como é um dia normal para Dora? Onde ela vive? Onde ela trabalha? O que ela faz?

2. De onde são as pessoas para quem Dora escreve as cartas? O que elas dizem em suas cartas? Dora ajuda essas pessoas a se expressar? Qual é a reação de Dora ao que lhe ditam as pessoas? Ela cobra para escrever as cartas?

3. O que a mãe de Josué pede para Dora escrever na primeira vez em que a procura? Qual é a reação de Dora? O que Josué faz enquanto sua mãe fala? Dora parece estar irritada? Por quê?

4. O que Dora e sua amiga Irene fazem à noite depois que Dora chega em casa? A amiga de Dora aprova o que ela faz com as cartas? O que Irene acha do retrato de Josué e da carta que fala do carnaval?

Para saber: O simbolismo da gaveta

♦ Durante a ditadura militar no Brasil, entre 1964-85, as artes (principalmente o teatro) foram censuradas.

♦ O governo temia que o conteúdo de certas peças teatrais, assim como o de outras expressões criativas, estimulessem a revolta popular.

♦ Para limitar essa possibilidade, o Departamento de Censura se apropriava de material criativo e o colocava numa gaveta. Esta é a origem da expressão "colocar na gaveta."

♦ No filme, Dora guarda as cartas que escreveu na estação Central do Brasil em uma gaveta, em sua casa. Trata-se de uma referência direta à gaveta da censura.

---

5. O que acontece à mãe de Josué depois que ela vai, pela segunda vez, escrever uma carta com a ajuda de Dora? Qual é a reação das pessoas na rua? O que Josué faz? O que Dora encontra em sua mesa?

6. Aonde Josué vai após a morte da sua mãe? Como as pessoas reagem em relação a ele? O que Dora lhe diz quando ele vai até sua mesa na estação?

7. O que acontece com o menino que rouba um rádio na estação? Quem o persegue? O que acontece com ele nos trilhos de trem?

8. O que Dora faz para Josué depois de presenciar as consequências do furto? Por que você acha que ela se ofereceu para levá-lo para casa? A casa de Dora é apropriada para uma criança?

9. Como Irene reage em relação a Josué? Por que você acha que ela é mais amigável com ele? O que Josué diz sobre ser o homem da casa?

10. Para onde Dora vai com Josué no dia seguinte? Como é a parte exterior do prédio? Como Yolanda, a mulher do apartamento, o trata, no começo? O que Josué acha sobre ficar no apartamento? O que Dora ganha por ter levado Josué para Yolanda?

11. O que Dora faz com o dinheiro? O que Irene acha sobre o que Dora fez? Diante disso, Dora se arrepende de ter vendido Josué?

Para saber: Tráfico de órgãos

♦ Existem no Brasil provas de tráfico de órgãos, embora não necessariamente retirados de crianças de rua ou enviados para países desenvolvidos.

♦ Descobriu-se que pobres adultos foram levados para países distantes, como a África do Sul, para doarem rins e outros órgãos.

♦ Mais informação sobre o assunto: http://www.berkeley.edu/news/media/releases/2004/04/30_organs.shtml

---

12. O que acontece quando Dora volta para tirar Josué de Yolanda? O que Dora mostra a ela? Como Dora tira Josué da casa?

13. Aonde Dora e Josué vão? Como Josué reage a ela? Para onde Dora compra as passagens?

14. O que acontece na viagem de ônibus? O que Dora traz consigo para beber? O que Josué faz com a bebida?

15. De que Dora chama o homem no ônibus? Qual é reação dele?

16. O que Dora faz para mais uma vez tentar se livrar de Josué? Por que a estratégia dela falha? O que Dora e Josué fazem em seguida? Quem eles encontram no balcão? Que experiência os três têm juntos?

17. Descreva os peregrinos que viajam na parte traseira do caminhão. O que eles estão fazendo? Por quê?

Para saber: Movimento evangélico

♦ Quando o Brasil foi descoberto, em 1500, padres jesuítas e outros grupos eclesiásticos, como os dominicanos, catequizaram os nativos e os escravos africanos que foram levados para o Brasil. Isso ajudou a tornar o Brasil o maior país católico da América do Sul. Por muito tempo, as religiões protestantes não possuíam um número significativo de fiéis no país.

♦ No século 20, um novo tipo de missionário chegou ao Brasil: o evangélico. Igrejas protestantes e outras independentes, como a Igreja Universal do Brasil, começaram a arrebanhar fiéis entre os católicos.

♦ Salas de cinema foram compradas e transformadas em igrejas evangélicas. Nelas, os membros devem pagar o dízimo (10% de sua renda), as mulheres são aconselhadas a se vestir mais las modestas e recatadamente (em contraste com o modo "sexy" de se vestir das brasileiras), e samba e outros estilos de música são desencorajados. Além de serem acusadas de explorar a fé de pessoas pobres para enriquecer seus pastores e bispos, essas igrejas também têm uma atitude preconceituosa em relação às religiões afro-brasileiras, como o candomblé.

18. O que está acontecendo em Bom Jesus do Norte quando Dora e Josué chegam à cidade? Por que tantas pessoas estão lá? O que acontece então entre Dora e Josué? Onde Dora volta a encontrá-lo? O que acontece com Dora?

19. O que acontece no dia seguinte? O que Josué sugere para Dora? Descreva o que acontece a partir do momento em que Dora escreve cartas para as pessoas da cidade. Dora mudou? O que ela faz com as cartas desta vez?

20. O que Josué compra para Dora com o dinheiro que ganha? Em sua opinião, isso demonstra uma modificação no relacionamento dos dois?

21. O que acontece quando Dora e Josué vão à casa do primeiro Jesus? Quem vive lá? Como eles reagem em relação a Josué? O que o menino pergunta sobre ele? Como eles descobrem que Josué não é o filho daquele homem?

Para saber: O garimpo

♦ Um garimpo é literalmente uma grande mina, onde milhares de homens trabalham, procurando por ouro e pedras preciosas.

♦ No Brasil ainda há garimpos ilegais e muito perigosos, não apenas em razão das disputas entre garimpeiros, mas também pelas condições precárias de trabalho.

♦ Alguns dos garimpos brasileiros mais conhecidos são: Rio do Pico das Almas, na Bahia, e Eldorado do Juma, no Amazonas.

---

22. Para onde Dora e Josué vão depois de constatar que aquele homem não é o pai de Josué? O que decidem fazer? Quem os encontra e os convida para irem à sua casa?

23. Qual é a primeira reação de Josué ao encontrar seus irmãos? O que um de seus irmãos faz? O que Moisés ensina Josué a fazer?

24. O que os irmãos pedem a Dora para ler? O que diz a carta sobre o pai deles? Os irmãos acreditam que o pai voltará para casa?

25. Por que Dora parte? O que faz Josué quando descobre que ela partiu? O que os dois fazem simultaneamente no final do filme? De quem Dora sente saudades?

B. "Canto dos Críticos"

O "Canto dos Críticos" é um programa de televisão imaginário, produzido e apresentado durante a aula. Depois de cada filme, um grupo de três a quatro estudantes discute os temas mais importantes nele retratados e questiona se o filme deve ser assistido ou não pelo público. Um estudante deve usar a câmera. Escolha dois críticos e um diretor para discutir o filme de hoje, *Central do Brasil*. Crie perguntas para o programa e depois discuta-as no ar. Peça a alguém para gravar a discussão.

C. Análise de uma cena (1:10:48 - 1:15:44)

Cena: Dora e Josué em Bom Jesus do Norte.

Assista à cena e a seguir responda às perguntas.

Observe

1. O que as pessoas estão carregando?
2. O que se vê na Casa dos Milagres? O que acontece lá fora quando Dora desmaia?
3. O que Josué faz com Dora de manhã? A cena lembra algo sobre a Virgem Maria e Jesus?

Escute

1. O que Dora diz a Josué?
2. Como Josué responde?
3. O que os peregrinos estão dizendo na praça?

Esta cena na história

1. Como esta cena se conecta ao resto da história em função do relacionamento entre Dora e Josué?
2. Você diria que esse é um momento decisivo para os dois?

Comparação com outra cena (26:54 - 30:39)

1. Para onde Dora leva Josué? Onde ele irá? O que pode acontecer ao menino?
2. Qual é a reação de Irene quanto à ação e ao engano de Dora? O que Irene diz para ela?

Atividade de leitura: "Expansão pentecostal no Brasil: O caso da Igreja Universal"

Antes de ler o artigo, considere as seguintes perguntas.

1. Você já conheceu algum missionário(a)? Caso sua resposta seja afirmativa, de que religião ele/ela era?
2. O que você acha sobre as mudanças na área da religião em um país?
3. O que é pentecostalismo?

❖   ❖   ❖   ❖

Espansão Pentecostal no Brasil: o caso da Igreja Universal

Ricardo Mariano; Doutor em Sociologia pelo Programa de Pós-Graduação em Sociologia da Universidade de São Paulo (USP),

FORMADO NO início do século XX nos Estados Unidos, o pentecostalismo vem crescendo em vários países em desenvolvimento no Sul do Pacífico, na África, no Leste e no Sudeste da Ásia, sobretudo da América Latina, onde o Brasil se destaca abrigando cerca de trinta milhões de evangélicos.

No Brasil, a expansão pentecostal não é recente nem episódica. Ocorre de modo constante já há meio século, o que permitiu que o pentecostalismo se tornasse o segundo maior grupo religioso do país. Mas seu avanço não é expressivo apenas nos planos religioso e demográfico. Estende-se pelos campos midiático, político partidário, assistencial, editorial e de produtos religiosos. Seus adeptos não se restringem mais somente aos estratos pobres da população, encontrando-se também nas classes médias, incluindo empresários, profissionais liberais, atletas e artistas. Ao lado e por meio disso, o pentecostalismo vem conquistando crescente visibilidade pública, legitimidade e reconhecimento social, deitando e aprofundando raízes nos mais diversos estratos e áreas da sociedade brasileira.

Conforme os Censos Demográficos do IBGE, os evangélicos perfaziam apenas 2,6% da população brasileira na década de 1940. Avançaram para 3,4% em 1950, 4% em 1960, 5,2% em 1970, 6,6% em 1980, 9% em 1991 e 15,4% em 2000, ano em que somava 26.184.941 de pessoas. O aumento de 6,4 pontos percentuais e a taxa de crescimento médio anual de 7,9% do conjunto dos evangélicos entre 1991 e 2000 (taxa superior às obtidas nas décadas anteriores) indicam que a expansão evangélica acelerou-se ainda mais no último decênio do século XX.

Os evangélicos estão distribuídos desigualmente pelas regiões brasileiras. O Nordeste, com apenas 10,4% de evangélicos, continua sendo o principal reduto católico e, por isso, a região de mais difícil penetração protestante, enquanto o Norte e o Centro-Oeste, com 18,3% e 19,1%, respectivamente, constituem as regiões em que esses religiosos mais se expandem. Apesar de reproduzir a média brasileira, o Sul, onde se concentra o luteranismo, tem apresentado os mais baixos índices de crescimento evangélico, sendo que em alguns estados ocorre perda relativa de crentes na população. O Sudeste, com 17,7%, mantém-se como um dos mais importantes pólos da expansão evangélica.

Os principais responsáveis por tal sucesso proselitista foram os pentecostais, que cresceram 8,9% anualmente, enquanto os protestantes históricos atingiram a cifra de 5,2%. Com isso, os pentecostais, que perfazem dois terços dos evangélicos, saltaram de 8.768.929 para 17.617.307 adeptos (ou seja, de 5,6% para 10,4% da população) de 1991 a 2000, ao passo que os protestantes históricos passaram de 4.388.310 para 6.939.765 (de 3% para 4,1%). Embora as taxas de crescimento do protestantismo histórico sejam inferiores às do pentecostalismo, são muito elevadas, sobretudo tendo em vista que na década anterior o protestantismo apresentou taxa de crescimento anual negativa (-0,4). Isto provavelmente derivou de falhas do Censo de 1991, já que não ocorreram mudanças significativas nas igrejas protestantes de uma década para outra que permitam explicar e justificar tamanha disparidade dos dados.

As cifras mencionadas indicam que, nesse período, as igrejas pentecostais souberam aproveitar e explorar eficientemente, em benefício próprio, os contextos socioeconômico, cultural, político e religioso do último quarto de século no Brasil. Nesse sentido, cabe destacar, em especial, a agudização das crises social e econômica, o aumento do desemprego, o recrudescimento da violência e da criminalidade, o enfraquecimento da Igreja Católica, a liberdade e o pluralismo religiosos, a abertura política e a redemocratização do Brasil, a rápida difusão dos meios de comunicação de massa.

Outro aspecto a se ressaltar é que, apesar do elevado número de denominações pentecostais no país, Assembleia de Deus, Congregação Cristã no Brasil e Universal do Reino de Deus, juntas, concentram 74% dos pentecostais, ou treze milhões. Tamanha concentração institucional do pentecostalismo brasileiro, além de minimizar até certo ponto a importância da fragmentação denominacional ou do divisionismo organizacional desse movimento religioso, permite compreender porque a Assembléia de Deus e a Universal são as igrejas que logram, por exemplo, maior visibilidade pública e sucesso na política partidária.

Os perfis socioeconômico e demográfico de pentecostais e protestantes são bastante distintos. Dados do último Censo revelam que a maioria dos pentecostais apresenta renda e escolaridade inferiores à média da população brasileira. Grande parte deles recebe até três salários mínimos e ocupa empregos domésticos, em geral modestos e precários, numa proporção bastante acima da média nacional. Em contraste, os protestantes históricos apresentam renda e escolaridade elevadas, ambas bem superiores à média brasileira, estando distribuídos mais nos níveis escolares de segundo grau, graduação e pós-graduação e nas faixas de renda entre seis e vinte salários mínimos. Pentecostais e protestantes são majoritariamente urbanos e apresentam maior proporção de mulheres que de homens. Quanto à cor dos fiéis, os primeiros sobressaem pela presença de pretos e pardos superior à média da população, enquanto os últimos pela maior proporção de brancos. Os pentecostais abrigam mais crianças e adolescentes do que adultos, enquanto os protestantes mais adultos e idosos do que jovens, diferenças de perfil etário e de taxas de natalidade que, tal como ocorre nas comparações anteriores, refletem suas distinções de classe social.

Antes de analisar a extraordinária expansão institucional da Igreja Universal do Reino de Deus, cabe discorrer, de modo sucinto, sobre a evolução histórica e a classificação do pentecostalismo no Brasil,

O primeiro missionário pentecostal chegou ao Brasil há 94 anos. Desde então, foram criadas centenas de igrejas, tornando este movimento religioso complexo e diversificado. Para tornar inteligível sua evolução e diversidade interna, pesquisadores passaram a ordenar este campo religioso em três grupos e classificá-los com base em critérios históricos (ou periodização) de implantação de igrejas, em distinções teológicas e comportamentais.

O pentecostalismo clássico abrange as igrejas pioneiras: Congregação Cristã no Brasil e Assemblia de Deus. A Congregação Cristã foi fundada por um italiano em 1910, na capital paulista, e a Assemblia de Deus, por dois suecos, em Belém do Pará, em 1911. Embora europeus, os três missionários converteram-se ao pentecostalismo nos Estados Unidos, de onde vieram para evangelizar o Brasil. De início, na condição de grupos religiosos minoritários em terreno "hostil", ambas as igrejas caracterizaram-se pelo anticatolicismo, por radical sectarismo e ascetismo de rejeição do mundo. No plano teológico, enfatizaram o dom de línguas (glossolalia), seguindo a ênfase doutrinária primitiva dessa religião. A Congregação Cristã, além de permanecer completamente isolada das demais igrejas e organizações pentecostais, manteve-se mais apegada a certos traços sectários, enquanto a Assemblia de Deus mostrou, sobretudo nas duas últimas décadas, maior disposição para adaptar-se a mudanças em processo no pentecostalismo e na sociedade brasileira.

O segundo grupo de igrejas implantado no Brasil, que não obteve nomenclatura consensual na literatura acadêmica, começou na década de 1950, quando dois missionários norte-americanos da *International Church of The Foursquare Gospel* criaram, em São Paulo, a Cruzada Nacional de Evangelização. Por meio dela, iniciaram o evangelismo focado na pregação da cura divina, que atraiu multidões às concentrações evangelísticas na capital paulista e acelerou a expansão do pentecostalismo brasileiro. Em 1953, fundaram a Igreja do Evangelho Quadrangular no Estado de São Paulo. No rastro de suas atividades de evangelização, surgiram Brasil Para Cristo (1955, SP), Deus é Amor (1962, SP) e Casa da Bênção (1964, MG). Os missionários da Quadrangular conferiram ênfase teológica à cura divina, seguindo o bem-sucedido movimento de cura propagado nos Estados Unidos durante a Segunda Guerra Mundial. Como estratégia proselitista, além da ênfase na cura, essa vertente pentecostal notabilizou-se pelo intenso uso do rádio e pela pregação itinerante com o emprego de tendas de lona.

O neopentecostalismo teve início na segunda metade dos anos de 1970. Cresceu, ganhou visibilidade e se fortaleceu no decorrer das décadas seguintes. A Universal do Reino de Deus (1977, RJ), a Internacional da Graça de Deus (1980, RJ), a Comunidade Evangélica Sara Nossa Terra (1976, GO) e a Renascer em Cristo (1986, SP), fundadas por pastores brasileiros, constituem as principais igrejas neopentecostais do país. No plano teológico, caracterizam-se por enfatizar a guerra espiritual contra o Diabo e seus representantes na terra, por pregar a Teologia da Prosperidade, difusora da crença de que o cristão deve ser próspero, saudável, feliz e vitorioso em seus empreendimentos terrenos, e por rejeitar usos e costumes de santidade pentecostais, tradicionais símbolos de conversão e pertencimento ao pentecostalismo.

Encabeçado pela Igreja Universal, o neopentecostalismo é a vertente pentecostal que mais cresce atualmente e a que ocupa maior espaço na televisão brasileira, seja como proprietária de emissoras de TV, seja como produtora e difusora de programas de televangelismo. Do ponto de vista comportamental, é a mais liberal. Haja vista que suprimiu características sectárias tradicionais do pentecostalismo e rompeu com boa parte do ascetismo contracultural tipificado no estereótipo pelo qual os crentes eram reconhecidos e, volta e meia, estigmatizados. De modo que seus fiéis foram liberados para vestir roupas da moda, usar cosméticos e demais produtos de embelezamento, frequentar praias, piscinas, cinemas, teatros, torcer para times de futebol, praticar esportes variados, assistir à televisão e vídeos, tocar e ouvir diferentes ritmos musicais. Práticas que, nos últimos anos, também foram sendo paulatinamente permitidas por igrejas pentecostais das vertentes precedentes, com exceção da Deus é Amor, que manteve incólume a velha rigidez ascética. Em todas as vertentes permanece, porém, a interdição ao consumo de álcool, tabaco e drogas e ao sexo extraconjugal e homossexual.

Sem perder necessariamente sua distintividade religiosa, as igrejas neopentecostais revelam-se, entre as pentecostais, as mais inclinadas a acomodarem-se à sociedade abrangente e aos seus valores, interesses e práticas. Daí seus cultos basearem-se na oferta especializada de serviços mágico-religiosos, de cunho terapêutico e taumatúrgico, centrados em promessas de concessão divina de prosperidade material, cura física e emocional e de resolução de problemas familiares, afetivos, amorosos e de sociabilidade. Oferta sob medida para atender a demandas de quem crê que pode se dar bem nesta vida e neste mundo recorrendo a instituições intermediárias de forças sobrenaturais. Com tal estratégia, empregada também nos evangelismos pessoal e eletrônico, atraem e convertem majoritariamente indivíduos dos estratos pobres da população, muitos deles carentes e em crise pessoal, geralmente mais vulneráveis a esse tipo de prédica. Não obstante o apelo sistemático à oferta de soluções mágicas configure uma prática usual nas religiões populares no Brasil, observa-se que, no caso neopentecostal, tal procedimento, diferentemente do que ocorre no catolicismo popular, por exemplo, é orquestrado pelas lideranças eclesiásticas e posto em ação nos cultos oficiais e por meio do evangelismo eletrônico.

Igreja Universal do Reino de Deus

A Igreja Universal foi fundada em 1977 na Zona Norte da cidade do Rio de Janeiro, onde antes funcionava uma pequena funerária. Em menos de três décadas se transformou no mais surpreendente e bem-sucedido fenômeno religioso do país, atuando de forma destacada no campo político e na mídia eletrônica. Nenhuma outra igreja evangélica cresceu tanto em tão pouco tempo no Brasil. Seu crescimento institucional foi acelerado desde o início. Em 1985, com oito anos de existência, já contava com 195 templos em catorze estados e no Distrito Federal. Dois anos depois, eram 356 templos em dezoito estados. Em 1989, ano em que começou a negociar a compra da Rede Record, somava 571 locais de culto. Entre 1980 e 1989, o número de templos cresceu 2.600%. Nos primeiros anos, sua distribuição geográfica concentrou-se nas regiões metropolitanas do Rio de Janeiro, de São Paulo e de Salvador. Em seguida, expandiu-se pelas demais capitais e grandes e médias cidades. Na década de 1990, passou a cobrir todos os estados do território brasileiro, período no qual logrou taxa de crescimento anual de 25,7%, saltando de 269 mil (dado certamente subestimado) para 2.101.887 adeptos no Brasil, de onde se espraiou para mais de oitenta países. Em todos eles, conquista adeptos majoritariamente entre os estratos mais pobres e menos escolarizados da população.

Um dos principais responsáveis pela constituição desse verdadeiro império religioso, o fluminense Edir Bezerra Macedo, seu líder e fundador, tornou-se crente evangélico aos dezoito anos, ingressando na Igreja de Nova Vida por meio da influência de uma irmã. Antes era católico e frequentava a Umbanda. Permaneceu na Nova Vida de 1963 até 1975, quando, contrariado com seu elitismo de classe média, deixou-a para fundar a Cruzada do Caminho Eterno. Dois anos depois, nova cisão: saiu para formar, junto com outros crentes, a Universal do Reino de Deus.

Desde o princípio, Macedo adotou a evangelização eletrônica como carro-chefe de sua estratégia proselitista. E por meio da popularidade adquirida como apresentador de um programa religioso na Rádio Metropolitana, conseguiu suplantar R. R. Soares na liderança da igreja. Em 1980, implementou o governo eclesiástico episcopal, no qual assumiu o posto de bispo primaz e o cargo vitalício de secretário-geral do presbitério, cargo do qual renunciaria em 1990 para evitar que eventuais sanções penais contra si atingissem a igreja.

Cabe fazer um parêntese para frisar que tal temor revelou-se nada exagerado ou fantasioso, uma vez que, durante toda a primeira metade dos anos de 1990, a igreja e seus dirigentes estiveram no centro de intensas controvérsias, envolvendo os mais diferentes agentes dos campos religioso, empresarial, midiático, policial, judicial e político. Métodos heterodoxos de arrecadação, vilipêndio a culto religioso, agressão física contra adeptos dos cultos afro-brasileiros e investimentos empresariais milionários, em especial a surpreendente compra da Rede Record por 45 milhões de dólares, em 1990, desencadearam uma série de críticas e acusações da grande imprensa e até de setores evangélicos, inquéritos policiais e processos judiciais contra a Universal e seus líderes, um sem número de vezes retratados em matérias jornalísticas como exploradores da credulidade dos pobres. Para piorar a situação, em 1991, Carlos Magno de Miranda, ex-líder da igreja no Nordeste, acusou Edir Macedo de sonegar impostos, de envolvimento com o narcotráfico e de enviar ouro e dólares ilegalmente para o exterior, levando o bispo primaz a ter que depor na Justiça Federal. Em 24 de maio de 1992, acusado de cometer crimes de charlatanismo, curandeirismo e estelionato, Macedo foi preso pela 91ª Delegacia de Polícia de São Paulo, onde ficou encarcerado numa cela especial por doze dias até ser solto mediante *habeas corpus*. Na véspera do Natal de 1995, Carlos Magno voltou à carga tornando público um vídeo inédito, gravado em 1990, em que Edir Macedo aparecia rindo enquanto contava dinheiro num templo em Nova York, divertindo-se num iate em Angra dos Reis e instruindo, durante intervalo de uma partida de futebol, pastores a serem mais eficazes na coleta de dízimos e ofertas. A exibição do vídeo provocou uma das maiores controvérsias religiosas dos anos de 1990 no Brasil, resultando na mobilização de polícia, Receita Federal, Justiça, Previdência Social, Procuradoria da República e Interpol para investigar a Igreja Universal e seus líderes, que, em resposta, atacaram a Rede Globo, reclamaram de perseguição religiosa e realizaram grandes manifestações públicas de desagravo. Macedo e os bispos da igreja só conseguiram se afastar das páginas e manchetes policiais no final dos anos de 1990 em diante.

Nesse período conturbado da história da Universal, Macedo procurou rarear sua presença no Brasil e estendê-la nos Estados Unidos, onde fundara uma filial em 1986. Decidiu, então, nomear o pastor Renato Suhett para substituí-lo na direção da igreja, no Brasil, para logo em seguida enfraquecê-lo, ao transferir funções administrativas a outros bispos e dividir o poder eclesiástico em quatro regiões no país. Em meados da década de 1990, consagrou dezenas de novos bispos para assumir funções de direção em nível regional, estadual e nacional. Para evitar cismas, reestruturou o poder eclesiástico, criando três instâncias hierárquicas: Conselho Mundial de Bispos, Conselho de Bispos do Brasil e Conselho de Pastores. Com isso, a igreja manteve os princípios de verticalidade e concentração de seu governo episcopal, que continuou encimado por Macedo.

Como fator de expansão denominacional, o governo verticalizado e centralizado da Universal, com efeito, é tão ou mais importante que a decantada competência religiosa, gerencial e empresarial de sua liderança eclesiástica. Nesse sentido, cumpre destacar que o governo episcopal tal como exercido pela igreja reforça a unidade e a coesão denominacional, dinamiza o processo decisório, agiliza a transmissão das ordens superiores e a realização dos trabalhos administrativos, organizacionais e de evangelismo, permite centralizar a administração dos recursos coletados e fazer investimentos caros e estratégicos, como a abertura de novas congregações e frentes de evangelização, a construção de templos de grande porte, a compra de emissoras de rádio e TV, a criação de gravadoras, de editoras e de outros empreendimentos. ❖

Mariano, Ricardo. "Expansão Pentecostal no Brasil: O Caso da Igreja Universal," *Estudos Avançados* 18 (52), 2004, pp. 121-126.

Perguntas

1. Onde foi formado o pentecostalismo?
2. Quantos brasileiros praticavam o pentecostalismo em 1940? Em 1970? Em 2000?
3. Em que parte do Brasil há mais pentecostalismo? A que o autor atribui isso?
4. O que é a Igreja Universal do Reino de Deus?
5. Quem é Edir Bezerra Macedo? O que ele fez?

Vidas Secas

Informação geral

Apresentação do filme

Fabiano, sua esposa Vitória e seus dois filhos atravessam o sertão em busca de comida e de um lugar para viver. Baleia, a cachorra da família, acompanha-os, caçando roedores e deixando todos mais felizes. Além da seca, eles têm que lidar com a indiferença das pessoas da cidade que discriminam os andarilhos pobres, e o poder daqueles que se beneficiam explorando os que vivem à margem da sociedade.

Diretor

Nelson Pereira dos Santos nasceu em 22 de outubro de 1928, em São Paulo. Ele foi o primeiro cineasta a ser eleito para a Academia Brasileira de Letras. Entre seus filmes estão: *Rio 40 Graus* (1955), *Rio Zona Norte* (1957), *Boca de Ouro* (1963), *El Justicero* (1967), *Como Era Gostoso o Meu Francês* (1971), *Tenda dos Milagres* (1977) e *Memórias do Cárcere* (1984).

Atores principais

Átila Iório (Fabiano) (1921–2002), trabalhou em filmes como *Caídos do Céu* (1946), *Os Dois Ladrões* (1953), *Os Três Cangaceiros* (1959), *O Assalto ao Trem Pagador* (1962), *Os Fuzis* (1964), *Sagarana, o Duelo* (1973) e *Ouro Sangrento* (1977).

Maria Ribeiro (Sinhá Vitória) trabalhou também em *A Hora e a Vez de Augusto Matraga* (1965), *Os Herdeiros* (1970), *Pedida* (1976), *A Bagaceira Soledade* (1976), *A Terceira Margem do Rio* (1994) e em programas de televisão.

Orlando Macedo (Soldado Amarelo)

> ### Prêmios
>
> ✪ *Vidas Secas* ganhou o prêmio OCIC do Festival de Cinema de Cannes (1964); a indicação da Palma de Ouro para Nelson Pereira do Santos em Cannes (1964).

Jofre Soares (Fazendeiro) nasceu em 21 de setembro de 1918, em Palmeira dos Índios, Alagoas, e morreu em 19 de agosto de 1996. Trabalhou em diversos filmes brasileiros, entre eles *O Grande Sertão* (1965), *A Hora e a Vez de Augusto Matraga* (1965), *Terra em Transe* (1967), *O Homem Nu* (1968), *O Profeta da Fome* (1970), *Sagarana, o Duelo* (1973), *Os Pastores da Noite* (1975), *Bye Bye Brasil* (1979), *Jubiabá* (1987), *A Terceira Margem do Rio* (1994) e *O Cangaceiro* (1997).

Gilvan (Gilvan)

Genivaldo (Genivaldo)

Vocabulário

Substantivos

velha *f* - old woman
cachorra (cadela) *f* - female dog
cama de couro *f* - feather bed
bolandeira *f* - wheel for grinding manioc flour
serviço *m* - service, job, work
carro de boi *m* - ox cart
caderneta *f* - notebook or checkbook
barulho *m* - noise
imposto *m* - tax
porco *m* - hog
roça *f* - countryside
vereda *f* - trail
fartura *f* - abundance
peste *f* - plague
papagaio *m* - parrot
curandeira *f* - medicine woman
cabra *f* - goat
inferno *m* - hell
pasto *m* - pasture
missa *f* - Mass
afilhado *m* - godson
vaqueiro *m* - cowboy
chagas *f* - wounds
inchação *f* - swelling
beiços *m* - lips

cascavel *f* - rattlesnake
camarinha *f* - bedroom (northeastern Brazil)
estrume *m* - manure
chiqueiro *m* - pigsty, pigpen
taramela *f* - lock
vara *f* - stick, pole
vareta *f* - little stick
praga *f* - curse
castanholas *f* - castanets
alpendre *m* - shed, porch
baraúna *f* - Brazilian tree
caatinga *f* - bushy trees in northeastern Brazil
losna *f* - a tree, medicinal plant.
juazeiros *m* - Brazilian tree
barroca *f* - ravine
gravetos *m* - kindling
suçuarana *f* - large feline resembling a lion
estrondo *m* - rumble
mandacaru *m* - type of cactus
preás *f* - small rodents
cocorote *f* - pony tail
nesga *f* - portion of food
rosário de sabugos *m* - rosary of roots
chocalhos *m* - bells
corno *m* - cuckold, man cheated upon

Adjetivos

macio(a) *m/f* - soft
forte *m/f* - strong
seco(a) *m/f* - dry
arisco(a) *m/f* - doubtful

precipitado(a) *m/f* - precipitated
teimoso(a) *m/f* - stubborn
safado(a) *m/f* - scum, shameless
taludo(a) *m/f* - plump

Verbos

apanhar - to be beaten, to catch
perder - to lose
carregar - to carry
sonegar - to dodge
manchar - to stain
amarrar - to tie up
pegar - to catch
crescer - to grow
falar - to speak
enxotar - to expel, to drive away
sacudir - to shake
bulir - to stir, or to taunt
aperrear-se - to get angry
espernear - to protest, to kick out
copiar - to copy
esfregar - to rub
desviar - to turn away
agachar-se - to squat

esgueirar-se - to sneak off
rodear - to walk around it; to surround
espojar-se - to roll on the floor, or in the mud
estirar - to stretch out
ralar - to grate
esmorecer - to be discouraged
encandear - to shine a light in an animal's eyes
    in order to disorient it (hunters do this).
ladear - to flank
arregaçar - to roll up
encerrar - to enclose
chocalhar - to rattle
desvanecer-se - to feel proud; to fade
amaciar - to soften
avultar - to increase
espiar - to spy upon
uivar - to howl

Expressões

quer dizer - you mean
não serve pra nada - worthless
paisano - civilian
era só o que faltava - just what I needed
    (sarcastic)
cama de gente - a real bed
só sabe falar - he's all talk
só queria ver - I'd like to see
perde no jogo - lose in the game
hein? - huh?
jogo e cachaça - gambling and drinking
    cachaça (liquor made of sugar cane)
dá mais uma - give me one more

dê mais - give me more
vai chover se Deus quiser - God willing, it will
    rain
condenado do diabo - cursed by the devil
era um homem de valia - he was a man of
    great honor
vida de bicho - wretched life
lorota - lie
me desculpe - I am sorry
vá pro inferno! - go to hell!
excomungado - damned, excommunicated
não adianta esperar - it's not worth waiting

Antes do filme

Leitura: O contexto

Vidas Secas se passa durante uma das frequentes secas que atingem o Nordeste brasileiro. Nada nasce na terra, o gado morre de sede. Tudo o que resta às famílias da região são as raízes, que podem ser colhidas no sertão e a jornada em busca de uma vida melhor. Vivendo em casas desocupadas ou se dirigindo às grandes cidades, com a esperança de encontrar trabalho e educação para os filhos, suas trajetórias são de sofrimento. *Vidas Secas* é um dos filmes mais marcantes do Cinema Novo dos anos de 1960 e 1970. Influenciados pelo realismo italiano, jovens diretores brasileiros deste movimento cinematográfico fazem seus filmes com "uma câmara na mão e uma idéia na cabeça", como diziam na época. Diretores como Nelson Pereira dos Santos, Carlos Diegues e Glauber Rocha retrataram a realidade dura da pobreza, primeiro no Nordeste e depois nas áreas urbanas.

Retratar um desastre socioeconômico e ecológico

Responda às seguintes perguntas em grupo.

1. O sertão do Brasil frequentemente atravessa secas que às vezes duram muitos anos. Como você trataria a seca num filme?
2. Na época do Cinema Novo havia uma ditadura militar no Brasil. Por que nesse período os diretores preferiram fazer filmes cujas histórias se passavam no Nordeste?
3. Em seu país há filmes que retratam um lugar pobre e sem muita esperança? Esses filmes obtêm sucesso de bilheterias?

Depois do filme

Atividades escritas

A. Ordem cronológica

Enumere as cenas na sequência em que elas apareccem no filme.

_____ A família chega à casa deserta.

_____ Sinhá Vitória mata o papagaio.

_____ Chove no sertão.

_____ Baleia caça uma preá para a família comer.

_____ Fabiano vai à cidade para falar com o fazendeiro.

_____ A família vai à igreja e Fabiano acaba na cadeia.

_____ Os meninos brincam com os animais.

_____ Os pais carregam os filhos durante a caminhada no sertão.

_____ Vitória faz contas com cascalhos no chão.

_____ Fabiano corre atrás do Soldado Amarelo na caatinga.

_____ Fabiano anda a cavalo pela primeira vez.

B. Verdadeira ou falsa

Determine se a frase é verdadeira ou falsa.

1. V F   Há música no começo do filme.
2. V F   Baleia morre de velhice.
3. V F   Vitória quer uma cama de algodão.
4. V F   Vitória, a mulher do Fabiano, é boa de matemática.
5. V F   Os meninos gostam de animais.
6. V F   A família tem um carro.
7. V F   Fabiano, Vitória e seus filhos vão bem vestidos à igreja.
8. V F   O fazendeiro é muito simpático com a família de Fabiano e quer ajudá-la.
9. V F   Baleia é uma vaca.
10. V F   Fabiano é bem tratado na cadeia.

C. Fotografia

Veja a foto e escolha a resposta mais adequada para descrevê-la.

1. Quem está na cena?
   a. Baleia e Vitória.
   b. Baleia e o papagaio.
   c. Baleia e um dos meninos.
2. Qual é o sentimento do menino pela cachorra?
   a. amor
   b. medo
   c. indiferença
3. Onde se passa esta cena?
   a. Dentro de casa.
   b. No mato.
   c. No quintal.
4. Quando se passa esta cena no filme?
   a. No fim do filme.
   b. No meio do filme.
   c. No começo do filme.
5. O que se passa depois desta cena?
   a. Fabiano mata Baleia.
   b. Baleia mata o bicho.
   c. Há uma festa em casa.

D. Pequenas respostas

Veja a foto e escreva três ou quatro frases para cada uma das solicitações a seguir.

1. Descreva a foto.
2. Dê um título para a foto. A seguir, justifique sua escolha.
3. Descreva as emoções traduzidas na expressão dos personagens.
4. Crie um diálogo entre os dois personagens.

E. Una a fala ao personagem

Coloque a primeira letra do nome do personagem na lacuna, para identificar quem disse o quê.

1. _____ "Vai pegar fogo!"   A. Fabiano
2. _____ "Quero cama de gente."   B. O garoto
3. _____ "Cadê Baleia?"   C. Vitória
4. _____ "Vão matar Baleia!"
5. _____ "Inferno, inferno..."
6. _____ "Me desculpe, mas tem de menos."
7. _____ "Juro, mulher tem miolo."

F. Vocabulário

Preencha os espaços em branco com as palavras da lista abaixo:

preás	serviço	varas	caatinga	cascavel	barroca
carro de boi	benzedeira	estrume	peste	cabras	

1. Baleia conseguia caçar muitas _____ para a família comer.
2. _____ cheira mal mas é bom para adubar a terra.
3. Um tipo de vegetação no sertão é a _____.
4. O _____ é uma boa forma de transporte no Nordeste.
5. Durante a Idade Média a _____ foi uma doença que matou milhões de pessoas.
6. Os meninos pastorearam as _____ com _____ de madeira.
7. No começo do filme a família andava na _____ procurando uma casa.
8. Além de um abrigo, Fabiano procurava um _____ que lhe pagasse algum dinheiro.
9. A _____ é um tipo de cobra que faz um barulho antes de atacar.
10. Para melhorar as chagas nas costas, Fabiano foi à _____ que o curou com ervas e rezas.

G. Expressões

Escolha a expressão mais adequada para preencher a lacuna.

1. Sinhá Vitória sonhava em ter uma _____ para dormir bem à noite.
   a. cama de gente
   b. cozinha
   c. paisano
   d. chuva

2. Quando algo inesperado acontece, costuma-se dizer: _____.
   a. vai chover, se Deus quiser
   b. vida de bicho
   c. era só o que faltava
   d. perde no jogo

3. Fabiano gastou muito dinheiro com _____.
   a. o jogo e a cachaça
   b. era um homem de valia
   c. só queria ver
   d. dê mais

4. Uma vida difícil é uma _____.
   a. só sabe falar
   b. paisano
   c. hein
   d. vida de bicho

5. Durante a seca, Sinhá Vitória dizia: _____.
   a. quer dizer
   b. dê mais
   c. vai chover, se Deus quiser
   d. lorota

H. Redação

A partir das perguntas e proposições a seguir, escreva um ensaio de uma página.

1. Escreva sobre a relação entre Fabiano e Vitória. Eles parecem ser um casal feliz? Como eles lidam com a severidade dos problemas à sua volta? Como eles dividem o trabalho e outros afazeres para sobreviverem?

2. Que função desempenha a religião nesse filme? Quando e onde os personagens rezam? Você vê no filme alguma outra religião além do catolicismo?

3. Discuta o uso da música e outros efeitos sonoros no filme. De que modo os efeitos sonoros pontuam o tom emocional das cenas? Como eles se relacionam com a música do filme?

4. Escreva sobre o sertão como se ele fosse um personagem do filme, com sentimentos, humores e desejos.

5. O que o nome Vitória simboliza? Ela desiste de alguma coisa? Qual é o personagem mais forte do filme?

I. Comparação com os outros filmes

Compare *Vidas Secas* com os outros filmes do livro e, depois de vê-los, escreva um parágrafo para responder a cada pergunta.

1. Compare o uso do preto e branco em *Vidas Secas* e em *Terra Estrangeira*: como esse recurso aproxima e afasta os dois filmes?

2. Discuta o processo de adaptação de livros para filmes. Pense nesse filme, adaptado de um livro de Graciliano Ramos, e em outros filmes, como *Orfeu*, adaptado da obra de Vinícius de Moraes e da mitologia grega; pense também em *Carandiru*.

3. Discuta os presença dos animais em diferentes filmes brasileiros, de *Vidas Secas* a *Orfeu Negro*. Qual é o papel dos animais nas narrativas? O que acontece com eles?

4. Compare a figura da mulher em *Vidas Secas* e nos outros filmes abordados neste livro, como *Dona Flor e Seus Dois Maridos*. Vitória é forte ou ela se deixa a dominar pelo marido? O que ela deseja acima de qualquer outra coisa?

5. Discuta o conceito de jornada presente neste e em outros filmes. Onde os diferentes personagens começam suas jornadas? Para onde eles vão? Onde chegam? Você pode resumir o que significa a jornada nesses filmes?

6. Como a música e o folclore são apresentados em *Vidas Secas* e em outros filmes?

7. Como você compararia *Vidas Secas* aos outros filmes da seção de Sertão?

J. Crie uma sinopse

Depois de ver o filme e discuti-lo na aula, siga as instruções abaixo e escreva uma pequena sinopse para encorajar outras pessoas a assisti-lo. Sinopses devem ser curtas e dar destaque aos momentos mais excitantes e marcantes do filme. Como você escreveria a sinopse de *Vidas Secas*?

1. Selecione as cenas que você quer destacar.

2. Escreva algumas linhas descrevendo cada cena.

3. Coloque-as em sequência, de maneira que a leitura seja atrativa aos futuros espectadores.

Atividades orais

A. Conversa

Em pares ou grupos de até quatro alunos, respondam às perguntas.

1. Por que o filme começa com um carroça? O que isso representa?

2. Quem faz parte da família? Por que eles têm animais de estimação? O que acontece com o papagaio? Como Sinhá Vitória justifica o que fez?

3. O que todos eles carregam? Como os garotos fazem isso?

4. Como é o relacionamento entre o marido e a esposa? O que eles dizem um para o outro?

5. Como se chama a cadela? Qual é a contribuição do animal para a história? Qual é a reação da família quando ela caça algo?

6. Como se sentem os personagens quando acham uma casa? Ela está abandonada? A família planeja ficar na casa? Quem é a pessoa a quem Vitória sempre se refere? Quem aparece na casa logo após a família se instalar? O que ele ordena a Fabiano? Qual é o acordo feito para Fabiano e sua família ficarem?

Para saber: A seca

♦ Secas prolongadas são um problema recorrente no Nordeste brasileiro.

♦ Durante os períodos de seca, milhares de pessoas deixam seus lares em direção à costa ou às grandes cidades do Sul para tentar melhorar suas vidas.

♦ Chamadas de migrantes, essas pessoas muitas vezes sofrem discriminação e preconceito.

♦ O tema da seca pode ser encontrado na literatura do Nordeste brasileiro, especialmente nas obras de escritores como Graciliano Ramos e Rachel de Queiroz.

---

7. A chuva chega, finalmente ao sertão: como a família reage a ela? Como eles coletam a água?

8. O que Vitória sempre afirma querer e por quê?

9. O que Fabiano faz com todo o dinheiro que ganha? Por que ele vai para a cadeia? O que os guardas fazem com Fabiano?

10. Em que ano a história narrada pelo filme começa e termina? Por que isso é importante?

11. Que tipo de trabalho os garotos fazem na fazenda? Descreva o que o fazendeiro faz.

12. Descreva o processo de marcação do gado. O que vemos com isso?

13. Quem na família resolve a situação financeira? Como ele/ela faz isso? Como Fabiano reage?

14. Por que Fabiano vai à cidade? Quem traz problemas a ele por estar vendendo carne de porco sem permissão? Quem está na casa do fazendeiro? O que a música de violinos simboliza?

Para saber: A raiva

♦ Numa das cenas mais tocantes, Baleia é morta porque Fabiano acha que ela está doente.

♦ Uma das doenças que ele provavelmente achou que ela pudesse ter era a raiva.

♦ A raiva é um vírus que causa encefalite a partir da exposição direta, e, sem uma vacina imediatamente após a infecção, a chance de morte é de quase 100%.

♦ Um dos sintomas da raiva é a saliva espumante e a hidrofobia, ou medo da água, causada pela dificuldade de engolir.

♦ Quando o filme foi levado para Cannes, na França, houve protestos contra o diretor porque o público acreditou que Baleia tivesse realmente sido morta no filme.

♦ A cadela Baleia foi levada a Cannes pela equipe para provar que ela ainda estava viva e que não tinha se machucado na cena do tiro.

♦ Alguns não se convenceram e disseram que Baleia tinha uma dublê.

---

15. Por que toda a família se veste para ir à cidade? Seus sapatos são confortáveis? O que está acontecendo na cidade? O que eles fazem quando chegam lá?

16. Como Fabiano se mete em problemas? Ele foi forçado a jogar cartas? Quem está na prisão com ele? O colega de cela o ajuda? Como eles saem da cadeia?

17. Quem vai à casa da família para currar Fabiano? Quais são as palavras dela? O que o garoto repete? O que ele quer dizer com isso?

18. O que acontece quando a seca chega novamente? A família pode permanecer no sertão? Quem Fabiano encontra no mato quando estava procurando um bezerro desgarrado? O que Fabiano faz com ele e por quê?

19. Antes de a família partir, o que acontece com Baleia? Por que eles acham que devem matá-la? Qual é a reação da família, e especialmente das crianças, diante disso? Como essa cena foi filmada e de que perspectiva?

20. O que a família discute na estrada? Em sua opinião, eles escutam uns aos outros? O que acontece quando uma estrada termina e outra começa?

B. "Canto dos Críticos"

O "Canto dos Críticos" é um programa de televisão imaginário, produzido e apresentado durante a aula. Depois de cada filme, um grupo de três a quatro estudantes discute os temas mais importantes nele retratados e questiona se o filme deve ser assistido ou não pelo público. Um estudante deve usar a câmera. Escolha dois críticos e um diretor para discutir o filme de hoje, *Vidas Secas*. Crie perguntas para o programa e depois discuta-as no ar. Peça a alguém para gravar a discussão.

C. Análise de uma cena (10:30 - 20:27)

Cena: A família vaga pelo sertão até encontrar uma casa abandonada.

Assista à cena e responda às perguntas.

Observe

1. Como o espectador sabe que está quente na estrada? O que os personagens estão fazendo? O que acontece a um dos meninos? Como o pai dele reage a isso?

2. O que a família encontra? Alguém está morando lá? O que Baleia encontra para a família? Qual é a reação deles ao que Baleia fez?

3. Como a chuva é apresentada ao espectador? Como a família coleta a água?

4. O que o pai faz na chuva? O que acontece quando a família se aproxima da casa durante as chuvas?

Escute

1. O que Fabiano diz para o filho quando este, caído, não consegue mais caminhar?

2. O que Vitória diz à Baleia? Dentro de casa, Fabiano e Vitória falam sobre o quê? Eles escutam um ao outro?

A cena na história

1. Como esta cena retrata a situação dos retirantes?

2. O que a cena diz sobre a importância de a família se manter unida para sobreviver?

3. Pode alguém sobreviver sozinho em circunstâncias difíceis ou é mais importante estar no seio da família?

D. Comparação com outra cena

1. Compare essa cena com a cena final da família voltando à estrada, em busca de uma vida melhor. Que membro do grupo inicial está faltando nesta última?

2. Em sua opinião, a cena final é mais esperançosa do que a anterior? O que os pais dizem sobre o futuro de suas crianças?

Atividade de leitura: Bichos de estimação

Antes de ler o conto "Baleia", de Graciliano Ramos, considere as perguntas a seguir sobre bichos de estimação.

1. Bichos podem ter emoções e sentimentos? Como você escreveria sobre eles num conto ou os mostraria num filme?

2. Bichos de estimação fazem parte da família? O que acontece quando eles morrem?

3. Tente imaginar o ponto de vista de um bicho de estimação numa jornada comprida e difícil.

"Baleia" (*Vidas Secas*)

Graciliano Ramos

A CACHORRA Baleia estava para morrer. Tinha emagrecido, o pêlo caíra-lhe em vários pontos, as costelas avultavam num fundo róseo, onde manchas escuras supuravam e sangravam, cobertas de moscas. As chagas da boca e a inchação dos beiços dificultavam-lhe a comida e a bebida.

Por isso Fabiano imaginara que ela estivesse com um princípio de hidrofobia e amarrara-lhe no pescoço um rosário de sabugos de milho queimados. Mas Baleia, sempre de mal a pior, roçava-se nas estacas do curral ou metia-se no mato, impaciente, enxotava os mosquitos sacudindo as orelhas murchas, agitando a cauda pelada e curta, grossa na base, cheia de roscas, semelhantes a uma cauda de cascavel.

Então Fabiano resolveu matá-la. Foi buscar a espingarda de pederneira, lixou-a, limpou-a com o saca-trapo e fez tenção de carregá-la bem para a cachorra não sofrer muito.

Sinhá Vitória fechou-se na camarinha, rebocando os meninos assustados, que adivinhavam desgraça e não se cansavam de repetir a mesma pergunta:

— Vão bulir com a Baleia?

Tinham visto o chumbeiro e o polvarinho os modos de Fabiano afligiam-nos, davam-lhes a suspeita de que Baleia corria perigo.

Ela era como uma pessoa da família: brincavam juntos os três para bem dizer não se diferençavam, rebolavam na areia do rio e no estrume fofo que ia subindo, ameaçava cobrir o chiqueiro das cabras.

Quiseram mexer na taramela e abrir a porta, mas Sinhá Vitória levou-os para a cama de varas, deitou-os e esforçou-se por tapar-lhes os ouvidos: prendeu a cabeça do mais velho entre as coxas e espalmou as mãos nas orelhas do segundo. Como os pequenos resistissem, aperreou-se e tratou de subjugá-los, resmungando com energia.

Ela também tinha o coração pesado, mas resignava-se: naturalmente a decisão de Fabiano era necessária e justa. Pobre da Baleia.

Escutou, ouviu o rumor do chumbo que se derramava no cano da arma, as pancadas surdas da vareta na bucha. Suspirou. Coitadinha da Baleia.

Os meninos começaram a gritar e a espernear. E como Sinhá Vitória tinha relaxado os músculos, deixou escapar o mais taludo e soltou uma praga:

— Capeta excomungado.

Na luta que travou para segurar de novo o filho rebelde, zangou-se de verdade. Safadinho. Atirou um cocorote ao crânio enrolado na coberta vermelha e na saia de ramagens.

Pouco a pouco a cólera diminuiu, e Sinhá Vitória, embalando as crianças, enjoou-se da cadela achada, gargarejou muxoxos e nomes íeios. Bicho nojento, babão. Inconveniência deixar cachorro doido solto em casa. Mas compreendia que estava sendo severa demais, achava difícil Baleia endoidecer e lamentava que o marido não houvesse esperado mais um dia para ver se realmente a execução era indispensável.

Nesse momento Fabiano andava no copiar, batendo castanholas com os dedos. Sinhá Vitória encolheu o pescoço e tentou encostar os ombros às orelhas. Como isto era impossível levantou os braços e, sem largar o filho, conseguiu ocultar um pedaço da cabeça.

Fabiano percorreu o alpendre, olhando a baraúna e as porteiras, açulando um cão invisível contra animais invisíveis:

— Eco! eco!

Em seguida entrou na sala, atravessou o corredor e chegou à janela baixa da cozinha. Examinou o terreiro, viu Baleia coçando-se a esfregar as peladuras no pé de turco, levou a espingarda ao rosto. A cachorra espiou o dono desconfiada, enroscou-se no tronco e foi-se desviando, até ficar no outro lado da árvore, agachada e arisca, mostrando apenas as pupilas negras. Aborrecido com esta manobra, Fabiano saltou a janela, esgueirou-se ao longo da cerca do curral, deteve-se no mourão do canto e levou de novo a arma ao rosto. Como o animal estivesse de frente e não apresentasse bem alto, adiantou-se mais alguns passos. Ao chegar às catingueiras, modificou a pontaria e puxou o gatilho. A carga alcançou os quartos traseiros e inutilizou uma perna de Baleia, que se pôs a latir desesperadamente.

Ouvindo o tiro e os latidos, Sinhá Vitória pegou-se à Virgem Maria e os meninos rolaram na cama, chorando alto. Fabiano recolheu-se.

E Baleia fugiu precipitada, rodeou o barreiro, entrou no quintalzinho da esquerda, passou rente aos craveiros e às panelas de losna, meteu-se por um buraco da cerca e ganhou o pátio, correndo em três pés.

Dirigiu-se ao copiar, mas temeu encontrar Fabiano e afastou-se para o chiqueiro das cabras. Demorou-se aí um instante, meio desorientada, saiu depois sem destino, aos pulos.

Defronte do carro de bois faltou-lhe a perna traseira. E, perdendo muito sangue, andou como gente, em dois pés, arrastando com dificuldade a parte posterior do corpo. Quis recuar e esconder-se debaixo do carro, mas teve medo da roda.

Encaminhou-se aos juazeiros. Sob a raiz de um deles havia uma barroca macia e funda. Gostava de espojar-se ali: cobria-se de poeira, evitava as moscas e os mosquitos, e quando se levantava, tinha folhas secas e gravetos colados às feridas, era um bicho diferente dos outros.

Caiu antes de alcançar essa cova arredada. Tentou erguer-se, endireitou a cabeça e estirou as pernas dianteiras, mas o resto do corpo ficou deitado de banda. Nesta posição torcida, mexeu-se a custo, ralando as patas, cravando as unhas no chão, agarrando-se nos seixos miúdos. Afinal esmoreceu e aquietou-se junto às pedras onde os meninos jogavam cobras mortas.

Uma sede horrível queimava-lhe a garganta. Procurou ver as pernas e não as distinguiu: um nevoeiro impedia-lhe a visão. Pôs-se a latir e desejou morder Fabiano. Realmente não latia : uivava baixinho, e os uivos iam diminuindo, tornavam-se quase imperceptíveis.

Como o sol a encadeasse, conseguiu adiantar-se umas polegadas e escondeu-se numa nesga de sombra que ladeava a pedra.

Olhou-se de novo, aflita. Que lhe estaria acontecendo? O nevoeiro engrossava e aproximava-se.

Sentiu o cheiro bom dos preás que desciam do morro, mas o cheiro vinha fraco e havia nele partículas de outros viventes. Parecia que o morro se tinha distanciado muito. Arregaçou o focinho, aspirou o ar lentamente, com vontade de subir a ladeira e perseguir os preás, que pulavam e corriam em liberdade.

Começou a arquejar penosamente, fingindo ladrar. Passou a língua pêlos beiços torrados e não experimentou nenhum prazer. O olfato cada vez mais se embotava: certamente os preás tinham fugido.

Esqueceu-os e de novo lhe veio o desejo de morder Fabiano, que lhe apareceu diante dos olhos meios vidrados, com um objeto esquisito na mão. Não conhecia o objeto, mas pôs-se a tremer, convencida de que ele encerrava surpresas desagradáveis. Fez um esforço para desviar-se daquilo e encolher o rabo. Cerrou as pálpebras pesadas e julgou que o rabo estava encolhido. Não poderia morder Fabiano: tinha nascido perto dele, numa camarinha, sob a cama de varas, e consumira a existência em submissão, ladrando para juntar o gado quando o vaqueiro batia palmas.

O objeto desconhecido continuava a ameaçá-la. Conteve a respiração, cobriu os dentes, espiou o inimigo por baixo das pestanas caídas. Ficou assim algum tempo, depois sossegou. Fabiano e a coisa perigosa tinham-se sumido.

Abriu os olhos a custo. Agora havia uma grande escuridão, com certeza o sol desaparecera.

Os chocalhos das cabras tilintaram para os lados do rio, o fartum do chiqueiro espalhou-se pela vizinhança.

Baleia assustou-se. Que faziam aqueles animais soltos de noite? A obrigação dela era levantar-se, conduzi-los ao bebedouro. Franziu as ventas, procurando distinguir os meninos. Estranhou a ausência deles.

Não se lembrava de Fabiano. Tinha havido um desastre, mas Baleia não atribuía a esse desastre a impotência em que se achava nem percebia que estava livre de responsabilidades. Uma angústia apertou-lhe o pequeno coração. Precisava vigiar as cabras: àquela hora cheiros de suçuarana deviam andar pelas ribanceiras, rondar as moitas afastadas. Felizmente os meninos dormiam na esteira, por baixo do caritó onde Sinhá Vitória guardava o cachimbo.

Uma noite de inverno, gelada e nevoenta, cercava a criaturinha. Silêncio completo, nenhum sinal de vida nos arredores. O galo velho não cantava no poleiro, nem Fabiano roncava na cama de varas. Estes sons não interessavam a Baleia, mas quando o galo batia as asas e Fabiano se virava, emanações familiares revelavam-lhe a presença deles. Agora parecia que a fazenda se tinha despovoado.

Baleia respirava depressa, a boca aberta, os queixos desgovernados, a língua pendente e insensível. Não sabia o que tinha sucedido. O estrondo, a pancada que recebera no quarto e a viagem difícil do barreiro ao fim do pátio desvaneram-se no seu espírito.

Provavelmente estava na cozinha, entre as pedras que serviam de trempe. Antes de se deitar, Sinhá Vitória retirava dali os carvões e a cinza, varria com um molho de vassourinha, o chão queimado, e aquilo ficava um bom lugar para cachorro descansar. O calor afugentava as pulgas, a terra se amaciava. E, findos os cochilos, numerosos preás corriam e saltavam, um formigueiro de preás invadia a cozinha.

A tremura subia, deixava a barriga e chegava ao peito de Baleia. Do peito para trás era tudo insensibilidade e esquecimento. Mas o resto do corpo se arrepiava, espinhos de mandacaru penetravam na carne meio comida pela doença.

Baleia encostava a cabecinha fatigada na pedra. A pedra estava fria, certamente Sinhá Vitória tinha deixado o fogo apagar-se muito cedo.

Baleia queria dormir. Acordaria feliz, num mundo cheio de preás. E lamberia as mãos de Fabiano, um Fabiano enorme. As crianças se espojariam com ela, rolariam com ela num pátio enorme, num chiqueiro enorme. O mundo ficaria todo cheio de preás, gordos, enormes. ❖

Ramos, Graciliano. "Baleia."*Vidas Secas* pp. 107-114. Reprinted with permission from Luiza Ramos Amado.

Perguntas

1. Por que Fabiano quer matar Baleia? Sinhá Vitória concorda com ele?

2. O que fazem os meninos quando veem o pai com a espingarda?

3. Qual é a reação de Baleia ao ver a espingarda?

4. Descreva os pensamentos de Baleia depois de ser atingida.

5. Como é o "céu" de Baleia? Em que pensa a cachorra quando está morrendo?

A Violência Urbana

Carandiru

Informação geral

Apresentação do filme

O Doutor, como é conhecido na maior prisão da América Latina, passa os dias estudando e combatendo a transmissão de Aids entre os prisioneiros, e à noite reflete sobre as histórias que seus pacientes lhe contam. Um dia, logo depois que ele deixa o presídio, eclode uma rebelião. Para contê-la, uma tropa da Polícia Militar de São Paulo intervém, levando à morte centenas de pessoas. Baseado no livro *Estação Carandiru,* de Drauzio Varella, o filme enfoca o lado humano até dos criminosos mais cruéis.

Diretor

Hector Babenco nasceu em Mar del Plata, Argentina, no dia 7 de fevereiro de 1946. Ele dirigiu outros filmes conhecidos no Brasil e no exterior, como *Pixote: a Lei do Mais Fraco (1981)* e *O Beijo da Mulher Aranha* (1985), entre outros.

Roteiristas

Hector Babenco e Fernando Bonassi

Atores principais

Luiz Carlos Vasconcelos (Doutor) nasceu em 25 de junho de 1954, em Umbuzeiro, Paraíba. Já atuou em várias séries de televisão e em diversos filmes, entre eles *Eu, Tu, Eles* (2000) e *Abril Despedaçado* (2001).

Milton Gonçalves (Chico) nasceu em Monte Santo, Minas Gerais, em 9 de dezembro de 1933. Além de ator de cinema, teatro e televisão, ele também é diretor. Atuou em filmes como *Macunaíma* (1969),

---

Prêmios

✪ Ganhou 11 prêmios e recebeu 8 indicações, incluindo: Havana Film Festival (2003), ABC Trophy (2004), Grande Prêmio do Cinema Brasil (2004) e outros.

Eles Não Usam Black-Tie (1981), *Quilombo*(1984), *O Beijo da Mulher Aranha* (1985) e *Orfeu* (2000).

Ivan de Almeida (Ebony) nasceu em 1938, no Rio de Janeiro. Trabalhou bastante na televisão.

Ailton Graça (Majestade) nasceu em 9 de setembro de 1964, em São Paulo. Tem diversos trabalhos na televisão.

Rodrigo Santoro (Lady Di) nasceu em 22 agosto de 1975, em Petrópolis, perto da cidade do Rio de Janeiro. Trabalhou em muitos filmes no Brasil e no exterior. Atuou em *Abril Despedaçado* (2001), *Love Actually* (2003), *As Panteras* (2003) e *300* (2007).

Gero Camilo (Sem Chance) é de Fortaleza, Ceará, e nasceu em 18 de dezembro de 1970. Trabalhou

em *Abril Despedaçado* (2001), *Madame Satã* (2002) e *Cidade de Deus* (2002).

Lázaro Ramos (Ezequiel) trabalhou na televisão e no cinema, em filmes como *Madame Satã* (2002), *O Homem do Ano* (2003) e *Cidade Baixa* (2005). Nasceu em 1 de novembro de 1978, em Salvador, Bahia.

Caio Blat (Deusdete) nasceu em 2 de junho de 1980, em São Paulo, e trabalha na televisão.

Wagner Moura (Zico) nasceu em 27 de junho de 1976. Wagner atuou em muitos filmes de televisão e em *Woman on Top* (2000), *Abril Despedaçado* (2001), *Caminho das Nuvens* (2003), *O Homem do Ano* (2003), *Deus é Brasileiro* (2003), *Cidade Baixa* (2005) e *Tropa de Elite* (2007).

Vocabulário

Substantivos

cadeia *f* - jail
prisão *f* - prison
presídio *m* - penitentiary
penitenciária *f* - penitentiary
cela *f* - jail cell
prisioneiro *m* - prisoner
ladrão *m* - robber, theif
estupro *m* - rape
assassino *m* - murder
doutor *m* - doctor
aidético *m* - AIDS carrier
tropa de choque *f* - SWAT team
assalto *m* - assault
colo *m* - lap
garoto *m* - boy
cueca *f* - underwear
caçula *m/f* - youngest child in a family
delegacia *f* - police station
assunto *m* - subject
destino *m* - destiny
carro forte *m* - armoured car
poupança *f* - savings account
viúva *f* - widow
padaria *f* - bakery

pão *m* - bread
mentiroso *m* - liar
desfile militar *m* - military parade
vagabunda *f* - tramp, whore
entendimento *m* - agreement
promessa *f* - promise
palhaço *m* - clown, jerk
brinde *m* - toast
beijo *m* - kiss
fantasma *m* - ghost
campeão *m* - champion
metralhadora *f* - machine gun
refém *m/f* - hostage
maldade *f* - badness, evil
cárcere *m* - prison, jail
vício *m* - vice, bad habit
baseado *m* - marijuana, joint
mentira *f* - lie
concurso *m* - contest
camisinha *f* -condom
pagode *m* - type of music and dance
saia justa *f* - tight skirt
coxas *f* - thighs

Adjetivos

esquisito(a) *m/f* - strange

esperto(a) *m/f* - intelligent, street smart

preso(a) *m/f* - imprisoned

culpado(a) *m/f* - guilty

desarmado(a) *m/f* - unarmed

miúdo(a) *m/f* - small

livre *m/f* - free

Verbos

contar - to tell

perdoar - to forgive

matar - to kill

parar - to stop

apaziguar - to calm down, to pacify

esquecer - to forget

comportar-se - to behave

devolver - to return

Expressões

isso mesmo - that's the way it is, that's it

vale a pena - it's worth it

que cara é essa? - what's with you?

parabéns pra você - happy birthday to you

puxa/pôxa - gee whiz

sai fora - get away

tá legal - it's cool

passando pra trás - cheating

viado - gay man (*derogatory*)

bicha - gay man (*derogatory*)

porcaria - crap

meu - "hey man" in São Paulo

isso aí - that's the way it is, that's it

o que que foi? - what happened?

qual é? - what's up

calma! - calm down

tá na hora - it's about time

cassete!- crap

Terminologia médica no filme

Substantivos

seringas *f* - syringes

pontos *m* - stitches

agulha *f* - needle

bandeide *m* -Band-Aid (bandage)

ferimento *m* - wound

ferida *f* - sore

dor *f* - pain

jaleco *m* - lab coat

teste *m* - test

resultados *m* - information, results

facada *f* - stab wound

queimadura *f* - burn

anestesia *f* - anesthesia

cirurgia *f* - surgery

sangue *m* - blood

remédio, medicamento *m* - medicine

xarope para tosse *m* - cough syrup

usuários de drogas *m* - drug users

Verbos

dar pontos - to stitch

injetar - to inject

cobrir - to cover

limpar - to clean

cuidar - to take care of

sentir dor - to have pain

queimar - to burn

entrar em colapso - to have a breakdown

injetar ou administrar/dar injeções - to give injections

testar/fazer testes - to test

Antes do filme

Leitura: O contexto

Carandiru foi o maior presídio da América do Sul, tendo abrigado mais de 8.000 detentos. A penitenciária era um complexo que incluía blocos urbanos inteiros próximos a uma estação de metrô de mesmo nome. Na penitenciária, drogas e violência estavam fora de controle e havia uma hierarquia social na qual réus de alguns crimes estavam no topo, enquanto estupradores, por exemplo, representavam a classe mais baixa da cadeia. A Aids se espalhou rapidamente através de agulhas contaminadas e sexo desprotegido. Em 2 de outubro de 1992, uma rebelião estourou na prisão, levando a um massacre causado pela Polícia Militar. O número oficial de mortos foi de 111 prisioneiros, embora alguns sobreviventes e grupos de direitos humanos afirmem que ele foi muito mais elevado.

Presídios no Brasil

Responda às seguintes perguntas.

1. Como é o sistema de prisões no Brasil? Como é o sistema no seu país? Esses sistemas são parecidos ou diferentes?
2. Você tem conhecimento sobre ter havido alguma desordem muito conhecida numa prisão nos Estados Unidos? Quando? Onde? O que aconteceu?
3. Por que prisioneiros que cometem crimes como estupro, roubo e assassinato ficam separados? Por que os próprios prisioneiros se separam?

Depois do filme

Atividades escritas

A. As personagens

Relacione o personagem à sua caracterização.

1. ____	O Doutor	A.	tem duas mulheres
2. ____	Majestade	B.	casa-se com Lady Di
3. ____	Lady Di	C.	faz um estudo sobre Aids
4. ____	Sem Chance	D.	a mulher loira de Majestade
5. ____	Dalva	E.	a mulher mulata de Majestade
6. ____	Chico	F.	insistia em ver sua filha sozinho
7. ____	Rosirene	G.	um travesti

B. Ordem cronológica

Enumere as cenas na sequência em que elas aparecem no filme.

_____ Sem Chance e Lady Di se casam.

_____ A tropa de choque mata os prisioneiros na penitenciária.

_____ Dalva ataca Majestade e Rosirene na cama.

_____ Chico é posto na solitária depois de reagir com violência a um comentário do guarda.

_____ Zico mata Deusdete na prisão.

_____ Rita Cadillac canta e faz uma apresentação sobre como usar camisinhas (condoms).

_____ Os prisioneiros jogam futebol.

_____ É permitido a Chico receber individualmente sua filha.

_____ Peixeira se converte.

C. Verdadeira ou falsa

Determine se a frase é verdadeira ou falsa.

1. V   F   Majestade tem três mulheres
2. V   F   Zico e Deusdete cresceram juntos como irmãos
3. V   F   Todos concordam sobre o jogo de futebol ter causado a desordem.
4. V   F   O Doutor era muito respeitado pelos prisioneiros.
5. V   F   Lady Di tem Aids.
6. V   F   Ezequiel tem uma prancha de surf.
7. V   F   Rita Cadillac é um travesti.
8. V   F   Dagger se converte depois de matar Zico.
9. V   F   Chico consegue ver a filha depois de sair da solitária.
10. V   F   O Warden é a favor do ataque da polícia aos prisioneiros.

D. Fotografia

Veja a foto a seguir e escolha a resposta mais adequada para descrevê-la:

1. Quando se passa esta cena no filme?
    a. No fim do filme.
    b. No meio do filme.
    c. No começo do filme.

2. Quem são as personagens na foto?
    a. Zico, Deusdete e Sem Chance
    b. Chico, o Doutor e Majestade
    c. Rita Cadillac e alguns prisioneiros

3. Qual é o objetivo da apresentação de Rita?
    a. Falar sobre camisinhas.
    b. Falar sobre roupas.
    c. Falar sobre investimentos.

4. Qual é a reação da platéia?
    a. Os prisionerios não gostam do show.
    b. Os prisionerios gostam muito do show.
    c. Eles não estão convencidos.
5. O que a mulher tem na mão?
    a. Uma escova de dentes.
    b. Um sorvete.
    c. Um microfone.

E. Pequenas respostas

Veja a foto e escreva três ou quatro frases para cada uma das solicitações a seguir:

1. Descreva a foto.
2. Dê um título para a foto. A seguir, justifique sua escolha.
3. Descreva as emoções traduzidas pela espressão dos personagens.
4. Crie um diálogo entre os personagens.

F. Una a fala ao personagem

Coloque a primeira letra do nome do personagem na lacuna, para identificar quem disse o quê.

1. ____ "Você beijou a sua mulher hoje?"   A. Pires
2. ____ "Culpa tem remédio?"   B. Doutor
3. ____ "Vamos ter calma."   C. Ebony
4. ____ "Será que a criança lembra?"   D. Peixeira
5. ____ "Velho, vá em paz."
6. ____ "Será que não sou mais eu?"
7. ____ "Se tivesse, todos iam querer."
8. ____ "Ninguém gosta de morrer."

G. Mapa de São Paulo

Depois de conseguir um emprego de médico na penitenciária de Carandiru, na Zona Norte de São Paulo (essa região não aparece no mapa), você quer conhecer a cidade? Usando o mapa, responda às seguintes perguntas:

1. Como se chama o parque no Jardim Paulista?
2. Qual é o maior parque da cidade? Quais são as três avenidas que o atingem?
3. Qual é o rio que fica perto do Jóquei Clube?
4. Quais são as avenidas que entram no Centro?
5. Quais são as duas rodoviárias (*bus terminals*) mencionadas no mapa?
6. Qual é o bairro que fica ao sul do Centro?
7. Qual é o estádio que aparece no mapa?
8. Qual é o nome do memorial ao norte da cidade?

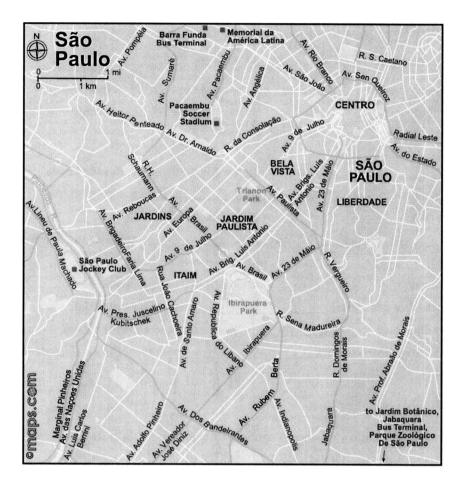

H. Relações entre os personagens

Veja o diagrama e descreva as relações entre os personagens em termos familiares, legais, emocionais, e de qualquer outra maneira que você possa imaginar. Por exemplo, há tensão entre eles? No caso de haver triângulos, quem é o personagem dominante em cada um deles?

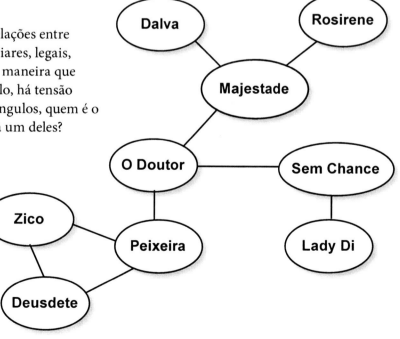

I. Vocabulário

Preencha as lacunas com as palavras da lista abaixo.

esquece	perdoar	vale a pena	palhaço
culpado	cela	prisioneiro	brinde
viúva	ladrão		

1. _____ estudar muito porque assim se tiram notas boas.
2. No casamento havia um _____ para os recém-casados.
3. Nunca se _____ o primeiro amor.
4. O _____ fica na _____ solitária por um mês.
5. O _____ roubou muito dinheiro do banco.
6. Ela ficou _____ quando seu marido morreu.
7. O juiz disse que ele era _____ por matar o policial.
8. A mulher quer _____ as pessoas que a machucaram.
9. Meu amigo Marcos é um _____ que trabalha no circo de Barnum & Bailey.

J. Tradução

Enumere a segunda coluna de acordo com a tradução correta da frase à esquerda.

1. Ela é uma pessoa muito esquisita   ____ I don't feel guit about anything.
2. Ele é um cara esperto   ____ They were arrested last night.
3. Eles foram presos ontem à noite   ____ He is a street smart guy.
4. Os presos estavam desarmados   ____ She is a very strange person.
5. Eu não me sinto culpado de nada   ____ The inmates were unarmed.

K. Expressões

Escolha a palavra ou expressão mais adequada para preencher as lacunas.

1. Meu amigo paulistano sempre diz _____ quando quer dizer "você".
   a. meu
   b. cara
   c. tchê
   d. trem

2. Quando os prisioneiros estavam brigando, Ebony gritou _____
   a. qual é
   b. calma!
   c. puxa!
   d. sai fora

3. No dia do seu aniversário, seus amigos cantavam _____ .
   a. isso mesmo
   b. parabéns pra você
   c. vale a pena
   d. tá legal

4. _____ de sair. Há um ônibus que passa agora.
   a. tá na hora
   b. passando pra trás
   c. porcaria
   d. isso aí

5. Chico disse que _____ lutar pela dignidade.
   a. sai fora
   b. puxa
   c. isso mesmo
   d. vale a pena

L. A clínica

Faça de conta que você é um médico que trata clientes na clínica de uma prisão. Quais são os testes que você deve fazer nos prisioneiros? Quais são os problemas físicos que os prisioneiros têm? Escreva um ensaio de uma página sobre o seu trabalho na clínica, usando o vocabulário médico incluído neste capítulo.

M. A rotina cotidiana

Compare a rotina de um personagem do filme à sua própria rotina. Por exemplo, o que Majestade faz todos os dias? Aonde ele vai? Com quem ele vai? E o Doutor? E Chico? E você: o que você faz todos os dias? Com quem? Quando?

N. Carta

Leia a carta que Chico escreveu para a filha dele e escreva uma carta de volta.

> Querida filha,
>
> Estou te escrevendo esta carta para te dizer o quanto eu sofri naquela cadeia maldita. Eu apanhei muito dos guardas no mês passado a ponto de desmaiar. Não comi nada esta semana, pois a cozinha do presídio está fechada para obras. Eu e meus colegas de cela fomos proibidos de usar a área de lazer por motivos estúpidos. Além de toda esta miséria, o que mais me chateia é que me proibiram de treinar o time de futebol. Que semana terrível!
>
> Espero que você venha me visitar na próxima semana. A sua presença me traz vida.
>
> Seu pai,
> Chico

O. Crie uma sinopse

Depois de ver o filme e discuti-lo na aula, escreva uma pequena sinopse para encorajar outras pessoas a assisti-lo. Sinopses devem ser curtas e dar destaque aos momentos mais excitantes e marcantes do filme. Como você escreveria um trailer para *Carandiru*?

1. Selecione as cenas que você quer destacar.
2. Escreva algumas linhas descrevendo cada cena que você destacou.
3. Coloque-as em sequência, de maneira que a letra seja atrativa aos futuros espectadores.

P. "Canto dos Críticos"

O "Canto dos Críticos" é um programa de televisão imaginário, produzido e apresentado durante a aula. Depois de cada filme, um grupo de três a quatro estudantes discute os temas mais importantes nele retratados e questiona se o filme deve ser assistido ou não pelo público. Um estudante deve usar a câmera. Escolha dois críticos e um diretor para discutir o filme de hoje, *Carandiru*. Crie perguntas para o programa e depois discuta-as no ar. Peça a alguém para gravar a discussão.

Q. Redação

A partir das perguntas e proposições a seguir, escreva um ensaio de uma página.

1. O que você acha do uso da história oral no filme? Você já fez uma história oral? O que você aprendeu com ela?
2. Você acha que as autoridades foram cruéis durante o ataque à prisão? Por quê?
3. Como o homossexualismo é apresentado no filme?
4. Como é a educação sobre a Aids dentro do presídio? Você acha que ela era condizente com o que as pessoas precisavam ou queriam ouvir?
5. Como são as prisões no Brasil e em seu país?
6. Escreva sobre o uso de *flashbacks* no filme.

Atividades orais

A. Escolha um amor para Majestade.

Em grupos de três ou quatro, leiam o trecho a seguir e decidam qual é a melhor mulher para Majestade.

Dalva é uma loira que já tem namorado. Ela e Majestade ficam juntos e têm dois meninos. Uma noite, Majestade e Dalva estão num bar e aparece Rosirene, uma mulata atraente, que bebe cerveja e dança samba. Majestade deixa Dalva e fica com Rosirene. Eles também têm filhos juntos. Qual é a melhor mulher para Majestade? Justifiquem suas respostas.

B. Conversa

Em pares ou grupos de até quatro alunos, respondam às perguntas a seguir.

1. O que o Doutor estava fazendo na prisão? Os prisioneiros confiavam nele?
2. Que histórias são contadas pelos prisioneiros? Você se lembra de alguma? Conte-a em poucas palavras.
3. Por que Sem Chance e Lady Di querem se casar? Qual é a reação do Doutor diante disso? Qual é a reação dos pais de Lady Di? Você ficou surpreso com a decisão do casal? O que eles fazem antes de casar? Como é a cerimônia? Quem está presente?
4. O que acontece com o casal durante o ataque? O que eles acham que causou o ataque? Você concorda?

5. Quantas mulheres Majestade tem? Descreva as mulheres dele. Elas se gostam? O que uma das mulheres faz com a outra? O que acontece quando as duas visitam Majestade ao mesmo tempo? O que você acha dos relacionamentos de Majestade com as mulheres?

6. Descreva o dia de visitas na prisão. Isso acontece no país onde você mora? Você acha que as visitas são positivas para os presos e para as crianças?

7. Quem é Rita Cadillac? Que tipo de show ela faz para os presos? O que você acha da mensagem que ela passa com a dança da garrafa e com a distribuição de camisinhas?

Para saber: Aids no Brasil

♦ Nos últimos 25 anos a Aids vem se espalhando no Brasil, onde já matou milhares de pessoas. A doença infecta diferentes grupos, entre eles heterossexuais e homossexuais.

♦ Ao contrário dos outros países da América Latina, que chamam Aids de SIDA, o Ministério de Saúde do Brasil adotou o mesmo acrônimo usado por anglofalantes para não ofender milhões de mulheres brasileiras chamadas Cida, o apelido de Maria Aparecida, nome dado em homenagem à Nossa Senhora Aparecida.

---

8. Por que Chico vai para a solitária? Você concorda com esse castigo? O que o Dr. Pires, o diretor do presídio, dá a Chico e por quê? Chico consegue o que quer?

9. O que provoca a rebelião? Todos os prisioneiros querem lutar? Qual é a reação do Dr. Pires? O que ele pode fazer para deter a polícia militar? Você acha que o dirertor se importa com a ordem na prisão? Quem, afinal, ordena o ataque?

10. Qual é a reação dos presos ao ver os policiais? Eles conseguem se proteger? Descreva o que acontece. Você acha que a polícia foi violenta? Como e por quê?

Para Saber: Campanhas contra Aids

♦ O Brasil é o país em desenvolvimento com maior sucesso na luta contra a Aids. As pessoas infectadas têm direito ao tratamento gratuito e aos medicamentos. O governo brasileiro quebrou as patentes de drogas antiAids dos grandes laboratórios, o que possibilitou a produção de remédios mais baratos, mas com uma fórmula igual a ou parecida com a dos medicamentos patenteados.

♦ Muitas campanhas e programas são feitos para evitar a proliferação da Aids, incluindo a distribuição de camisinhas nas prisões e durante o carnaval.

♦ Algumas campanhas usaram o humor para chamar atenção para a importância do uso da camisinha nas relações sexuais. Uma delas, a campanha do pênis falante chamado Bráulio, provocou um processo judicial contra o governo. Um grupo de homens que tinham o nome pessoal Bráulio (um nome masculino pouco comum) se sentiu ofendido pela campanha, que mostrava um peru fantasiado de pessoa, cantando uma música sobre camisinhas.

---

11. Quem fica na ala "amarela" do presídio? Por que eles ficam lá? O que pode acontecer se eles saírem de lá? Quem vai até lá vingar a morte de Deusdete?

12. O que acontece com a prisão depois do massacre? Você concorda com o que as autoridades fazem com o lugar?

13. Como é a relação do Doutor com os prisioneiros? Eles se sentem bem ao contar suas histórias a ele? Como ele se sente em relação aos presos?

14. Como Ebony foi preso? Em que ala da prisão ele trabalha? Como é sua relação com os outros presos?

15. Descreva a relação entre os dois ladrões de carro-forte. Como funcionava o esquema deles? Como eles foram pegos? O que acontece com eles na prisão?

16. Qual é a diferença entre as condições da prisão do Brasil e a de seu país? Como os presos encontravam uma cela no Carandiru? Quantas pessoas ficavam em uma cela? O que isso causa nas relações entre os presos?

C. Análise de uma cena (1:02:07 - 1:10:03)

Cena: Antônio e Miro assaltando carros-forte.

Assista à cena e responda às perguntas.

Observe

1. Descreva o surgimento da amizade de Antônio e Miro quando eles assaltavam carros-fortes e depois, na prisão.

2. Como eles faziam o roubo?

3. O que acontece com as mulheres na casa de Antônio?

4. O que Miro faz com a sua mulher depois que a polícia o encontra no banco?

Escute

1. O que Antônio diz sobre a mulher de Miro?

2. O que as mulheres dizem uma para a outra?

3. O que Miro pergunta ao Doutor e por quê?

A cena na história

1. Onde e por que essa cena aparece no filme?

2. O que ela diz sobre a amizade entre dois homens? E sobre as mulheres?

3. Há uma outra cena parecida no filme?

Comparação com outra cena

1. Compare esta cena com a cena do ladrão vestido de Papai Noel.

2. O que acontece com o homem gordo?

3. Há alguma diferença entre a maneira como a amizade é retratada numa e em outra cena?

D. Comparação com outros filmes

Escreva um ensaio de uma página comparando os filmes que constam neste livro.

1. *Carandiru* apresenta muitos crimes. Compare a representação do crime neste filme e em *Cidade de Deus*. Você se importa mais com os personagens prisioneiros depois de saber o que aconteceu com eles?

2. Como as autoridades são retratadas em *Cidade de Deus, Orfeu* e *Carandiru*?

3. Como as personagens femininas são retratadas em *Carandiru* em comparação com os outros filmes? Elas parecem ter perfis com as mesmas características ou há diferenças entre elas?

Atividade de leitura I: O Hino Nacional Brasileiro

Antes de ler o poema do Hino Nacional Brasileiro, considere as perguntas sobre hinos a seguir.

1. Você conhece todas as palavras do hino do seu país? De que tema trata esse hino e quando foi escrito?

2. Quando o hino nacional é tocado? Por quê?

3. Por que o filme incluiu o hino nacional brasileiro?

Antes do jogo de futebol, os presos e os guardas ficam em pé para cantar o Hino Nacional Brasileiro. Ele foi escrito por Joaquim Osório Duque Estrada (1870-1927) e a música foi composta por Francisco Manoel da Silva (1775-1865).

A letra do Hino Nacional

I

Ouviram do Ipiranga[1] as margens° plácidas	*river banks*
De um povo heróico o brado retumbante.°	*resounding cry*
E o sol da Liberdade em raios fúlgidos,°	*bright rays*
Brilhou no céu da Pátria nesse instante.	
Se o penhor° dessa igualdade	*promise*
Conseguimos conquistar com braço forte,	
Em teu seio,° ó Liberdade,	*bosom*
Desafia° o nosso peito a própria morte!	*defy*
Ó Pátria amada,°	*beloved*
Idolatrada,°	*idolized*
Salve! Salve!°	*hail, hail!*
Brasil, um sonho intenso, um raio vívido	

---

1 O Rio Ipiranga é um rio brasileiro onde Dom Pedro (o futuro Imperador Pedro I) declarou a independência do Brasil de Portugal em 7 de setembro de 1822.

De amor e de esperança à terra desce,
Se em teu formoso céu, risonho e límpido,
A imagem do Cruzeiro resplandece.°   *the Southern Cross shines resplendent*
Gigante pela própria° natureza,   *own*
És belo, és forte, impávido° colosso,   *intrepid*
E o teu futuro espelha° essa grandeza,   *mirrors*
Coro°   *Chorus*
Terra adorada,
Entre outras mil,
És tu, Brasil,
Ó Pátria amada!
Dos filhos deste solo és mãe gentil,
Pátria amada,
Brasil!

II
Deitado eternamente em berço° esplêndido,   *cradle*
ao som do mar e à luz do céu profundo,
Fulguras,° ó Brasil, florão° da América,   *You gleam / garland*
Iluminado ao sol do Novo Mundo!
Do que a terra mais garrida°   *attractive*
Teus risonhos,° lindos campos têm mais flores,   *smiling*
"Nossos bosques° têm mais vida"[2]   *forests*
"Nossa vida" no teu seio° "mais amores"   *bosom*
Ó Pátria amada,
Idolatrada,
Salve! Salve!
Brasil, de amor eterno seja símbolo
O lábaro que ostentas estrelado,°   *the banner you display with stars*
E diga o verde-louro° dessa flâmula°   *laurel green / pennant*
Paz no futuro e glória no passado.
Mas, se ergues° da justiça a clava° forte,   *raise / gavel*
Verás que um filho teu não foge à luta,
Nem teme,° quem te adora, a própria morte,   *fear*
Terra adorada
Dos filhos deste solo és mãe gentil,
Pátria amada,
Brasil!

❖   ❖   ❖   ❖

Perguntas sobre o Hino Nacional Brasileiro

1. Quais são as cores mencionadas no hino?
2. Qual é o nome do rio mencionado?

---

2   Do poema "Canção do Exílio" (1843) escrito por Gonçalves Dias.

3. Quando aparece o hino nacional no filme?

4. Que partes do corpo são mencionadas no hino?

5. Qual é a constelação mencionada no hino?

Para ouvir o hino brasileiro: http://www.brasil.gov.br/pais/.arquivos/hino_nac.mpeg [MP3] gratuito do site do Governo Brasileiro.

Atividade de leitura II: "Rita Cadillac"

Antes de ler o capítulo "Rita Cadillac" do livro *Estação Carandiru*, considere as seguintes perguntas:

1. Você acha que deveria haver shows musicais num presídio?

2. Que tipo de cantor ou cantora faria sucesso naquele ambiente?

3. Algo de bom pode acontecer a partir de um show no Carandiru?

Rita Cadillac

Dr. Drauzio Varella

Fizemos um concurso de cartazes de prevenção à AIDS patrocinado pela UNIP, com prêmio de mil dólares convertidos em maços de cigarro, a moeda local, dividido entre os cinco ganhadores. O Waldemar Gonçalves do Esporte, e um grupo de presos dos postos culturais dos pavilhões distribuíram cartolina branca e pincel mágico preto. Cópias dos melhores cartazes foram posteriormente afixadas pela cadeia inteira.

O primeiro colocado desenhou uma camisinha, dentro da qual havia uma seringa pingando sangue. Embaixo, os dizeres: "AIDS você pode evitar"

Tantos cartazes de AIDS e nunca vi alguém unificar com tanta propriedade a idéia do preservativo e da seringa numa mensagem única, como fez o vencedor, um magrinho com dentes em péssimo estado que tinha parado de estudar na escola primária e cumpria cinco anos, por pequenos assaltos em parceria com o primo mais velho na região do Largo Treze, Zona Sul de São Paulo.

Os prêmios foram entregues numa tarde de calor intenso, no cinema das Seis. Estavam presentes mais de mil detentos. Para abrilhantar a cerimônia, o Waldemar convidou Rita Cadillac, ex-chacrete que encantava os homens diante da TV, sábado à noite. O pagode ficou por conta do Reunidos por Acaso.

Depois da quinta música, o mestre-de-cerimônias, Deraé-trio, um senhor careca com anel no dedinho, viciado em corrida de cavalo, anunciou com voz melosa:

— Prezados reeducandos deste estabelecimento penal, o humilde locutor que vos dirige o verbo tem a honra de anunciar esta grande artista figurativa da televisão. Musa indomável da arte dançarina. Aquela que foi a bailarina crooner do impredizível Chacrinha, que Deus o tenha. Neste momento festivo, convido para adentrar ao palco a madrinha da Casa de Detenção: Rita Cadillac!

As últimas sílabas dos dois nomes próprios saíram intermináveis.

De saia justa, Rita subiu decidida, os seios balançando na blusa entreaberta. Uivos e suspiros na platéia.

Com sorriso malicioso ela encarou o público, fez um sinal para os músicos e caiu no samba. Mulher sensual, requebrado maravilhoso!

Excitada, a massa gritava:

— Vira, madrinha! Vira, Rita, pelo amor de Deus! Ela, desentendida, continuou seu bailado lascivo de frente, no máximo de lado, para os homens suplicantes:

— Vira como a gente gosta! Vira, Ritinha, só uma vez!

Quando os gritos atingiram o clímax, Rita, de saia preta, ar de colegial, levou a ponta do dedo indicador ao lábio e com a outra mão desenhou um círculo imaginário, como a consultar o desejo da malandragem.

— Isso, vira! Agora, madrinha, mata nós!

Suada, dois botões desabotoados, ela afinal fez a vontade dos fãs.

Imediatamente as vozes calaram. Silêncio total.

No pagode do Reunidos, o cantor, de cavaquinho, atacou o estribilho de sua autoria:

— "Liberdade é você, o nosso amor e um barraco para nos aquecer."

De costas para o público extasiado, no ritmo, suas cadeiras começaram um movimento sinuoso de amplitude crescente. Quando esta atingiu o grau máximo, Rita Cadillac, com a mão na nuca e a outra abaixo do umbigo, dobrou gradativamente os joelhos sem afrouxar o rebolado, até as coxas ficarem paralelas ao nível do palco. Resistiu longo tempo requebrando nesta posição, de salto alto e costas eretas. Depois tornou o caminho inverso ao da descida. No meio do percurso para cima, quando as coxas atingiram 45 graus em relação ao palco, subitamente sua bunda estancou no ar, por segundos. Rosto de perfil, o queixo sobre o ombro, mão esquerda levantando o cabelo do pescoço molhado, as cadeiras, afinal, deram o tranco definitivo para o alto e, artista, saiu na direção do pandeiro, para o delírio total da malandragem, que quase pôs abaixo o velho cinema. Com todo o respeito. ❖

Varella, Drauzio. "Rita Cadillac." *Estação Carandiru*. Companhia das Letras, 1999. pp. 76-78.

❖   ❖   ❖   ❖

Perguntas

1. Como é Rita Cadillac?
2. Qual é a reação dos prisioneiros a ela?
3. O que ela está promovendo?
4. Você acha que Rita obtém êxito em promover o uso de preservativos?

Ônibus 174

Informação geral

Apresentação do filme

Sandro do Nascimento é um jovem que cresceu nas ruas do Rio de Janeiro e viu muita violência na sua vida. Sua mãe foi degolada na sua frente quando era pequeno e seus âmigos foram assassinados no massacre dos meninos de rua em frente à Igreja de Candelária no dia 23 de julho em 1993. Em 12 de junho de 2000, Sandro cometeu um crime que atraiu a atenção de todo o Brasil. Ele sequestrou um ônibus no bairro nobre do Jardim Botânico, no Rio de Janeiro. O evento teve cobertura ao vivo pela televisão e foi assistido por milhões de pessoas. *Ônibus 174* é um documentário sobre o que aconteceu durante o sequestro e enfoca, além dos atos de Sandro, os motivos que o fizeram agir assim.

Diretor

José Padilha (diretor/roteirista) - *Ônibus 174* é o seu primeiro longa-metragem como director de longa-metragem. Seu documentário para TV *Os Panteiros* ganhou o Charles E. Guggenheim Emerging Artist Award; *Tropa de Elite*, seu primeiro filme de ficção, recebeu o Urso de Ouro, em Berlim, em 2008.

Felipe Lacerda (co-diretor) foi editor de vários filmes, como *Terra Estrangeira* (1995), *Central do Brasil* (1998), *Meia-Noite* (1998), *A Partilha* (2002), *Sex, Love & Betrayal* (2004), *A Dona da História* (2004) e *Romeo and Julie Get Married* (2005).

Prêmios

✪ José Padilha ganhou o Amnesty Award em 2003, o Charles E. Guggenheim Emerging Artist Award, o Grand Coral First Prize, o prêmio Memória de Documentário no Festival de Cinema de Havana, o Video Source Award daAssociação Internacional de Documentário, o One Future Prize do Festival de Munique e o Prêmio do Júri do Festival Internacional de Cinema de São Paulo – Melhor documentário em 2002.

Atores principais

As pessoas que aparecem no filme são reais.

Yvonne Bezerra de Mello - Ela mesma

Sandro do Nascimento - Ele mesmo, arquivo

Rodrigo Pimental - Ele mesmo

Luiz Eduardo Soares - Ele mesmo

Vocabulário

Substantivos

sequestro *m* - kidnapping
invisibilidade *f* - invisibility
local *m* - scene
refém *m/f* - hostage
motivação *f* - motivation
mídia *f* - media
câmera *f* - television camera
atirador *m* - sniper
Batalhão (de Operações Policiais Especiais - BOPE) *m* - SWAT team
janela *f* - window
batom *m* - lipstick
papelão *m* - cardboard
marginal *m* - criminal
comandante *m* - commander
bala *f* - bullet
gangue *f* - gang
padrasto *m* - stepfather
alcoólatra *m/f* - alcoholic
equipe *f* - staff
baixada *f* - valley
ligação *f* - connection
estágio *m* - internship
circo *m* - circus
cadeia *f* - jail
cofre *m* - box, safe
rede *f* - television network
parente *m/f* - relative
fogão *m* - stove
carreira de trabalho *f* - career
histeria *f* - hysteria
batalhão *m* - battalion
encenação *f* - acting set up
delegado *m* - head of police

lepra (morféia) *f* - leprosy
leproso(a) *m/f* - leper
testa *f* - forehead
óculos *m* - glasses
órgão vital *m* - vital organ
rosto *m* - face
acesso *m* - access
vocação *f* - vocation
combate *m* - combat
subúrbio *m* - poor neighborhood far from the urban center
vantagem *f* - advantage
chão *m* - ground
ocorrência *f* - event
segurança *f* - security
comboio *m* - convoy
preconceito *m* - prejudice
mercadoria *f* - merchandise
camelô *m* - street vendor
mocinha *f* - young girl
apelido *m* - nickname
miolos *m* - brains
briga *f* - fight
praça *f* - public square
sinal de trânsito *m* - traffic light
moradia *f* - dwelling
voz *f* - voice
lixo *m* - garbage
cidadão *m* - citizen
canivete *m* - knife
estado *m* - state
granada *f* - grenade
derrame *m* - stroke
costas *f* - back

presídio *m* - prison

milicianos *m* - militants

D.P. Delegacia Policial *f* - police department

fuzil *m* - rifle

motorista *m/f* - driver

faculdade *f* - university

Adjetivos

desempregado(a) *m/f* - unemployed

viável *m/f* - viable

desagradável *m/f* - unpleasant

espertinho(a) *m/f* (esperto) - smart

engraçado(a) *m/f* - funny

criminoso(a) *m/f* - criminal

subhumano(a) *m/f* - subhuman

faminto(a) *m/f* - hungry

revoltado(a) *m/f* - angry

frágil *m/f* - fragile

atrasado(a) *m/f* - late

drogado(a) *m/f* - drugged

gelado(a) *m/f* - freezing, frozen

cinza *m/f* - grey

fechado(a) *m/f* - closed

comprido(a) *m/f* - long

Verbos

prender - to make an arrest

convencer - to convince

negociar - to negotiate

esfaquear - to stab

abalar - to shake

berrar (gritar) - to yell

pular - to jump

fingir - to fake

espancar - to hit

ajoelhar - to kneel

fugir - to flee

executar - to execute

tremer - to tremble

atirar - to throw or to shoot

atacar - to attack

degolar - to cut a throat, behead

esvaziar - to vacate

bater - to hit

aprovar - to approve

apanhar - to get beaten, to grab, to catch

convencer - to convince

subir - to climb

brincar - to play

esquentar - to heat up

duvidar - to doubt

evadir-se - to evade

pernoitar - to spend the night

espalhar - to spread

prejudicar - to damage, to impair

refletir - to reflect, to think

parecer - to seem or appear

isolar - to isolate

arrasar - to destroy

Expressões

poxa! - gee whiz!

correr atrás - to hustle

em face de - in light of

Antes do filme

Leitura: O contexto

Ônibus 174 retrata o grande contraste entre distintos grupos socioeconômicos no Brasil. O filme mostra como as pessoas menos privilegiadas são invisíveis dentro dessa sociedade, e como diferentes classes sociais circulam num mesmo espaço físico sem nunca interagir diretamente, até o momento em que a violência se manifesta. Este filme é um testemunho visceral de como os esquecidos podem ser lembrados quando estão no lugar errado e na hora errada. O protagonista era um sobrevivente da chacina da Candelária, que aconteceu em 1993. Ele sequestra um ônibus e tudo é documentado pela televisão.

A invisibilidade e a mídia

Responda às seguintes perguntas em grupo.

1. Haverá um grupo ou classe social "invisível" em todas as sociedades? Por quê? Quem pertence a esse grupo?
2. O que essas pessoas podem fazer para se tornarem visíveis?
3. A mídia tem muito poder na sociedade? Quem é a mídia?

Depois do filme

Atividades escritas

A. Ordem cronológica

Enumere as cenas na sequência em que elas aparecem no filme.

_____ A chacina da Candelária ocorreu no Rio de Janeiro.

_____ A sequestrada escreve que Sandro vai "matar geral" nas janelas do ônibus.

_____ A polícia mata Sandro no carro.

_____ Sandro deixa alguns sequestrados saírem.

_____ O enterro de Sandro do Nascimento.

_____ O helicóptero sobrevoa o Rio de Janeiro.

_____ A mídia chega ao local do sequestro.

B. Verdadeira ou falsa

Determine se a frase é verdadeira ou falsa.

1. V F   O pai de Sandro foi degolado na frente dele.
2. V F   Sandro sobreviveu ao massacre dos meninos na Candelária.
3. V F   A mídia brasileira tem pouca influência na sociedade atual.
4. V F   A polícia verificou que Sandro estava drogado.
5. V F   Sandro e outros como ele são visíveis para a sociedade.

6.   V   F   Havia muitas pessoas no enterro do Sandro.

7.   V   F   Há muitas antenas de televisão no Rio de Janeiro.

8.   V   F   As cenas documentadas em *Ônibus 174* se passam perto do Jardim Botânico.

9.   V   F   Os bairros pobres do Rio ficam perto do centro da cidade.

10.   V   F   Os meninos de rua buscam abrigo nos centros mantidos pelas autoridades.

B. Fotografia

Veja a foto e escolha a resposta mais adequada para descrevê-la:

1. O que se passa nesta cena?
   a. Sandro está ameaçando a mulher.
   b. Sandro está cantando.
   c. A polícia está falando com a mídia.

2. Quando se passa esta cena no filme?
   a. No fim do filme.
   b. No começo do filme.
   c. No meio do filme.

3. Onde se passa esta cena?
   a. Num carro.
   b. Num avião.
   c. Num ônibus.

4. O que o policial tem na mão?
   a. Um altofalante.
   b. Uma câmera.
   c. Uma pistola.

5. O que Sandro tem no rosto?
   a. óculos escuros
   b. cachecol
   c. barba

C. Pequenas respostas

Veja a foto e escreva três ou quatro frases para cada uma das solicitações a seguir:

1. Descreva a foto.
2. Dê um título para a foto. A seguir, justifique sua escolha.
3. Descreva as emoções traduzidas na expressão dos personagens.
4. Crie um diálogo entre os personagens.

D. Vocabulário

Preencha as lacunas com as palavras da lista abaixo:

| assaltos | subúrbios | criminosas | canivetes | presídio | trens |
| armas | cercado | escola | preconceito | subhumanas | |

1. Ladrões e assassinos são pessoas _____ .
2. Os meninos de rua vivem em condições _____ , em muitos casos sem comida ou abrigo.
3. Os _____ são bairros pobres longe do centro da cidade. Há _____ e ônibus que ligam as partes distantes da metrópole.
4. A maioria dos meninos de rua não tem _____ . Entretanto, alguns usam _____ para se defender de alguém que os ameace ou para praticar pequenos _____ .
5. O ônibus estava _____ de policiáis e repórteres.
6. Muitas pessoas têm _____ contra os meninos de rua porque sentem medo deles.
7. Depois de viver na rua, muitos jovens nunca vão para a _____ , e muitos passam pelo _____ onde aprendem atividades criminosas.

E. Sinônimos

Ligue as palavras a seus sinônimos ou expressões que as definam.

A	B
apelido	tendência
praça	orienta o tráfego
miolos	cérebro, juízo
voz	largo
sinal de trânsito	retido ilegalmente por alguém
lixo	som emitido pela boca
sequestrado	imundície, ralé
vocação	nome entre amigos

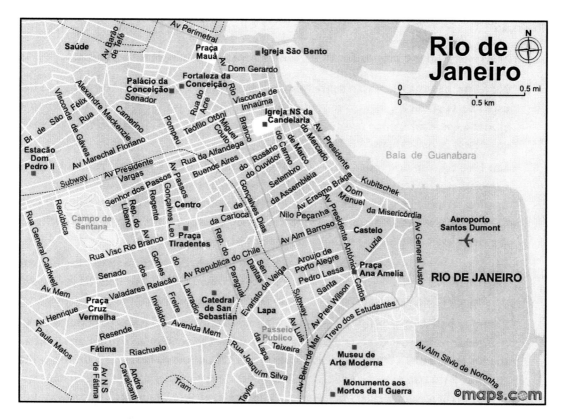

F. Mapa do Rio de Janeiro

Quando Sandro era criança, ele morava nas ruas do Rio. Ele e sua turma de amigos procuravam lugares seguros para ficar. Veja o mapa do Centro do Rio e procure os locais relacionados a seguir. Ao lado, escreva os nomes das ruas em volta das igrejas e praças mencionadas.

O lugar	As ruas
1. Igreja de Nossa Senhora da Candelária	_____
2. Catedral de São Sebastião do Rio de Janeiro	_____
3. Praça Ana Amélia	_____
4. Praça Mauá	_____
5. Praça da Cruz Vermelha	_____

G. Crie uma sinopse

Depois de ver o filme e discuti-lo na aula, siga as instruções abaixo e escreva uma pequena sinopse para encorajar outras pessoas a assisti-lo. Sinopses devem ser curtas e dar destaque aos momentos mais excitantes e marcantes do filme. Como você escreveria uma sinopse para *Ônibus 174*?

1. Selecione as cenas que você quer destacar.
2. Escreva algumas linhas descrevendo cada cena.
3. Coloque-as em sequência, de maneira que a leitura seja atrativa aos futuros espectadores.

H. Redação

A partir das perguntas e proposições a seguir, escreva um ensaio de uma página.

1. No filme, há uma discussão sobre invisibilidade social e como as crianças de rua do Brasil estão nessa situação. Sandro se sentia invisível? Como e por quê? Como o governo pode ajudar as pessoas menos favorecidas a se tornarem visíveis? Em seu país, há pessoas que se sentem invisíveis também?

2. Em 1993 Sandro do Nascimento sobreviveu à chacina de crianças de rua na Igreja da Candelária, no Centro do Rio de Janeiro. Sete amigos seus foram mortos e muitos ficaram feridos. Desde então, vários sobreviventes foram mortos pela polícia ou presos. Como o massacre afetou os sobreviventes? Você acha que Sandro está mais inclinado a seguir as leis da sociedade ou a cometer crimes?

3. Pense na interação entre Sandro e os reféns no ônibus. Ele parecia se dar melhor com alguns do que com outros? Você acha que ele escolheu Geisa? Por quê? Se você estivesse na situação dela, como agiria em relação ao sequestrador? Justifique sua resposta.

4. Como se parecem as prisões no filme? Você acha que elas são feitas para punir ou para recuperar os presos? Como você acha que os presos se sentem ao sair da prisão: mais ou menos inclinados a cometer crimes novamente? A polícia poderia ter feito um trabalho melhor? Para contextualizar suas respostas, leve em consideração as circunstâncias (tudo estava sendo televisionado) e o fato de que as eleições estavam se aproximando. Se você fosse o comandante, mandaria um atirador matar Sandro diante das câmeras de televisão? Quais seriam as implicações desse ato? Você acha que isso poderia criar mais problemas?

5. Depois de assistir a *Ônibus 174*, quais são suas impressões sobre o Rio de Janeiro? Você acha que pode haver uma relação complexa entre beleza natural do espaço físico e crime? Você visitaria a cidade e tomaria um ônibus?

6. Compare os funerais de Geisa e Sandro. Quantas pessoas compareceram a cada um deles? Quem compareceu ao funeral de Sandro? Você consegue identificar os cemitérios? O que esses funerais revelam sobre as vidas e mortes completamente diferentes que eles tiveram?

7. Os ex-reféns perdoam Sandro? Ele deveria ser perdoado em razão de sua história pessoal? Escreva sobre suas próprias razões para perdoar ou não perdoar Sandro.

I. Documentário ou filme ficcional?

Ônibus 174 é um documentário. Como você o transformaria em filme ficcional? Você mudaria algum aspecto da história do sequestro? Como e por quê?

Atividades orais

A. Conversa

Em pares ou grupos de até quatro alunos, respondam às perguntas a seguir.

1. Como começa o filme? O que a visão panorâmica da abertura do filme diz a respeito das classes sociais e da influência da mídia no Brasil?

2. Como Sandro sequestra o ônibus e quantas pessoas estão dentro dele no começo? O sequestrador deixa alguém sair?

3. Por que Sandro sequestra o ônibus? O que ele pede em troca dos reféns?

4. Qual é a reação dos policiais em relação a Sandro? Eles estão preparados para negociar e para uma operação demorada?

5. Sandro está drogado? A polícia investiga isso? Isso é importante?

6. O que acontece quando a mídia começa a chegar? Os repórteres aproximam-se muito do ônibus? Como isso afeta o Sandro, os reféns e a polícia?

7. Como Sandro interage com os reféns? Há alguém em quem ele confie ou a quem despreze? O que Sandro faz com eles?

8. Por que Sandro, com a ajuda dos reféns, finge atirar em alguém? Como a polícia e a mídia reagem?

9. O que aconteceu a Sandro quando ele era uma criança? O que aconteceu à sua mãe? Como isso o afetou?

Para saber: Meninos de rua

Existem aproximadamente três milhões de meninos de rua no Brasil.

♦ Muitos praticam pequenos crimes para sobreviver.

♦ Prostituição e drogas, como a cola de sapateiro, são comuns entre eles.

♦ Apesar de existirem programas para ajudá-los, muitos preferem a liberdade das ruas a ficar confinados em abrigos.

---

10. Para onde Sandro vai quando perde a mãe? Como ele sobreviveu? Ele e seus amigos usavam drogas? De que tipo?

11. O que aconteceu na Candelária? Quantas cianças foram mortas? Quem foram os responsáveis por isso? Quantos dos sobreviventes são assassinados mais tarde, ou presos pela polícia?

12. Qual é a reação do público aos incidentes da Candelária? Há pessoas que acham certo matar crianças de rua? O que, na sua opinião, leva a esse tipo de juízo?

13. Em *Ônibus 174*, como se organizavam as diferentes unidades da polícia? Elas cooperavam entre si?

14. Os atiradores foram mandados para matar Sandro? Por que eles não foram usados?

15. Como as experiências anteriores de Sandro com a lei o afetaram? Como vocês descreveriam a interação dele com a polícia durante o evento?

16. Sandro gosta de ser fotografado? O que ele e os reféns colocam sobre o rosto e a cabeça? Por quê?

Para saber: Mídia

♦ O Brasil tem a quarta maior rede de televisão do mundo, depois da ABC, NBC e CBS.

♦ As telenovelas são extremamente populares no Brasil e muitas vezes se baseiam na realidade brasileira.

♦ Mais de 38 milhões de pessoas assistiram ao sequestro do ônibus 174 ao vivo pela televisão.

17. Como os repórteres se comportam durante o seqüestro? Você diria que dois sequestros estão acontecendo, um dentro e outro em volta do ônibus?

18. O que era tão fascinante nesse evento que fez com que as câmeras de TV ficassem todas voltadas para ele?

19. A presença da mídia influenciou o modo pelo qual Sandro reagiu à polícia e vice-versa? Os dois lados estavam conscientes quanto à presença da mídia? Se você fosse o comandante da polícia, deixaria os repórteres chegarem tão perto?

B. "Canto dos Críticos"

O "Canto dos Críticos" é um programa de televisão imaginário, produzido e apresentado durante a aula. Depois de cada filme, um grupo de três a quatro estudantes discute os temas mais importantes nele retratados e questiona se o filme deve ser assistido ou não pelo público. Um estudante deve usar a câmera. Escolha dois críticos e um diretor para discutir o filme de hoje, *Ônibus 174*. Crie perguntas para o programa e depois, comente sobre elas no ar. Peça a alguém para gravar a discussão.

C. Cena específica (50:24 - 54:27)

A cena: A polícia negocia com Sandro o fim do sequestro.

Observe

1. Por que os policiais usam mímicas para se comunicar uns com os outros?
2. O que está escrito na janela do ônibus?
3. O que está fazendo a mídia em frente ao ônibus?

Escute

1. O que o policial diz a respeito da situação?
2. O que ele diz sobre o sequestro e a segurança nacional?
3. Os repórteres dizem alguma coisa?

A cena na história

1. Como essa cena se relaciona com o resto da história contada no filme?
2. Há uma ligação desta cena com outras que enfoquem a polícia?

D. Comparação entre os filmes

Escreva uma redação baseada nas seguintes perguntas:

1. Qual é a diferença entre o BOPE (SWAT) de *Ônibus 174* e a tropa de choque de *Carandiru*?
2. Quais são as similaridades e diferenças das prisões de *Carandiru* e *Ônibus 174*?
3. Que diferenças você percebeu entre as cidades do Rio de Janeiro e de São Paulo retratadas nos filmes vistos até agora?

Atividade de leitura: Meninos de rua

Antes de ler o artigo, considere as seguintes perguntas sobre meninos de rua.

1. No seu país há meninos de rua?
2. Qual é a opinião das classes mais favorecidas sobre meninos de rua?

❖   ❖   ❖   ❖

Chacina da Candelária completa dez anos

Giovana Hallack e Sabrina Valle

RIO - Em janeiro deste ano, Wallace da Costa Pereira, de 11 anos, foi morto por um policial militar na Lapa com um tiro nas costas. O crime é um retrato da situação dos menores de rua no Rio, que não mudou muito uma década depois da chacina da Candelária, quando oito menores foram executados por PMs, de madrugada, diante de um dos símbolos da cidade. Os dez anos da chacina foram marcados por dois atos públicos nesta quarta-feira. Às 9h, a "Rede Rio Criança" - formada por 17 ONGs que trabalham com meninos de rua - lançou um manifesto contra a política social adotada pelo governo. Às 16h houve missa e um novo ato público. Se a situação dos menores continua alarmante, o perfil das crianças e adolescentes que vivem nas ruas ganhou contornos ainda mais trágicos.

*   Antes, estavam na rua os menores que tinham sido expulsos de suas casas, ou saído por causa da violência doméstica e exploração do trabalho infantil. Hoje, além destes casos, existem adolescentes que se envolvem com o tráfico e têm necessidade de sair da comunidade para poderem sobreviver - diz Tiana Sé, presidente do Conselho Municipal dos Direitos da Criança e do Adolescente do Rio.

*   Casos como o da Candelária e o de Vigário Geral contribuíram sobretudo para o avanço da sociedade civil. A partir deles a conscientização e a organização dessas pessoas foi consolidada. Mas, quanto ao poder público, o descaso continua o mesmo - diz Inácio Cano, professor da Uerj, que estuda a violência nas grandes cidades.

As críticas das ONGs em relação às ações governamentais são sempre as mesmas. Os abrigos estão todos lotados, muitos não têm infra-estrutura e a política adotada - como o recém-criado projeto Zona Sul Legal - tenta mascarar a situação tirando os menores da rua sem lhes dar condições de sobreviver.

E, o mais grave: o extermínio continua.

*   Mesmo que de forma mais velada - diz Cristina Salomão - da Fundação São Martinho, lembrando o caso de Wallace, que era assistido na instituição.

Dos 70 menores que moravam na Candelária, oito foram assassinados. Nos anos seguintes, 39 dos sobreviventes morreram de causas violentas, segundo levantamento feito há dois anos por Yvonne Bezerra de Mello, que fez trabalhos com os meninos da Candelária antes e depois da chacina. Sandro do Nascimento, assassinado por policiais militares depois de sequestrar um ônibus da linha 174, no Jardim Botânico, está incluído nesta estatística.

Segundo a estimativa da Secretaria municipal de Desenvolvimento Social, em 2002, cerca de 800 crianças ainda viviam nas ruas do Rio.

Uma década depois, poucas mudanças

"Eu acho que tem muita gente trabalhando para mudar esse quadro. São várias ONGs, instituições, como a própria Igreja. O essencial é não deixar que as crianças saiam de suas casas. Ter um projeto efetivo para mantê-las no caminho certo. Mas, o Brasil está avançando como um todo, a sociedade também, e hoje em dia o quadro já é bem melhor do que há dez anos." (Paulo Lins, escritor)

"A gente percebe que nada mudou. A violência contra as crianças e os adolescentes em situação de rua continua, agora de uma forma mais velada. A operação Zona Sul Legal, por exemplo, é um retrocesso da política higienista, que só vai excluir os mais carentes. Temos que ter abrigos equipados, ter uma retaguarda para nossas ações, resgatar a cidadania destas crianças. Para estes menores, a referência é a rua: um espaço atrante e contraditório, que oferece passeios, comidas diferentes, mas também oferece violência e repressão. Os abrigos têm que ser um espaço temporário, intermediário na integração familiar." (Marcy Gomes, supervisora técnica dos projetos da ONG Terra dos Homens)

"A primeira sensação ao lembrar da Candelária é sempre de muita dor. Depois você vê que as coisas continuam acontecendo: em janeiro, um menino que era atendido por nós foi morto na Lapa por um PM, que continua solto. Mas é importante mostrar, por exemplo, que a maioria dos atos infracionários não são cometidos por crianças e adolescentes: as estatísticas provam isso. Diminuir a idade penal, por exemplo, não vai resolver um problema de segurança! E apesar de uma brutalização cada vez maior em cima dos excluídos, existem experiências que podem reverter esta situação." (Cristina Salomão, coordenadora sócio-pedagógica da São Martinho)

"Temos que estimular este processo de saída das ruas. Mas não pode ser 'eu não quero você na rua' e sim 'você não quer mais estar na rua'. Mas hoje, as ONGs têm que ir de pires na mão conseguir recursos para executar um trabalho que é do poder público. E os abrigos públicos, de uns tempos para cá, perderam toda sua infra-estrutura, não tiveram manutenção. É necessário abrir um canal de diálogo mais direto com a prefeitura, para recuperar um atendimento com metodologia e que existam verbas suficientes para atender estes meninos de forma adequada. O objetivo não pode ser limpar a rua dos meninos." (Tiana Sé, presidente do Conselho Municipal dos Direitos da Criança e do Adolescente do Rio e do Ibbis)

"Tirar os jovens das ruas e levá-los para abrigos é recolhimento, não acolhimento. Eles saem da vista da sociedade, mas logo voltam, pois falta uma política pedagógica por trás da ação. Essa repressão não tem eficácia. Não existe política pública para jovens em situação de risco. Os abrigos estão superlotados. O governo está mais preocupado com o marketing, criando novos projetos, do que em resolver o problema. O Estado deveria investir nos projetos que já existem e dão certo." (Elizabeth Serra, secretária-executiva do Ex-Cola)

"Sinceramente, nada mudou. O que teve de bom na época foi a repercussão mundial, que causou preocupação no poder por aqui. O tipo de resultado que tivemos daquele caso foi o próprio Sandro (sequestrador do ônibus 174). A progressão das ONGs se deve exclusivamente por causa do crescimento do quadro de violência no país, e não por causa de uma conscientização do poder ou da população. No caso de Vigário Geral, por exemplo, que aconteceu depois da Candelária, os policiais responsáveis por aquela barbárie saíram impunes. Esse é um país em que um escândalo cala o outro." (Marcelo Yuca, músico).

"Não há trabalhos de qualidade para reinserção dos jovens à sociedade. Há surtos de repressão e as crianças vão para um abrigo. Mas essa é apenas a primeira etapa, e a mais simples. Falta o passo seguinte, que é a reintegração do jovem a uma família e a uma comunidade. Esse é um trabalho muito amplo que é feito individualmente, com passos de formiguinha. O governo deveria desenvolver um trabalho com organizações sociais que já existem, como ONGs e igrejas, para dar assistência às crianças nesse sentido." (Rubens Fernandes, diretor do Viva Rio)

"A situação piorou principalmente por causa da omissão do Estado, que deixou o crime organizado se apossar das comunidades. Soma-se a isso o fato de o desemprego ter crescido e de ter havido uma debandada para o tráfico. Os governantes fazem políticas públicas e sociais para ganhar votos, e não para resolver o problema. A governadora do Rio (Rosinha Matheus) anunciou novos programas sociais para a Maré, mas já existem vários. Ela deveria ter apoiado os que já existem. Esse é o retrato do governo brasileiro na área social." (Yvonne Bezerra de Mello, presidente do Projeto Uerê)

"A situação não mudou. Quantos menores ainda somem sem registro? O que mudou foi o oportunismo das pessoas em cima de casos como esses. É muita gente querendo fazer marketing pessoal em cima de desgraças, e agindo pouco para resolver." (Ivo Meireles, músico)

"Casos como o da Candelária e o de Vigário Geral contribuíram sobretudo para o avanço da sociedade civil. A partir deles a conscientização e a organização dessas pessoas foi consolidada. Mas, quanto ao poder público, o descaso continua o mesmo. Agora nós temos o programa de Tolerância Zero, da Prefeitura, que está varrendo a Zona Sul da cidade, enxotando mendigos, camelôs e menores das ruas.

Outra questão incompreensível é a lentidão do Judiciário tanto no caso da Candelária quanto no de Vigário. Como dois casos de repercussão nacional e internacional podem ser tratados com tamanha passividade?" (Inácio Cano, professor da Uerj)

"O governo deveria estar mais presente nas ações com crianças de rua. Elas precisam ter um acompanhamento e não apenas serem presas. É preciso conhecer o meio delas, os traumas, os abusos que sofreram... é um trabalho de formiguinha." (Solange Cantanhede, psicóloga, do Projeto Girassol) ❖

Hallack, Giovana e Sabrina Valle. "Chacina da Candelária Completa Dez Anos." http://www.oglobo.com/online. 25 nov. 2003.

Perguntas

1. Em que cidades o extermínio de crianças de rua acontece?
2. Qual é a definição de menino de rua?
3. Onde eles vivem?
4. Quem é uma ameaça às crianças de rua e por quê?
5. Que organizações estão atentas ao que acontece com os meninos de rua?
6. Que legislação foi redigida para ajudar a parar o extermínio de meninos de rua?

Cidade de Deus

Informação geral

Apresentação do filme

Buscapé é um garoto que vive na Cidade de Deus, uma favela perigosa do Rio de Janeiro, e que sonha em se tornar fotógrafo. É ele quem conduz a narrativa, descrevendo sua vizinhança e como ela se torna mais violenta com o passar dos anos. Quando Zé Pequeno, o líder de uma gangue que começa a controlar o tráfico de drogas e tenta tomar o território de seu rival, Cenoura, A Cidade de Deus vira um campo de guerra. Os moradores logo se veem no meio de uma disputa sangrenta. Buscapé, porém, consegue estar no lugar certo e na hora certa, tornando-se um fotógrafo promissor.

Diretores

Fernando Meirelles nasceu no dia 9 de novembro de 1955, em São Paulo. Além de dirigir o premiado *Cidade de Deus*, ele também fez *Domésticas* (2001) e *O Jardineiro Fiel* (2005), este com um elenco internacional, formado por Rachel Weisz, que ganhou um Oscar por seu papel no filme, e Ralph Fiennes, entre outros. Também dirigiu programas de televisão.

Kátia Lund (co-diretora) nasceu em 1966, em São Paulo, e estudou na Universidade de Brown em Rhode Island.

Escritores

Paulo Lins (romance)

Bráulio Mantovani (roteiro)

Prêmios

✪ Indicado para um Oscar e vencedor de 48 prêmios, incluindo: Troféu ABC, Prêmio de Audiência AFI, Prêmio BAFTA de Cinema, Black Reel Award, Grande Prêmio do Cinema Brasileiro e muitos outros.

Atores principais

Alexandre Rodrigues (Buscapé, Rocket)

Leandro Firmino (Zé Pequeno, Li'l Zé; creditado como Leandro Firmino da Hora)

Phellipe Haagensen (Bené)

Douglas Silva (Dadinho, Li'l Dice-Zé Pequeno)

Jonathan Haagensen (Cabeleira, Shaggy)

Matheus Nachtergaele (Cenoura, Carrot) nasceu no dia 3 de janeiro de 1969, em São Paulo. Trabalhou em *O Que É Isso, Companheiro* (1997), *Central do Brasil* (1998), *O Primeiro Dia* (1998), *Amarelo Manga* (2002) e em diversos programas de televisão.

Seu Jorge (Mané Galinha, Knockout Ned) nasceu no dia 8 de julho de 1970. Além de ator, é músico e compositor de sucesso. Também atuou em *The Life Aquatic with Steve Zissou*, de Wes Anderson (2004).

Jefechander Suplino (Alicate, Clipper)

Alice Braga (Angélica)

Emerson Gomes (Barbantinho, Stringy)

Edson Oliveira (Barbantinho adulto, Older Stringy)

Michel de Souza (Bené criança, Young Benny) (creditado como Michel de Souza Gomes)

Roberta Rodrigues (Berenice, Bernice)

Luis Otávio (Buscapé criança, Young Rocket)

Maurício Marques (Cabeção, Melonhead)

Informação sobre os atores

Excluindo **Matheus Nachtergaele**, a maioria dos atores de *Cidade de Deus* é formada por amadores e pessoas que vivem na favela.

Vocabulário

Substantivos

traficante *m/f* - drug dealer
favela *f* - shantytown, slum
máquina fotográfica *f* - camera
fotógrafo(a) *m/f* - photographer
assassino(a) *m/f* - murderer
bandido(a) *m/f* - bandit
paulista *m/f* - someone from São Paulo (there is a rivalry with *cariocas* or people from Rio)
assalto *m* - assault
gás *m* - gas
enchente *f* - flood
manchete *f* - headline
imprensa *f* - press
asfalto *m* - asphalt
salva vidas *m* - life guard
maconha *f* - marijuana
idéia *f* - idea
sítio *m* - farm
cabeça *f* - head
morte *f* - death
coração *m* - heart

visão *f* - vision
igreja *f* - church
moleque *m* - kid
tiro *m* - shot
pó *m* - powder (cocaine); dust
pai de santo *m* - priest in Afro-Brazilian religions such as Candomblé or Macumba
refrigerante *m* - soda
pôr-do-sol *m* - sunset
traidor(a) *m/f* - traitor
crente *m/f* - believer
herói *m* - hero
estágio *m* - internship
vingança *f* - revenge
terrenos baldios *m* - waste ground
moradia *f* - home
fonte de sobrevivência *f* - means to survive
infratores(ras) *m/f* - offenders
presunção *f* - presumption
infrações *f* - infraction
redação *f* - writing
extermínio *m* - extermination

Adjetivos

perigoso(a) *m/f* - dangerous
sangrento(a) *m/f* - bloody
rico(a) *m/f* - rich
ruim *m/f* - bad
chato(a) *m/f* - bratty, boring
viciado(a) *m/f* - addicted

concebido(a) *m/f* - conceived
gostoso(a) *m/f* - sexy
maluco(a) *m/f* - crazy
desprovidas *f* - deprived
doloso(a) *m/f* - negligent
vigiado(a) *m/f* - watched

Verbos

sumir - to disappear
desculpar - to excuse
descer - to go down
parecer - to seem like
matar - to kill
enxergar - to see

subir - to climb
trabalhar - to work
deitar - lie down
abandonar - to abandon
empurrar - to push
fornecer - to supply

Expressões

se correr o bicho pega, se ficar o bicho come -
     damned if you do, damned if you don't
ir embora - go away
cadê? - where is?
a noite é uma criança - the night is young
pelo amor de Deus - for Christ's sake (literally,
     "for the love of God")
cara - man, guy in Rio
e aí? - what's up?
pé de chinelo - poor
valeu - awesome
ninguém viu nada, ninguém sabe de nada
     - nobody's seen anything, nobody knows
     anything
fé em Deus - faith in God
grana - money, dough
mata - forest, wooded area
tomar conta - take care of
pegar - get, pick up
ficar numa boa - to be OK
o gato comeu a sua língua? - Cat got your
     tongue? Why are you so quiet?

amor à primeira vista - love at first sight
dá um tempo - give me a break
tá numa boa - It's OK, it's doing well
eu te amo - I love you
conversa de malandro - swindler talk
maneira - cool
vale a pena - worthwhile
valeu - fine, thanks
mole - piece of cake
cala a boca - shut up
paz e amor - peace and love
gente fina - good people
uma galera - group of friends, crowd
tô acompanhado - I'm with someone
fica frio - keep cool
Deus abençoe - God bless you
ter bom gosto - to have good taste
sai fora - get out of here
de acordo - according to
para a qual - for which
sobretudo - above all, especially

Antes do filme

Leitura: O contexto

Cidade de Deus é uma favela construída pelo governo do estado do Rio de Janeiro, para onde foi removida uma parcela dos favelados que ocupavam terrenos nobres na capital. O filme retrata o crescimento de um local abandonado pelas autoridades, super populoso, infestado de drogas e aterrorizado pela violência. Baseado numa história verdadeira, o filme é contado pelo ponto de vista de um rapaz que anseia por sair de lá e se tornar um fotojornalista.

Favelas e drogas

Responda às seguintes perguntas em grupo.

1. Como são os traficantes de drogas no seu país? Eles têm mais poder do que a polícia? O que acontece durante os "turf wars" entre dois grupos?

2. Para onde vão as pessoas desabrigadas na sua sociedade? No Brasil as favelas são planejadas pelo governo? Quem mora lá?

Depois do filme

Atividades escritas

A. Os personagens

Relacione o personagem à sua caracterização.

1. ____	Buscapé	A.	quer ser um fotógrafo
2. ____	Angélica	B.	único amigo de Zé Pequeno
3. ____	Cenoura	C.	namorada de Bené
4. ____	Mané Galinha	D.	divide Cidade de Deus com Zé Pequeno
5. ____	Zé Pequeno	E.	luta ao lado de Cenoura contra Zé Pequeno
6. ____	Bené	F.	cruel, megalômano da favela

B. Ordem cronológica

Enumere as cenas na sequência em que elas aparecem no filme.

____ A polícia coloca Cenoura e Zé Pequeno no mesmo carro.

____ Mané Galinha escapa do hospital.

____ Bené é assassinado durante sua festa de despedida.

____ Dadinho mata as pessoas no motel.

____ Dadinho se torna Zé Pequeno em ritual com o pai de santo.

____ Berenice foge no carro roubado.

____ Buscapé ganha uma câmera de Rogério.

____ Buscapé passa a noite na casa da jornalista.

____ A fotografia de Zé Pequeno aparece na primeira página do jornal.

C. Verdadeira ou falsa

Determine se a frase é verdadeira ou falsa.

1. V   F   Zé Pequeno e Cenoura são amigos.
2. V   F   Zé Pequeno e Cenoura brigam por causa de uma mulher.
3. V   F   Buscapé gosta de Angélica.
4. V   F   Buscapé queria ser um jornalista.
5. V   F   A Cidade de Deus fica em São Paulo.
6. V   F   No filme, há imagens reais da época em que a trama se passa.
7. V   F   Em *Cidade de Deus* há uma comparação entre o que acontece na favela e a Segunda Guerra Mundial.
8. V   F   João era o melhor amigo de Zé Pequeno.
9. V   F   Buscapé fica feliz quando suas primeiras fotos aparecem no jornal.

D. Fotografia

Veja as fotos e escolha a melhor resposta para descrevê-las:

1. Quem são os personagens na foto 3?
   a. Berenice e Zé Pequeno.
   b. Bené e Buscapé.
   c. Buscapé e Angélica.

2. Onde se passa esta cena? (foto 3)
   a. Na favela.
   b. Em casa.
   c. Na praia.

3. Quando se passa esta cena no filme? (foto 3)
   a. No começo do filme.
   b. No meio do filme.
   c. No fim do filme.

4. O que tem Buscapé nas mãos na foto 1?
   a. Um cigarro.
   b. Uma câmera.
   c. Um livro.

5. De quem é a gangue que aparece na foto 2?
   a. De Berenice e Mané Galinha.
   b. De Cenoura.
   c. De Zé Pequeno.

E. Pequenas respostas

Veja as fotos e escreva três ou quatro frases para cada uma das solicitações a seguir:

1. Foto 3: Crie um diálogo entre os dois personagens.
2. Foto 1: Em que Buscapé está pensado?
3. Foto 2: O que a gangue estava fazendo na rua antes e o que fez depois dessa foto?

F. Relações entre os personagens

Veja o diagrama das relações entre os personagens e descreva-as em termos emocionais, criminais, profissionais e de qualquer outra maneira que você possa imaginar. Por exemplo, há tensão entre eles? No caso de haver triângulos, quem é o personagem dominante em cada um deles?

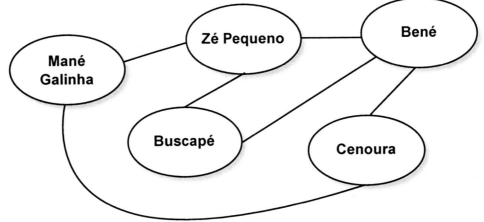

G. Palavras cruzadas

Vertical

1. menino
2. tem muito dinheiro
3. mau
4. olhar
5. compra e vende drogas
6. cocaína
7. deixar
8. não pode parar de tomar drogas ou outras coisas
9. bandido
10. slum
11. publica jornais
12. petróleo

Horizontal

A. usado nas ruas
B. mata pessoas
C. bebida
D. lugar para rezar
E. fazenda
F. louco
G. acredita em Deus em um espírito
H. depois de chover muito
I. alguém de São Paulo

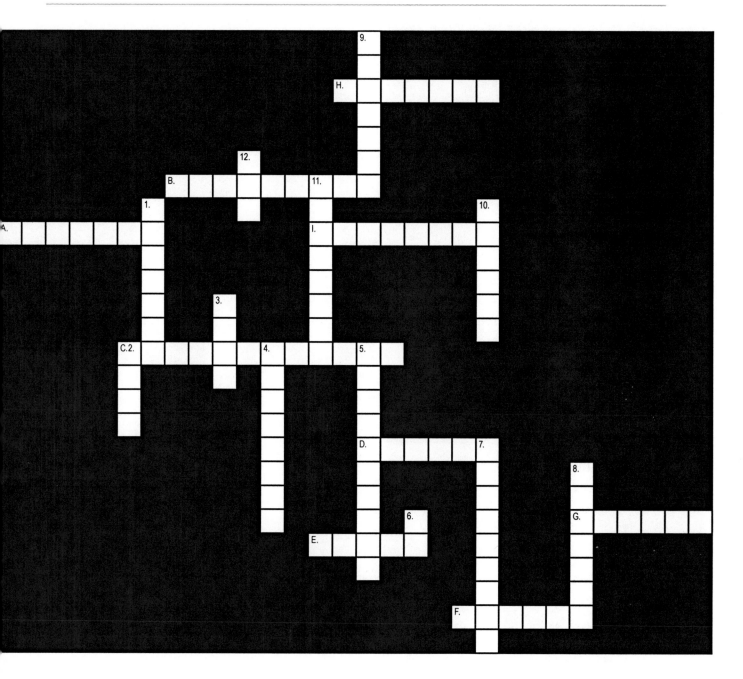

H. Expressões

Preencha a lacuna com a expressão ou a palavra mais adequada.

1. Eu não vi Zé Pequeno, _____ ele?
   a. pelo amor de Deus
   b. e aí?
   c. cadê
   d. valeu

2. Os paulistas não se chamam de _____ , eles dizem "meu".
   a. cara
   b. pé de chinelo
   c. dar um tempo
   d. mata

3. Os ladrões fugiram para a _____ onde há muitas árvores.
   a. rio
   b. festa
   c. pegar
   d. mata

4. _____ , não quero ouvir mais a sua conversa de malandro.
   a. fé em Deus
   b. pegar
   c. valeu
   d. cala a boca

5. No filme há dois casos de _____ ; dois casais que se apaixonaram instantemente.
   a. amor à primeira vista
   b. grana
   c. o gato comeu a sua língua
   d. e aí

I. Sinônimos

Ligue as palavras a seus sinônimos ou expressões equivalentes:

A	B
muitas pessoas	cala a boca
legal	jornal
estou com alguém	grana
está tudo bem	cadê
dinheiro	preso
onde está	maneira
gás	fazenda
manchete	petróleo
sítio	gente fina
na prisão	tô acompanhado
não abra	uma galera
pessoas boas	tá numa boa

J. Crie uma sinopse

Depois de ver o filme e discuti-lo na aula, forme com os colegas grupos de três ou quatro alunos e escreva uma sinopse para encorajar outras pessoas a assisti-lo. Sinopses devem ser curtas e dar destaque aos momentos mais excitantes e marcantes do filme. Como você escreveria uma sinopse para *Cidade de Deus*?

1. Selecione as cenas que você quer destacar.

2. Escreva algumas linhas descrevendo cada cena que você destacou.

3. Coloque-as em sequência, de maneira que a leitura seja atrativa aos futuros espectadores.

K. Redação

A partir das perguntas e solicitações a seguir, escreva um ensaio de uma página.

1. Há nesse filme muitos animais, como galinhas e cães. O que eles simbolizam no filme? Você pode relacioná-los a como as pessoas se sentem ou são tratadas?

2. Como as diferentes classes socioeconômicas são retratadas? Como o personagem paulista é tratado? E o ruivo? O que distingue uma classe social no filme?

3. O que acontece entre Zé Pequeno e o pai de santo? O que o homem mais velho diz para ele não fazer? Em sua opinião, como o sexo vai mudar a vida de Zé Pequeno?

4. Discuta a corrupção policial no filme. Por que a polícia deixa Zé Pequeno partir, mas captura Mané Galinha e Cenoura? O que significa para eles deixar Zé Pequeno solto?

5. Descreva os casos amorosos apresentados no filme. O que as mulheres mais jovens querem de homens como Cabeleira? Elas querem ficar na Cidade de Deus? Para onde elas querem ir? Isso é possível ou corresponde à realidade? Como os outros reagem a esse amor?

6. Por que Buscapé quer se tornar fotógrafo? De quem ele tira as primeiras fotos? Qual é a reação de seus amigos às fotos? Você gosta de fotografar?

7. Descreva a personalidade de Zé Pequeno. Ele tem família? O que o motiva? O que o assusta? Ele depende de alguém? Ele é mau? Justifique sua resposta.

8. Quem são os moleques do grupo caixa baixa? O que eles fazem? Por que eles são tão importantes para as diferentes gangues? O que eles fazem no final? O que isso simboliza?

9. Você acha que seria possível mudar um lugar como Cidade de Deus para melhor? Seriam necessárias mais armas? Ou serviços sociais? Como você faria isso?

10. No final, Buscapé deixa a favela e realiza seus sonhos. Por que ele foi tão bem-sucedido e os outros não? Você acha importante ter um sonho claro para perseguir? Você acredita em sorte? O que aconteceu com Buscapé tem alguma relação com a persistência dele?

L. Comparação com outros filmes

Escreva um ensaio de uma página comparando os filmes abordados neste livro.

1. Como são apresentadas as favelas em *Cidade de Deus*, *Orfeu*, *Ônibus 174* e *Orfeu Negro*?

2. Qual é a diferença do tráfico de drogas abordado em *Cidade de Deus* e em *Orfeu*?

3. Compare a criminalidade em *Cidade de Deus* e *Orfeu*. Quais são as diferenças e semelhanças entre Zé Pequeno, Orfeu e Sandro em *Orfeu*?

4. Que diferenças de abordagem você detecta em *Cidade de Deus*, *Ônibus 174* e *Orfeu*?

5. Como é a música de *Cidade de Deus* em comparação com a dos filmes citados acima?

6. Descreva as diferentes maneiras nas quais a mídia é representada em *Cidade de Deus* e em *Ônibus 174*.

Atividades orais

A. Conversa

Em pares ou grupos de no máximo quatro alunos, respondam às seguintes perguntas.

1. Como o filme começa e como termina? O que simboliza a cena em que Buscapé está entre o grupo de Zé Pequeno e a polícia? O que você faria nessa situação?

2. O que os três bandidos, incluindo Cabeleira, fazem para ficar conhecidos na favela? Como Buscapé vê seu irmão? O que Cabeleira mostra a ele? Ele quer que Buscapé seja bandido também?

3. O que Dadinho faz no roubo do motel? Isso foi planejado? De quem foi a idéia do assalto? Os rapazes mais velhos souberam o que aconteceu? Quando?

4. Onde os três bandidos se escondem quando a polícia chega? O que acontece com cada um deles? Você sente pena deles?

5. O que Ceará faz à esposa? Por quê? Você acha as ações dele compreensíveis?

Para saber: Favelas no Brasil

♦ Desde 1950, muitas favelas cresceram ao redor das metrópoles brasileiras.

♦ Muitos dos primeiros favelados vieram do Nordeste fugindo da seca e da fome.

♦ Quando essa população chegou ao Rio e a São Paulo, não havia infraestrutura para atender suas necessidades nem oferta de emprego suficiente para a demanda.

---

6. Qual é a principal meta de Dadinho? Quem é o seu braço direito? Como ele alcança a sua meta?

7. À medida que Dadinho vai se tornando mais cruel, seu companheiro Bené muda. Como é essa mudança? O que ele faz com o cabelo e como ele se veste? Por que ele faz isso?

8. Por que tipo de ritual passa Dadinho para ficar mais forte? Quem muda seu nome? O que ele deve fazer e evitar desde então?

9. Com quem Bené começa a sair? Como ele a conhece? Como Buscapé se sente sobre isso? O que Zé Pequeno acha disso?

10. Descreva como o tráfico de drogas funciona na Cidade de Deus. As funções da quadrilha são divididas por idades? Que drogas que são vendidas? Quem as compra?

Para saber: Tráfico de drogas no Brasil

♦ As favelas se tornaram os centros do tráfico de drogas no Brasil, pois concentram populações que não têm acesso à educação e ao trabalho. Nesse contexto, aparentemente o tráfico é uma alternativa, porque as pessoas ganham muito dinheiro sem que precisem passar pela educação formal.

♦ Recentemente a prefeitura do Rio pediu ajuda ao governo federal na luta contra o tráfico de drogas nas favelas. Muitos ataques-surpresa da polícia nas favelas iniciaram batalhas sangrentas.

11. Quem está competindo pelo controle do tráfico de drogas na Cidade de Deus? O que Zé Pequeno pensa sobre o rival? Quem não o deixa ir atrás dele?

12. Descreva as mudanças por que passa o lugar onde Zé Pequeno conduz sua operação ao longo dos anos. Quantas pessoas viveram lá? O que elas fizeram lá? Descreva a decoração do lugar.

13. O que acontece na festa de despedida de Bené? Quais eram os diferentes grupos presentes na festa? Que tipo de música estava tocando? Quem atirou em Bené e por quê? A quem Zé Pequeno culpa?

14. O que acontece na primeira vez em que Buscapé e seu amigo encontram Mané Galinha? O que os dois estavam pensando em fazer? Por que não o fizeram?

Para saber: Rivalidade entre São Paulo e Rio de Janeiro

♦ Há uma rivalidade histórica entre as duas cidades.

♦ Quem nasce na cidade de São Paulo é chamado paulistano (quem nasce no estado de São Paulo é paulista). Os cariocas são os que nascem na cidade do Rio de Janeiro (quem nasce no estado do Rio de Janeiro é fluminense). Uns costumam estereotipar os outros (Rio X SP).

♦ Segundo o estereótipo, os paulistas e paulistanos gostam de trabalhar, enquanto os cariocas gostam de aproveitar a vida na praia e não são muito chegados ao trabalho.

♦ Essa rivalidade se estende ao futebol. Times paulistas, como Corínthians, São Paulo e Santos têm grandes oponentes no Rio de Janeiro, como Flamengo, Fluminense e Vasco.

---

15. O que acontece com o motorista paulista que pede informações a Buscapé e ao amigo? O que ele divide com os garotos? O que Buscapé usa para fumar?

16. Quando Buscapé decide sobre querer ser fotógrafo? De quem ele ganha sua primeira câmara? De quem ele tira uma foto? Como essa foto acaba sendo publicada? O que Buscapé acha disso? O que Zé Pequeno acha disso?

17. Onde Buscapé fica depois que a foto é publicada? Por quê? Como a jornalista o trata? Para Buscapé, o que acontece é a realização de um sonho?

18. O que Zé Pequeno faz a Mané Galinha que causa da rivalidade entre eles? Mané Galinha quer mesmo brigar? Quem chama Mané Galinha para lutar contra Zé Pequeno? Quais são as condições de Mané Galinha para aderir ao grupo? E por que ele mesmo as desobedece?

19. Mané Galinha é ferido e capturado pela polícia. Como os comparsas o retiram do hospital? Qual é a reação de Zé Pequeno ao vê-lo na televisão?

20. Por que Othon quer matar Zé Pequeno? Mané Galinha sabe do plano de Othon? O que acontece com os dois no final do filme?

21. O que acontece com o homem que vende armas para as gangues? Quem está por trás dele?

22. Com que guerra é comparada a disputa entre traficantes na Cidade de Deus? Por quê? Como as pessoas lidam com o que acontece ao redor delas?

23. O que acontece com Cenoura e Zé Pequeno no final? Por que a polícia os trata de maneira diferente? Como Buscapé captura essa realidade com sua máquina fotográfica?

24. O que acontece com Zé Pequeno e quem faz isso? O que os meninos dizem sobre si mesmos?

25. Que fotos Zé Pequeno escolhe para publicar e por quê? O que as fotos que ele tirou dizem sobre a polícia e a imprensa?

B. "Canto dos Críticos"

O "Canto dos Críticos" é um programa de televisão imaginário, produzido e apresentado durante a aula. Depois de cada filme, um grupo de três a quatro estudantes discute os temas mais importantes nele apresentados e questiona se o filme deve ser assistido ou não. Um estudante deve usar a câmara. Escolha dois críticos e um diretor para discutir o filme de hoje, *Cidade de Deus*. Crie perguntas para o programa e depois discuta-as no ar. Peça a alguém para gravar a discussão.

C. Análise de uma cena (0:00 - 03:28)

Cena: a galinha foge dos churrasqueiros.

Assista à cena e responda às perguntas a seguir.

Observe

1. O que a galinha faz quando vê as outras sendo mortas? Você acha que esse aspecto do filme é um antropomorfismo ou trata-se de uma reação natural de todo animal?

2. Para onde vai a galinha? Quem a persegue?

3. O que Buscapé faz quando vê a gangue de Zé Pequeno de num lado e a polícia de outro?

Escute

1. Qual é o som de fundo dessa cena?

2. O que Zé Pequeno grita para Buscapé?

3. O que a polícia diz a ele?

A cena na história

1. Onde e por que essa cena aparece no filme?

2. Ela é eficiente como abertura do filme? Captura a atenção de quem o assiste? É possível entender imediatamente o que está acontecendo?

3. Como a cena se relaciona com o restante da história?

Atividade de leitura: Meninos de rua

Antes de ler o artigo, considere as perguntas sobre o extermínio de meninos de rua.

1. Neste filme, há personagens que vivem nas ruas e são muito violentos. Por que existem pessoas que querem o extermínio das crianças de rua?

2. Em sua opinião, que estratégia política poderia acabar com a violência contra essas crianças?

❖ ❖ ❖ ❖

O extermínio de meninos de rua no Brasil

Umberto Guaspari Sudbrack

O extermínio de meninos de rua no Brasil ocorre principalmente nas grandes cidades, como Rio de Janeiro, São Paulo, Salvador e Recife. De acordo com o conceito adotado pelas Nações Unidas e elaborado por Lusk e Mason, a expressão designa toda criança (menino ou menina) para a qual a rua (no sentido mais amplo do termo, o que inclui casas não habitadas, terrenos baldios, por exemplo) tornou-se sua moradia e/ou sua fonte de sobrevivência, e que não tem proteção, não é convenientemente vigiada ou orientada por um adulto responsável. Esta expressão refere-se às crianças desprovidas de recursos e que moram ou passam a maior parte de seu tempo na rua, sem serem necessariamente infratoras. O fenômeno dos meninos de rua fornece uma imagem dramática dos países do Terceiro Mundo, sobretudo na América Latina. Entretanto, os países desenvolvidos também podem ter esse problema. Crianças provenientes das camadas mais pobres dos países ricos adotam cada vez mais a rua na busca de sua sobrevivência. São, sobretudo, filhos de imigrantes cujos pais deixaram seu país de origem em busca de melhores condições de vida para a família (Pilotti; Rizzini, 1993:51).

Essas crianças moram normalmente nos bairros pobres das periferias urbanas e nas favelas que se multiplicam. A maioria volta para casa todos os dias ou esporadicamente. Todavia, são menos numerosos aqueles que moram nas ruas. O tema limita-se aos homicídios praticados contra os meninos de rua, no Brasil, no período 1985-1995. Tais crimes não são consequência imediata da violência doméstica e correspondem ao chamado "extermínio de crianças", o que a Comissão Nacional de Combate à Violência, formada por organizações não-governamentais e por representantes do governo federal para controlar a violência contra crianças, define como a "presunção de homicídios voluntários contra aqueles que têm menos de 18 anos, por motivos extrafamiliares, com o fim objetivo ou subjetivo de impor uma ordem extralegal, seja ou não o autor conhecido" (Human Rights Watch/Americas, 1994:11).

A Comissão de Controle e de Prevenção do Extermínio do Conselho dos Direitos da Criança e do Adolescente do Rio Grande do Sul, composta por representantes do Ministério Público, da Polícia Civil, da Polícia Militar, do Movimento Nacional dos Meninos de Rua, da Ordem dos Advogados do Brasil e da Pastoral do Menor define o extermínio, referindo-se a crianças e adolescentes, como "a ação individual ou de grupo, concebida e organizada com o fim da eliminação, por qualquer meio, de criança ou adolescente considerada ou suspeita de se encontrar em situação de risco pessoal e social ou para ocultar práticas delitivas" (Brasil, 1994:8-9, citado por Sudbrack, 1996:114). Para que haja extermínio, é necessário que o resultado da ação seja a morte. Além disso, é preciso que a vítima do homicídio seja uma criança ou um adolescente. Se a consequência não for a morte, estamos diante de uma tentativa de homicídio. Por outro lado, a vítima pode enquadrar-se em uma situação de risco pessoal ou apresentar um comportamento não aceito socialmente. Nessa situação, estariam desde aqueles que cometeram atos infracionais, até aqueles com presença considerada incômoda em lugares públicos. A Comissão entende que, para se poder falar de extermínio, é necessário mais do que o simples dolo, elemento característico do homicídio doloso, mas a presença da vontade deliberada de eliminar determinada pessoa menor de idade em virtude de aspectos comportamentais anteriores, não aceitos pelo autor ou pelos autores. A Comissão tratou essa característica como sendo o "dolo de extermínio" (Brasil, 1994:8, citado por Sudbrack, 1996:114). Não existe, porém, definição legal de extermínio. Embora a Lei no 8.930, de 6 de setembro de 1994, que dá uma nova redação ao artigo 19 da Lei no 8.072, de 25 de julho de 1990, tenha criado o crime de homicídio qualificado por ter sido praticado em atividade típica daquela de um grupo de extermínio, não definiu juridicamente o que seja o extermínio. Apenas uma pequena parte dos chamados meninos de rua acaba cometendo infrações. Mesmo assim, são considerados uma população de risco para os grupos dominantes da sociedade brasileira. O fenômeno do extermínio de meninos de rua é o resultado de uma articulação entre os grupos de extermínio, da omissão e ausência de defesa das crianças pelo Estado, assim como da indiferença da sociedade civil em relação ao problema.

A prática repressiva brasileira opõe-se à legislação penal liberal e aos princípios constitucionais, impedindo a efetividade dos direitos humanos e ameaçando o regime democrático. Uma das manifestações mais dramáticas dessa realidade é, hoje, o extermínio dos meninos de rua. ❖

Sudbrack, Umberto Guaspari. "O extermínio de meninos de rua no Brasil."
São Paulo Perspec., Jan./Mar. 2004, vol.18, no.1, p.22-30.

❖   ❖   ❖   ❖

Perguntas

1. O que é a Comissão de Controle e de Prevenção do Extermínio do Conselho dos Direitos da Criança?
2. O que é o "dolo de extermínio"?
3. Em que cidades brasileiras ocorre o extermínio de crianças?

As Transições Políticas

O Que é Isso, Companheiro?

Informação geral

Apresentação do filme

É o fim dos anos 1960, e Fernando e seus amigos da universidade estão frustrados com o estado das coisas no Brasil. A ditadura militar controla o governo desde 1964 e os estudantes querem fazer algo além de protestar nas ruas. Um dia, Fernando se junta à uma célula revolucionária de esquerda chamada MR-8 e deflagra uma das ações mais audaciosas contra o governo até então: o sequestro do embaixador norte-americano, Charles Burke Elbrick.

Diretor

Bruno Barreto nasceu em 16 de março de 1955 no Rio de Janeiro. Ele dirigiu vários filmes conhecidos, entre eles: *Dona Flor e Seus Dois Maridos* (1977), *O Beijo No Asfalto* (1981), *Gabriela, Cravo e Canela* (1983), *O Que é Isso, Companheiro?* (1997) e *Bossa Nova* (2000).

Roteirista

Leopoldo Serran, baseado no livro homônimo de Fernando Gabeira.

Prêmios

✪ *O Que é Isso, Companheiro?* ganhou o Audience Award por Melhor Filme no AFI Fest (1997), indicado para o Urso Dourado no Festival Internacional de Cinema de Berlim (1997), indicado para o Golden Spike Award (1997) no Festival Internacional de Cinema de Valladolid, indicado para o Oscar de Melhor Filme de Língua Estrangeira (1998) e ganhou o prêmio PFS na categoria Democracia da Political Film Society, EUA (1999).

Atores principais

Alan Arkin (embaixador Charles Burke Elbrick) nasceu em 26 de março de 1934, em Nova Iorque. Trabalhou em diversos seriados de TV e em filmes como *Little Miss Sunshine* (2006), pelo qual ganhou em 2007 o Oscar de Ator Coadjuvante.

Pedro Cardoso (Fernando/Paulo) nasceu em 31 de dezembro de 1963, no Rio de Janeiro. Trabalhou em muitos programas de televisão e em filmes como *Bossa Nova* (2000) e *O Homem Que Copiava* (2003).

Fernanda Torres (Maria), filha de Fernanda Montenegro e Fernando Torres, e nasceu no dia 15 de setembro de 1965. Ela trabalhou em muitos programas de televisão e em vários filmes, como *O Judeu* (1996), *Terra Estrangeira* (1996) e *A Marvada Carne* (1985).

Claudia Abreu (Renê) nasceu no dia 12 de outubro de 1970, no Rio de Janeiro, e atuou em diversos programas de televisão e novelas. Entre seus filmes

estão *Tieta do Agreste* (1996), *Guerra de Canudos* (1997), *O Xangô de Baker Street* (2001) e *O Homem do Ano* (2003).

Nelson Dantas (Toledo) nasceu no dia 17 de novembro de 1927, no Rio de Janeiro, e faleceu no dia 18 de março de 2006, de câncer. Trabalhou em inúmeros programas de televisão e em filmes como *Dona Flor e Seus Dois Maridos* (1976), *Amor e Cia* (1998) e *O Primeiro Dia* (1998).

Matheus Nachtergaele (Jonas) nasceu no dia 3 de janeiro de 1969, em São Paulo. Atuou na televisão e em filmes como *O Auto da Compadecida* (2002), *Central do Brasil* (1998), *O Primeiro Dia* (1998), *Cidade de Deus* (2002) e *Amarelo Manga* (2002).

Marco Ricca (Henrique) nasceu em 28 de novembro de 1962, em São Paulo. Trabalhou bastante em televisão e atuou em filmes como *Chatô, o Rei do Brasil* (2003) e *O Coronel e o Lobisomem* (2005), entre outros.

Vocabulário

Substantivos

embaixador *m* - ambassador
chefe de segurança *m* - head of security
frango *m* - chicken
prisioneiro *m* - prisoner
inveja *f* - jealousy, envy
orgulho *m* - pride
prioridade *f* - priority
burguês *m* - bourgeois
tortura *f* - torture
lua *f* - moon
espaço *m* - space
censura *f* - censorship
homenagem *f* - honor
camarada *m* - comrade
degrau *m* - step
casa *f* - house
reunião *f* - reunion, meeting
roubo (de banco) *m* - (bank) robbery
alfaiate *m* - tailor

capuz *m* - hood
crítica *f* - critique
cômodo *m* - room
assalto *m* - assault
arma *f* - weapon
nervos *m* - nerves
tarefa *f* - task
ordem *f* - order
crânio *m* - head, skull
assembleia *f* - assembly
cabeça *f* - head
sonho *m* - dream
empresa *f* - company
medo *m* - fear
esquina *f* - corner
diva *f* - diva
limosine *f* - limousine
ditadura *f* - dictatorship
segurança *m/f* - security

submarino *m* - submarine
atitude *f* - attitude
suspeito *m* - suspect
plantão *m* - overnight duty
isqueiro *m* - lighter
sequestro *m* - kidnapping
alvo *m* - target
vaidade *f* - vanity
parede *f* - wall
liderança *f* - leadership
rosto *m* - face
padrão *m* - pattern
passarinho *m* - little bird
polegar *m* - thumb
metralhadoras *f* - machine guns
agonia *f* - agony
veterano *m* - veteran
barulho *m* - noise
chatice *f* - boredom
conversa *f* - chat
carrascos *m* - executioner; torturers
placa (do carro) *f* - (license) plate
vacilações *f* - going back and forth, hesitations

empregada *f* - maid
experiência *f* - experience
minas *f* - mines
comportamento *m* - behaviour
hiprocrisia *f* - hypocrisy
currículo *m* - CV, resumé
itinerário *m* - itinerary
exigências *f* - demands
expropriação *f* - expropriation
mãos *f* - hands
ódio *m* - hatred
quadras *f* - blocks
publicação *f* - publication
proposta *f* - proposal
garotos *m* - boys
ordem *f* - order
insônia *f* - insomnia
bravura *f* - bravery
vértices *m* - vertex
descargas *f* - electrical discharge
manivela *f* - crank
mangueira *f* - hose
jato d'água *m* - stream of water

Adjetivos

esquisito(a) *m/f* - strange
fraco(a) *m/f* - weak
magro(a) *m/f* - thin
moreno(a) *m/f* - dark-skinned, sun-tanned
renascido(a) *m/f* - reborn
prolongado(a) *m/f* - prolonged
maduro(a) *m/f* - mature
definitivo(a) *m/f* - definitive
amador(a) *m/f* - amateur, unprofessional
fundo(a) *m/f* - deep

fanático(a) *m/f* - fanatic
mentiroso(a) *m/f* - liar
corajoso(a) *m/f* - courageous
excepcional *m/f* - exceptional
secreto(a) *m/f* - secret
cego(a) *m/f* - blind
simples *m/f* - simple
breve *m/f* - brief
incompetente *m/f* - incompetent
galvanizado *m* - galvanized

Verbos

ameaçar - to threaten
fingir - to pretend
reconhecer - to recognize
gerar - to generate
conseguir - to make it
deter - to detain

convidar - to invite
executar - to execute
vacilar - to waiver, to hesitate
suicidar-se - to commit suicide
conquistar - to conquer
pegar - to take

babar - to drool
aparecer - to show up
legitimar - to legitimate
propor - to propose
pôr (a mão) - to put (the hand on), to steal
sorrir - to smile
subestimar - to underestimate
cair - to fall
relaxar - to relax, to strangle
recarregar - to recharge

desativar - to deactivate
repetir - to repeat
tirar - to take from, to remove
colocar - to place or to put
botar - to put
apoiar - to assist
sequestrar - to kidnap
lutar - to fight
evoluir - to evolve

Advérbios

logo - soon
jamais - never

abaixo - below

Expressões

bem barbeado - well shaved
isso mesmo - that's right
muro de silêncio - wall of silence
fora do gancho - telephone off the receiver
que se dane - damn it
serviço de informação - information service
vai se estranhar - is going to be at odds with
comida caseira - home-cooked meal
vê se pode!? - can you believe it?
desconfiado - suspicious
tem razão - you're right
ouviu falar - heard about it
não faz mal - never mind
bom de conversa - good conversationalist
grande passo - a big step

"O povo unido jamais será vencido" - *literally*:
     "The people, united, will never be defeated"
a gente se vê - see you soon
tá pronto? - are you ready?
direitinho - just right
fica à vontade - make yourself at home
não dar nenhum sinal - to give no sign
uma luta armada - an armed fight
tirar os óculos - to take the glasses off
a partir de agora - from now on
porralouquice - crazy thing, wild thing
puxa vida! - gee whiz!
Deus te abençoe - may God bless you
de cabeça pra baixo - a mess
matando a charada - solving a riddle

Antes do filme

Leitura: O contexto

No dia 31 de março de 1964, um golpe militar de Estado, comandado por Olímpio Mourão Filho, depôs o governo democraticamente eleito de João (Jango) Goulart, inaugurando um regime que perdurou no Brasil por quase duas décadas. Goulart havia assumido a presidência depois que seu antecessor Jânio Quadros repentinamente renunciou ao cargo, em 1961. Acreditava-se que Goulart era de centro-esquerda e inclinado à nacionalização de terras e bens estrangeiros. Nessa época de Guerra Fria, os Estados Unidos se preocupavam com a possibilidade de o Brasil se alinhar aos interesses comunistas, e, por isso, colocaram agentes da inteligência ao lado dos militares brasileiros para derrubar o governo de Goulart. Durante o regime militar, milhares de ativistas políticos, artistas e estudantes, entre outros, foram acusados de subversão, torturados, mortos ou exilados. Muitos dos corpos das vítimas jamais foram encontrados.

A Guerra Fria e a ditadura militar

Responda às seguintes perguntas em grupo.

1. Quais foram os participantes da Guerra Fria? Por que outros países como o Brasil entraram nessa batalha ideológica?

2. Por que os militares brasileiros entraram na política nacional? Você acha que deveria haver uma separação entre militares e políticos?

3. Numa época de problemas sociopolíticos, vocês, como estudantes, entrariam em manifestações contra o governo?

Depois do filme

Atividades escritas

A. Os personagens

Relacione o personagem à sua caracterização.

1. ____ Fernando	A. Foi atingido por uma bala durante o roubo do banco
2. ____ Maria	B. O esquerdista alto e forte
3. ____ Marcão	C. O estudante intelectual que se torna revolucionário
4. ____ Jonas	D. Sobrevivente da guerra civil espanhola
5. ____ Cesar	E. Uma das líderes do grupo revolucionário
6. ____ Henrique	F. Um policial que encontra e tortura subversivos
7. ____ Toledo	G. Líder revolucionário que detesta Paulo

B. Ordem cronológica

Enumere as cenas na sequência em que elas aparecem no filme.

_____ O grupo de revolucionários rouba o banco.

_____ A polícia encontra a casa onde está o embaixador.

_____ O embaixador Elbrick é seqüestrado.

_____ Os estudantes revolucionários são torturados.

_____ Cesar leva um tiro na perna.

_____ A namorada do policial faz perguntas sobre seu trabalho.

_____ Os estudantes aprendem a atirar com pístolas.

_____ Os Estados Unidos chegam à Lua.

_____ Os revolucionários são libertados.

C. Verdadeira ou falsa

Determine se a frase é verdadeira ou falsa.

1. V F   Cesar teve a idéia de roubar um banco.

2. V F   Maria achava que seu nome fora imortalizado por Gilberto Gil.

3. V F   Marcão era baixo e magro.

4. V F   Toledo era um veterano da guerra civil espanhola.

5. V F   René posava como modelo para excitar o chefe da segurança do embaixador.

6. V F   Jonas queria que Paulo matasse o embaixador.

7. V F   O filme se passa em São Paulo.

8. V F   Um velhinho testemunha o sequestro e chama a polícia.

9. V F   O embaixador é solto no estádio de futebol.

10. V F   Os sequestradores cozinharam todas as noites.

D. Fotografia

Veja a foto e escolha a resposta mais adequada para descrevê-la.

1. O que se passa nesta cena?
   a. Paulo aprende a atirar.
   b. Maria aprende a atirar.
   c. Marcão aprende a atirar.

2. Quando se passa esta cena no filme?
   a. No fim do filme.
   b. No começo do filme.
   c. No meio do filme.

3. Onde se passa esta cena?
   a. Numa praia.
   b. No campo de futebol.
   c. Numa fábrica.

4. O que o personagem tem nas mãos?
   a. Uma bola de futebol.
   b. Um chocolate.
   c. Uma pistola.

5. Que objeto o personagem central usa no rosto?
   a. óculos
   b. cachecol
   c. barba

E. Pequenas respostas

Veja a foto e escreva três ou quatro frases para cada uma das solicitações a seguir:

1. Descreva a foto.
2. Dê um título para a foto. A seguir, justifique sua escolha.
3. Descreva as emoções traduzidas na expressão dos personagens.
4. Crie um diálogo entre os personagens.

F. Una a fala ao personagem

Coloque a primeira letra do nome do personagem na lacuna à esquerda.

1. ____ "Deve ser dura a vida do Ray Charles"   A. Henrique
2. ____ "Um dia você vai ser calmo"   B. A velha
3. ____ "De atitude suspeita"   C. Fernando
4. ____ "Talvez eu morra jovem e nervoso"   D. Toledo
5. ____ "Usam nomes falsos"

G. Relações entre os personagens

Veja o diagrama e descreva as relações entre os personagens em termos familiares, legais, emocionais e de qualquer outra maneira que você possa imaginar. Por exemplo, há tensão entre eles? No caso de haver triângulos, qual é o personagem dominante em cada um deles?

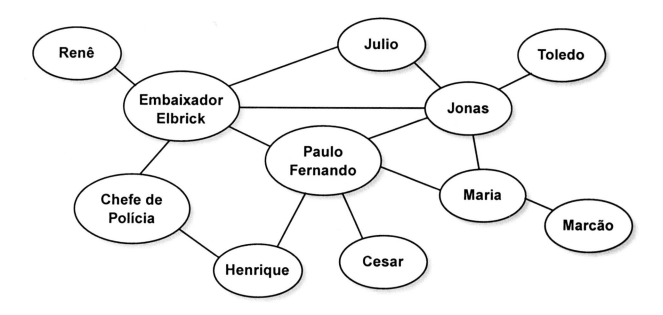

H. Vocabulário

Preencha as lacunas com as palavras da lista abaixo:

seqüestrar   torturadas   sonho   fica à vontade   bom de conversa
mentiroso   roubo a banco   libertado   chefe de segurança

1. A idéia de _____ o embaixador dos Estados Unidos era muito ousada.
2. Durante a ditadura militar no Brasil, muitas pessoas foram _____ na prisão.
3. A mulher do embaixador teve um _____ antes de ele ser pego.
4. Quando você chega à casa de alguém, o dono de casa diz: " _____ ."
5. Alguém que sabe falar eloquentemente é " _____ ."
6. Alguém que nunca diz a verdade é _____ .
7. O grupo de "subversivos" fez um _____ para levantar muito dinheiro para financiar suas atividades.
8. O embaixador sequestrado foi _____ no Maracanã depois de um jogo do Flamengo.
9. O _____ foi seduzido por uma jovem, que dele conseguiu informações importantes sobre a casa e a rotina do embaixador.

I. Profissões

Ligue a coluna A à coluna B:

A	B
prisioneiro	torturam pessoas
empregada	amigo, colega
diva	confecciona roupas
embaixador	cantora de ópera / mulher notável
chefe de segurança	representa um país
carrascos	da classe média e alta, acomodado
alfaiate	limpa casas
camarada	protege a casa
burguês	está na cadeia

J. Expressões

Escolha a melhor alternativa.

1. Dentro de uma organização, às vezes existe um _____ para proteger alguém que fez algo ilegal.
    a. bem barbeado
    b. isso mesmo
    c. muro de silêncio
    d. fora do gancho

2. Depois de comer fora por muito tempo é sempre bom voltar à comida _____ .
    a. que se dane
    b. serviço de informação
    c. vai se estranhar
    d. caseira

3. Eu _____ que é possível perder peso comendo frango grelhado todos os dias, ao invés de bolo de chocolate.
    a. vê se pode
    b. desconfiado
    c. tem razão
    d. ouvi falar

4. João é _____ ; ele pode falar com qualquer um.
    a. não faz mal
    b. bom de conversa
    c. grande passo
    d. o povo unido jamais será vencido

5. Bem-vindo à nossa casa, _____ .
    a. a gente se vê
    b. tá pronto?
    c. direitinho
    d. fica à vontade

6. Havia uma _____ entre a extrema esquerda e a ditadura militar.
    a. dar nenhum sinal
    b. luta armada
    c. tirar os óculos
    d. a partir de agora

7. Meu avô sempre dizia, " _____ " antes de os netos saírem.
    a. tudo bem
    b. puxa vida
    c. uma atitude
    d. Deus te abençoe

L. Crie uma sinopse

Depois de ver o filme e discuti-lo na aula, siga as instruções abaixo e escreva uma pequena sinopse para encorajar outras pessoas a assisti-lo. Sinopses devem ser curtas e dar destaque aos momentos mais excitantes e marcantes do filme.

1. Selecione as cenas que você quer destacar.
2. Escreva algumas linhas descrevendo cada cena.
3. Coloque-as em sequência, de maneira que a leitura seja atrativa aos futuros expectadores.

M. Redação

A partir das perguntas e proposições a seguir, escreva um ensaio de uma página.

1. Compare a visão de dois grupos diferentes, os estudantes brasileiros e os diplomatas de embaixada, sobre a chegada do homem à Lua.

2. Descreva a cena da incontinência: o que acontece com o embaixador? Por quê? Você sente pena dele? Qual, dentre os sequestradores, é menos simpático no trato com o embaixador?

3. Por que o embaixador diz a Fernando que o relacionamento que ele tem com seu alfaiate é o mais íntimo?

4. Qual é a atitude geral do embaixador em relação aos sequestradores? Ele fala português? Você acha isso significativo? O que ele tenta fazer para convencê-los a não o matarem? Quais são suas observações sobre os membros do grupo do sequestro?

5. Quem lava a camisa do embaixador? Por que ele acha isso comovente?

6. O que acontece no final do filme? Por que o grupo deixa o Embaixador Elbrick partir? Onde eles o deixam?

7. O que Maria acredita ser possível escutar numa música de Gilberto Gil? Por que isso é significativo para ela?

8. Para onde o grupo vai no final do filme? Por que eles conseguem sair do Brasil? O que foi feito, e por quem, para que a história tivesse esse desfecho?

N. Compararção com outros filmes

Depois de assistir a todos os filmes mencionados neste exercício, escreva um ensaio curto de um a três parágrafos sobre as seguintes perguntas:

1. O que há em comum entre *O Que é Isso, Companheiro?* e outros filmes da sessão Transição Política, ou dos filmes das outras sessões?

2. Em que diferem as reações dos jovens dos anos 60 em *O Que é Isso, Companheiro?* e a de Paco, em *Terra Estrangeira*, nos anos 1980, frente às mudanças políticas?

Atividades orais

A. Conversa

Em pares ou grupos de até quatro alunos, respondam às seguintes perguntas.

1. Como começa o filme? Qual é o retrato dos anos 60 no filme? Nas cenas de abertura, o que os estudantes estão cantando nas ruas? Como reage a polícia em relação à manifestação?

2. Que cartaz está na parede do quarto de Fernando? O que Fernando decide fazer em relação à situação política do país? O que seu amigo ator acha dessa decisão e por que ele não quer entrar na clandestinidade?

Para saber: A corrida espacial

♦ A corrida espacial entre a União Soviética e os Estados Unidos faz parte da Guerra Fria entre os dois arquirrivais e chamou a atenção do mundo inteiro, inclusive do Brasil.

♦ Um país tentou desenvolver seu programa espacial antes do outro, e, apesar de os soviéticos terem sido os primeiros a mandar animais ao espaço, os americanos foram mais bem sucedidos e seus astronautas conseguiram aterrissar na Lua.

3. O que simboliza a chegada do homem à Lua? O que alguns amigos de Fernando dizem sobre isso, zombando?

4. Como Fernando é levado ao grupo clandestino? Por que ele não pode ver o caminho que leva à casa dos "subversivos"?

5. O que Marcão diz aos jovens sobre o perigo de alguém conhecer previamente outra pessoa do grupo? Fernando conhece alguém? Ele diz alguma coisa a respeito? Por que ele opta por ficar calado?

6. O que acontece quando Maria entra na sala? Por que os estudantes não podem olhr para

---

Para saber: Manifestações nas ruas

♦ Estudantes universitários mostraram seu repúdio ao governo militar organizando muitas manifestações contra o regime nas ruas do Brasil. Entre os manifestantes, havia estudantes e cidadãos comuns que tinham a coragem de desrespeitar a lei.

♦ Nessas passeatas, as pessoas diziam palavras de ordem, como "O povo unido jamais será vencido" ("The people, united, will never be defeated"). Muitas manifestações acabavam em violência.

---

ela? Alguém desobedece à ordem? Quem? Há alguma repreensão por isso?

7. Onde o grupo pratica tiro ao alvo? Qual dos personagens é bom de mira? Quem do grupo não é?

8. Que crítica Fernando faz a Maria? Como ela encara isso? Qual é a reação dos outros?

9. Quanto ao momento do sequestro, qual é a primeira ação do grupo? Eles são bem sucedidos? O que acontece com Cesar? Qual é a reação de Marcão ao saber que Fernando conhece Cesar? O que significa ele dizer que quem está ali não tem mais um lar nem família?

10. Onde se passa o sonho de Elvira? Qual é a relação entre o sonho e o que acontece depois com seu marido?

Para saber: Grupos subversivos no Brasil

♦ Com o objetivo de combater o governo militar, alguns grupos de esquerda formaram células terroristas que roubavam bancos, sequestravam e matavam autoridades, e propagavam a desobediência civil.

♦ A partir de 1968, o governo instituiu leis como o AI-5 (Ato Institucional 5), que deu poderes absolutos ao regime, inclusive para fechar o Congresso Nacional e impor a censura às artes e a todos os meios de comunicação do país.

---

11. De que país era a bandeira da primeira limousine a passar pela rua pouco antes do sequestro? Há alguma ironia nisso?

12. Alguém assiste ao sequestro do embaixador? O que faz essa testemunha? Qual é a reação da polícia à sua chamada telefônica?

13. Quais eram as exigências do grupo para a entrega do embaixador? Quem escreve o texto? Onde o documento é colocado? Como o grupo sabe que ele foi recebido e como reage diante da confirmação?

14. Qual é a motivação dos jovens para ingressarem no grupo? Como você pode explicar isso? O que os amigos deles acham dessa decisão? Por que o ator, amigo de Fernando, não quer entrar no grupo militante? Qual é a intenção de Fernando ao insinuar que o amigo está numa "casa de boneca"?

Para saber: A ditadura e os prisioneiros políticos

♦ Muitos militares torturavam os prisioneiros políticos para conseguir confissões e informações.

♦ A tortura incluía choques elétricos, afogamento simulado e outros métodos dolorosos.

♦ Se os prisioneiros mencionassem qualquer informação sobre membros da família ou amigos, era certo que estes seriam detidos.

---

15. Qual é a reação da companheira de Henrique quando descobre que ele tortura os prisioneiros? Você acha que ela se sente bem com o que ele faz?

16. O que os militantes fazem que acaba por revelar seu esconderijo? Como a polícia confirma isso?

17. Que tipo de tortura os policiais adotam com os jovens no filme? Isto os leva a falar? O que significa "o mundo está de cabeça para baixo"?

18. Que erros comete o grupo e provocam a captura de seus membros? Esses erros podiam ser evitados?

19. O que acontece com cada um dos membros do grupo militante no final do filme? Todos sobrevivem? Qual é a situação de Maria?

20. Quando foi dada anistia aos exilados? Em que ano, após a revolução, foi eleito democraticamente um presidente da república no Brasil?

B. "Canto dos Críticos"

O "Canto dos Críticos" é um programa de televisão imaginário, produzido e apresentado durante a aula. Depois de cada filme, um grupo de três a quatro estudantes discute os temas mais importantes nele retratados e questiona se o filme deve ser assistido ou não pelo público. Um estudante deve usar uma câmera. Escolha dois críticos e um diretor para discutir o filme de hoje, *O Que é Isso, Companheiro?* Crie perguntas para o programa e depois discuta-as no ar. Peça a alguém para gravar a discussão.

C. Análise de uma cena (00:52 - 00:55)

Cena: Júlio compra comida no mercado da vizinhança. Ao invés de comprar mantimentos, ele compra grande quantidade de comida pronta e exibe um maço de dinheiro ao dono da mercearia.

Observe

1. O que Júlio mostra ao dono da mercearia?
2. O que o dono da mercearia faz depois que Júlio vai embora?
3. A polícia reage frente à informação, ou permanecce inerte, como quando a senhora os avisou durante o sequestro?

Escute

1. O que o jovem diz ao dono da mercearia?
2. Em que tom de voz Júlio diz que tem dinheiro?
3. O que o dono da mercearia responde a Júlio?

A cena na história

1. Como a cena analisada se relaciona com o resto da história?
2. Há uma ligação desta cena com outras ligadas à comida?

Atividade de leitura: Tortura

Antes de ler o artigo, considere as seguintes perguntas:

1. A tortura deveria ser legal em algum caso? Se você respondeu afirmativamente, diga em que circunstâncias.
2. Quais são os efeitos a longo prazo nos torturados, torturadores e na sociedade onde a tortura é praticada?

Modos e instrumentos de tortura (*Brasil, nunca mais*)

Dom Paulo Evaristo Arns

Reza o artigo 5º da Declaração Universal dos Direitos Humanos, assinada pelo Brasil: *Ninguém será submetido à tortura, nem a tratamento ou castigo cruel, desumano ou degradante.*

Em vinte anos de Regime Militar, este princípio foi ignorado pelas autoridades brasileiras. A pesquisa revelou quase uma centena de modos diferentes de tortura, mediante agressão física, pressão psicológica e utilização dos mais variados instrumentos, aplicados aos presos políticos brasileiros. A documentação processual recolhida revela com riqueza de detalhes essa ação criminosa exercida sob auspício do Estado. Os depoimentos aqui parcialmente transcritos demonstram os principais modos e instrumentos de tortura adotados pela repressão no Brasil.

O "pau-de-arara"

(...) O pau-de-arara consiste numa barra de ferro que é atravessada entre os punhos amarrados e a dobra do joelho, sendo o "conjunto" colocado entre duas mesas, ficando o corpo do torturado pendurado a cerca de 20 ou 30 cm. do solo. Este método quase nunca é utilizado isoladamente, seus "complementos" normais são eletrochoques, a palmatória e o afogamento. (...)[1]

(...) que o pau-de-arara era uma estrutura metálica, desmontável, (...) que era constituído de dois triângulos de tubo galvanizado em que um dos vértices possuía duas meias-luas em que eram apoiados e que, por sua vez, era introduzida debaixo, de seus joelhos e entre as suas mãos que eram amarradas e levadas até os joelhos; (...)[2]

O choque elétrico

(...) O eletrochoque é dado por um telefone de campanha do Exército que possuía dois fios longos que são ligados ao corpo, normalmente nas partes sexuais, além dos ouvidos, dentes, língua e dedos. (...)[3]

(...) que foi conduzido às dependências do DOI-CQDI, onde foi torturado nu, após tomar um banho pendurado no pau-de-arara, onde recebeu choques elétricos, através de um magneto, em seus órgãos genitais e por todo o corpo, (...) foi-lhe amarrado um dos terminais do magneto num dedo de seu pé e no seu pênis, onde recebeu descargas sucessivas, a ponto de cair no chão, (...)[4]

A "pimentinha" e dobradores de tensão

(...) havia uma máquina chamada "pimentinha", na linguagem dos torturadores, a qual era constituída de uma caixa de madeira; que no seu interior tinha uma imã permanente, no campo do qual girava um rotor combinado, de cujos terminais uma escova recolhia corrente elétrica que era conduzida através de fios que iam dar nos terminais que já descreveu; que essa máquina dava uma voltagem em torno de 100 volts e de grande corrente, ou seja, em torno de 10 amperes; que detalha essa máquina porque sabe que ela é a base do princípio fundamental: do princípio de geração de eletricidade; que essa máquina era extremamente perigosa porque a corrente elétrica aumentava em função da velocidade que se imprimia ao rotor através de uma manivela; que, em seguida, essa máquina era aplicada com uma velocidade muito rápida a uma parada repentina e corre um giro no sentido contrário, criando assim uma força contra eletromotriz; que elevava a voltagem dos terminais em seu dobro da voltagem inicial da máquina; (...)[5]

---

1   Augusto César Salles Galvão, estudante, 21 anos, Belo Horizonte; carta de próprio punho, 1070: BNM n° 150, V. 2°, p. 448 a 450.

2   José Milton Ferreira de Almeida, 31 anos, engenheiro, Rio; auto de qualificação e interrogatório, 1976: BNM n° 43, V. 2°, p. 421 a 430.

3   Idem, nota 1.

4   José Milton Ferreira de Almeida, id., BNM 43.

5   Ibid., BNM 43.

(...) um magneto cuja característica era produzir eletricidade de baixa voltagem e alta amperagem; que, essa máquina por estar condicionada em uma caixa vermelha recebia a denominação de "pimentinha"; (...)[6]

(...) que existiam duas outras máquinas que são conhecidas, na linguagem técnica da eletrônica, como dobradores de tensão, ou seja, a partir da alimentação de um circuito eletrônico por simples pilhas de rádio se pode conseguir voltagem de 500 ou 1000 volts, mas, com correntes elétricas pequenas, como ocorreu nos cinescópios de televisão, nas bobinas de carro; que essas máquinas possuíam três botões que correspondiam a três seções, fraca, média e forte, que eram acionadas individual ou em grupo, o que, nesta dada hipótese, somavam as voltagens das três seções; (...)[7]

(...) dobradores de tensão alimentados à pilha, que, ao contrário do magneto, produzem eletricidade de alta voltagem e baixa amperagem, como as dos cinescópios de TVs; que, esta máquina produzia faísca que queimava a pele e provocava choques violentos; (...)[8]

O "afogamento'

(...) O afogamento[1] é um dos "complementos" do pau-de-arara. Um pequeno tubo de borracha é introduzido na boca do torturado e passa a lançar água. (...)[9] (...), e teve introduzido em suas narinas, na boca, uma mangueira de água corrente, a qual era obrigado a respirar cada vez que recebia uma descarga de choques elétricos; (...,)[10] (...) afogamento por meio de uma toalha molhada na boca que constitui: quando já se está quase sem respirar, recebe um jato d'água nas narinas; (...)[11]

A "cadeira do dragão", de São Paulo

(...) sentou-se numa cadeira conhecida como cadeira do dragão, que é uma cadeira extremamente pesada, cujo assento é de zinco, e que na parte posterior tem uma proeminência para ser introduzido um dos terminais da máquina de choque chamado magneto; que, além disso, a cadeira apresentava uma travessa de madeira que empurrava as suas pernas para trás, de modo que a cada espasmo de descarga as suas pernas batessem na travessa citada, provocando ferimentos profundos; (...)[12] ❖

Arns, Dom Paulo Evaristo. "Modos e instrumentos de tortura." *Brasil nunca mais*. Arquidiocese de São Paulo, pp. 34-36.

❖   ❖   ❖   ❖

6   Gildásio Westin Cosenza, 28 anos, radiotécnico, Rio; auto de qualificação e interrogatório, 1975: BNM 684, V. 39°, p. 24 a 33.

7   José Milton Ferreira de Almeida, ibid.

8   Gildásio Westin Cosenza, id.

9   Idem, nota 1.

10   José Milton Ferreira de Almeida, ibid.

11   Leonardo Valentini, 22 anos, instrumentador metalúrgico, Rio; auto de qualificação e interrogatório, 1973: BNM 75, V. 5°, p. 1277.

12   José Milton Ferreira de Almeida, ibid.

Perguntas

1. O que é um "pau-de-arara"? Esta tortura aparece no filme?
2. Em que consistia o "afogamento"?
3. Em que cidade foi feita a "Cadeira-de-dragão"?
4. Quem usava os métodos de tortura? Quais são as suas idéias sobre a tortura?

8

Terra Estrangeira

Informação geral

Apresentação do filme

Paco mora em São Paulo com a mãe que costura para sustentar a família. A velha senhora sonha em levar o filho a San Sebastian, na Espanha, onde ela nasceu; para isto, aplica todas as suas economias numa caderneta de poupança. Porém, mais interessado em teatro do que em qualquer outra coisa, inclusive a faculdade, Paco passa a maior parte do seu tempo se preparando para um teste.

Quando a mãe de Paco assiste na TV ao anúncio de um novo plano econômico que congela as aplicaçõs bancárias e impede a população de retirar dinheiro dos bancos, ela morre. Ao chegar em casa e dar com a mãe sem vida, Paco fica desnorteado. No dia do teste, o rapaz esquece o texto que havia decorado. Agora acalentando o sonho de conhecer a terra natal de sua mãe, Paco envolve-se com o tráfico internacional de diamantes. Na primeira oportunidade, ele leva uma encomenda a Portugal, onde, sem saber em quem confiar ou para onde ir, ele tenta sobreviver num submundo de estrangeiros que estão procurando um lugar na sociedade.

Prêmios

✪ *Terra Estrangeira* ganhou o Prêmio Golden Rosa Camuna no Encontro de Filmes de Bergamo (1996), o Grand Prix no Festival de Cinema de Entreveus para Walter Salles e Daniela Thomas (1996), Prêmio Margarida de Prata no Brasil para Walter Salles e Daniela Thomas (1996), Prêmio da Associação de Críticos de Arte de São Paulo – Troféu APCA para Walter Salles, Daniela Thomas e João Emanuel Carneiro.

Diretores

Walter Salles nasceu em 12 de abril de 1956, no Rio de Janeiro. Filho do banqueiro Walter Moreira Salles, Walter Salles é conhecido no Brasil e no exterior pelos filmes *Central do Brasil* (1998), *Abril Despedaçado* (2001) e *Diários de Motocicleta* (2004), este sobre a juventude de Che Guevara.

Daniela Thomas nasceu em 1959 no Rio de Janeiro. Trabalhou como escritora e diretora nos filmes *Meia-noite* (1999) e *Abril Despedaçado* (2001).

Roteiristas

Marcos Bernstein nasceu em 17 de fevereiro de 1970, no Rio de Janeiro. Ele também escreveu os roteiros de *Central do Brasil* (1998), *Oriundi* (2000) e *O Xangô de Baker Street* (2001), entre outros.

Millôr Fernandes, consagrado escritor brasileiro, nasceu no dia 16 de agosto de 1924, no Rio de Janeiro. Também conhecido como Vão Gogo, escreveu diversos roteiros de cinema, entre eles *O Judeu* (1996) e *Esse Rio que eu amo* (1960).

Atores principais

Fernando Alves Pinto (Paco) nasceu em 6 de maio de 1969, em São Paulo. No cinema, trabalhou em longas e curta-metragens e em muitos seriados de televisão.

Alexandre Borges (Miguel) nasceu em fevereiro de 1966, em Santos, São Paulo. Atuou em *Zuzu Angel* (2006) e *Bossa Nova* (2000), entre outros filmes. Também é ator de teatro e televisão.

Laura Cardoso (Manuela) nasceu no dia 13 de setembro de 1927, em São Paulo. A atriz trabalhou em televisão e na tela grande por mais de seis décadas.

Tchécky Karyo (Kraft) nasceu em 4 de outubro de 1953, em Istambul, Turquia. Fez muitos filmes em francês, por ter sido criado na França.

João Lagarto (Pedro) nasceu em Portugal no dia 5 de outubro de 1954. Trabalhou em diversos seriados de televisão e nos filmes *Capitães de Abril* (2000) e *A Costa dos Murmúrios* (2004).

Luís Melo (Ígor) nasceu no dia 13 de novembro de 1957, em Curitiba, Paraná. Já trabalhou em muitos programas de televisão e tem uma carreira consistente no teatro.

Fernanda Torres (Alex) nasceu no dia 15 de setembro de 1965, no Rio de Janeiro. É casada com o diretor Andrucha Waddington e filha de Fernanda Montenegro. Atuou em *O Judeu* (1996), *O Que é Isso, Companheiro?* (1997) e *Casa de Areia* (2005). Fernanda também atua no teatro e na televisão, sempre em grandes papéis.

Vocabulário

Substantivos

escada *f* - stairs
mala *f* - suitcase
coragem *f* - courage
agulhas *f* - needles
quarto de hotel *m* - hotel room
rio *m* - river
saudade *f* - nostalgia, homesickness
arma *f* - weapon
entrega *f* - delivery
passaporte *m* - passport
preconceito *m* - prejudice

alfândega *f* - customs
bagagem *f* - luggage
lei de imigração *f* - immigration law
migração *f* - migration
migrante *m/f* - migrant
áreas afetadas pela guerra *f* - war-torn areas
refúgio *m* - refuge
sotaque *m* - accent
engano *m* - error
porta-malas do carro *m* - car trunk
leitores *m* - readers

pedras *f* - stones
brinquedo *m* - toy
ponte *f* - bridge
encomenda *f* - order
nanicos *m* - candidates not backed by the
    major parties, candidates from very small
    parties; small, "home-made" newspapers
    and magazines not commercially printed
    or distributed in order to avoid censorship.

marajás *m/f* - maharajas, civil service "fat
    cats", bureaucrats
descamisados *m* - the destitute; very poor
    people
petista *m/f* - PT (Partido dos Trabalhadores)
    supporter
desfecho *m* - the outcome, conclusion
mandato *m* - mandate
contas correntes *f* - bank accounts (checking)
arrojo *m* - boldness

Adjetivos

ácido(a) *m/f* - sour
fascinante *m/f* - fascinating
feio(a) *m/f* - ugly
interessante *m/f* - interesting
impressionante *m/f* - impressive
comprido(a) *m/f* - long
demitido(a) *m/f* - fired

preso(a) *m/f* - imprisoned
chateado(a) *m/f* - bored
azul marinho *m/f* - navy blue
guardado(a) *m/f* - kept
pautado(a) *m/f* - based on
refratário(a) *m/f* - impervious, difficult
bolinha *f* - polka dot

Verbos

acabar - to finish
perdoar - to forgive
enlouquecer - to go crazy
sumir - disappear
carregar - to carry
doer - to hurt, to ache
rir - to laugh
apaixonar-se - to fall in love
atirar - to shoot
disfarçar - to disguise

congelar - to freeze
encalhar - to run aground
entrar (ilegalmente) - to enter (illegally)
lembrar - to remember
atravessar - to cross
levar (à presidência) - took him (to the
    presidency)
lançar - released, introduced
fazer (cooper) - to go jogging

Expressões

porra - a piece of crap
cada dia - every day
pá - Portuguese interjection like "oh" or
    "dude"
grana - some money, "dough"
cara - guy (usually said by *cariocas* or
    Brazilians from Rio de Janeiro)
xotos - police
tô fora - I'm out of this
ir embora - go away
sair de casa - leave home
mal vestido - poorly dressed

em carne e osso - in the flesh
besteira - crap
morrer de cansaço - exhaust, die of fatigue
não aguenta mais - can't take it
de jeito nenhum - no way
preste atenção - pay attention
comer (alguém) - to have sex with (someone)
    (Brazilian slang)
gajo - a guy (a Continental Portuguese
    expression)
uma pena - a pity
capricho meu - my caprice, whim

tá fiche - it's OK (Portugal)
que foi? - what happened?
tô farto - I'm sick of this
deu tempo - there was time
dar azar - to be unlucky
se apagar - turn off
engano seu - you're wrong

(não ter) a menor condição - no conditions
calma - calm down
dá um tempo - give me a break
meter-se - get involved with
bater - beat up
aguentar - to stand, to withstand
uma porcaria - crap

Antes do filme

Leitura: O contexto

Quando o governo Collor, no dia seguinte ao da posse, retém as economias que a população havia guardado na poupança, muita gente fica na pior. Sem dinheiro, os planos das pessoas são colocados de lado e muitos sonhos não se realizarão, ao menos temporariamente. Sem horizontes no país, que atravessava uma grave crise econômica, muitos jovens tentam encontrar uma vida melhor no exterior, especialmente na antiga meca colonial: Portugal.

Escolhas pessoais e a economia

Responda às seguintes perguntas em grupo.

1. Você se lembra de alguma situação em que o governo do seu país fez uma mudança de moeda ou nos juros? Houve algum efeito sobre a sua família?

2. Vocês e sua família já pensaram em deixar o seu país para ir a outro lugar? Por quê?

3. É importante ter planos fiscais? É importante guardar dinheiro para o futuro? De que modo? Onde?

Depois do filme

Atividade escrita

A. Os personagens

Relacione o personagem à sua caraterização.

1.	_____ Alex	A.	dono de livraria, amigo de Alex
2.	_____ Paco	B.	contrabandeia diamantes em Portugal
3.	_____ Ígor	C.	estudante que perde a mãe
4.	_____ Pedro	D.	dá os diamantes ao homem cego

B. Ordem cronológica

Enumere as cenas na sequência em que elas aparecem no filme.

_____ A mãe de Paco morre.

_____ Paco e Alex fogem para a Espanha.

_____ Paco vê Miguel morto e pega o endereço de Alex.

_____ Paco chega ao hotel e vai à festa caboverdiana.

_____ Pessoas caminham sobre os diamantes.

_____ Paco faz o teste da peça de teatro.

_____ Kraft e Ígor correm atrás de Paco.

_____ Alex deixa o emprego no restaurante.

_____ Paco passa pela alfândega do aeroporto em São Paulo.

C. Verdadeira ou falsa

Determine se a frase é verdadeira ou falsa.

1. V F   Paco estuda história na universidade.
2. V F   Pedro dá um mapa para Alex.
3. V F   Alex é portuguesa do Minho
4. V F   O filme se passa na França.
5. V F   Paco transporta brilhantes para Portugal.
6. V F   A mãe de Paco é costureira.
7. V F   Os imigrantes africanos gostam dos brasileiros.
8. V F   Os portugueses tratam bem os brasileiros no filme.
9. V F   Paco e Alex se apaixonam.
10. V F   Alex dá os brilhantes a uma menina de rua.

D. Fotografia

Veja a foto e escolha a resposta mais adequada para descrevê-la.

1. Onde se passa esta cena?
   a. Numa festa.
   b. Numa praia.
   c. Numa casa de campo.
2. Em que momento se vê esta cena?
   a. No fim do filme.
   b. No meio do filme.
   c. No começo do filme.
3. Quem está na foto?
   a. Alex e Paco.
   b. Alex e Miguel.
   c. Alex e Pedro.
4. O que se vê ao fundo?
   a. Um caminhão.
   b. um carro
   c. um navio
5. O que acontece no filme depois desta cena?
   a. Os dois chegam à fronteira.
   b. Eles voltam a Lisboa.
   c. Eles encontram os diamantes.

E. Pequenas respostas

Veja a foto e escreva três ou quatro frases para cada uma das solicitações a seguir:

1. Descreva a foto.
2. Dê um título para a foto. A seguir, justifique sua escolha.
3. Descreva as emoções traduzidas na expressão dos personagens.
4. Crie um diálogo entre os dois personagens.

F. Una a fala ao personagem

Coloque a primeira letra do nome do personagem na lacuna à esquerda.

1. ____ "Me carregue para terras estrangeiras"   A. Paco
2. ____ "Não estou gostando nada dessa"   B. Alex
3. ____ "Talvez eu volte"   C. Ígor
4. ____ "Cabaret das colônias"   D. Pedro
5. ____ "Acho que é pouco"   E. Africano no hotel
6. ____ "A minha voz é uma ofensa"
7. ____ "Proibida a entrada de estranha"
8. ____ "Mandou lhe oferecer cumprimentos"

G. Diálogo

Escolha uma das opções entre parêntesis para criar um diálogo entre os personagens.

Alex: (Que foi?/A menor condição)

Paco: Eu (pisei/corri) numa agulha.

Alex: Você pode (bater/aguentar) a dor?

Paco: (Não aguento mais/Porcaria). Quero ir para o hospital.

Alex: (Calma/Meter-se). O que você vai fazer lá?

Paco: Você está (mal vestido/se apagar). Pelo menos troque a blusa.

Alex: Quero (os xotos/ir embora) agora mesmo. (Morrendo de cansaço/Tô farta) disso.

Paco: (Uma pena/Tá fiche). Eu te levo lá.

H. Relações entre os personagens

Veja o diagrama e descreva as relações entre os personagens em termos familiares, legais, emocionais e de qualquer outra maneira que você possa imaginar. Por exemplo, há tensão entre eles? No caso de haver triângulos, qual é o personagem dominante em cada um deles?

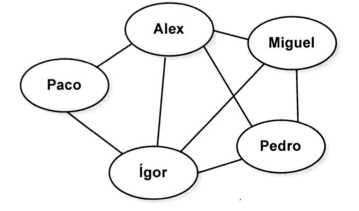

I. Vocabulário

Preencha as lacunas com as palavras da lista abaixo:

alfândega	passaporte	visto	porta-malas	ponte
cara	sotaque	fronteira	luzes	avião

1. Para entrar num país, é necessário ter um _____ permanente de estudante, trabalhador ou residente.

2. Para viajar, é necessário ter um _____ do seu país.

3. Quando alguém fala mais de uma língua, às vezes fica com _____ .

4. Eu sempre coloco minha bagagem no _____ do carro.

5. A _____ Rio-Niterói é muito conhecida, pois liga as duas maiores cidades do estado do Rio.

6. Um gajo em Portugal é um _____ no Rio de Janeiro.

7. Durante uma tempestade há muitas _____ que brilham no céu.

8. Entre dois países há uma _____ , mas na Europa de hoje em dia elas não funcionam como antes.

9. O _____ é o meio de transporte mais rápido.

10. Ao se chegar a um país novo, é necessário passar pela _____ .

J. Mapa

Você está fugindo de Lisboa para chegar na Espanha. Como há várias cidades portuguesas na fronteira com a Espanha, há opções de trajeto. Usando o mapa, escreva um ensaio descrevendo a sua fuga, a direção em que você vai, as cidades (pelo menos três) que você atravessa, onde você dorme e o que você come. Quantos quilômetros você correu em sua fuga?

K. O telefonema

No filme *Terra Estrangeira*, Paco liga de Lisboa para São Paulo para perguntar a Ígor o que fazer com a mala. O único número de telefone que ele tem não funciona. Em pares, simule um diálogo entre Paco e uma operadora internacional de telefonia, que lhe explica a situação.

L. Redação

A partir das perguntas e proposições a seguir, escreva um ensaio de uma página.

1. O aparelho de televisão é mostrado várias vezes no filme; por exemplo, os discursos dos políticos (o presidente e o ministro da economia) explicam os planos econômicos, é a estática, quando Paco encontra a mãe morta. O que a TV simboliza em *Terra Estrangeira*?

2. Como a nacionalidade é apresentada no filme? Qual é a nacionalidade de Alex? Depois de viver tanto tempo em Portugal, Alex perde sua brasilidade? Paco é brasileiro, português, espanhol ou basco? Como o título *Terra Estrangeira* se relaciona à odisséia de Paco e Alex em Portugal?

3. Você classificaria Paco de peixe fora d'água? Como ele se sente em Portugal? O que é similar entre o Brasil e Portugal? Podem um brasileiro ou um africano se integrar à sociedade portuguesa?

4. Como as questões raciais são apresentadas no filme? O que os africanos dizem sobre os brasileiros e sobre Paco quando ele tenta visitar o grupo africano? Lilo o protege quando os contrabandistas vão até o hotel?

5. Como a Europa é representada no filme? Como são as fronteiras entre Portugal e a Espanha? Como Alex e Paco veem a Espanha?

6. O que há dentro do violino? Quantas referências são feitas ao instrumento, além da cena com o violinista cego no final do filme?

7. Discuta o simbolismo do naufrágio no filme. O que isto significa em relação a Alex e Paco? O naufrágio também pode ser significante na relação entre Portugal e o Brasil?

8. Como o preconceito é abordado no filme? Há uma hierarquia social em Portugal? Onde, nessa hierarquia, ficam os africanos? E os brasileiros? Como eles são tratados pelos portugueses?

9. Discuta os triângulos amorosos do filme. Há um entre Miguel, Pedro e Alex? Entre Alex, Paco e Pedro? E entre Ígor, Alex e Paco?

10. O que simboliza a placa "Esperança" na rua onde Paco e sua mãe vivem?

M. Comparação com outros filmes

Escreva um ensaio comparando os filmes que constam neste livro.

1. Compare *Terra Estrangeira* com *O Que é Isso, Companheiro*. No que o relacionamento entre Alex e Paco é parecido com o relacionamento entre Maria e Fernando? As personagens femininas nos dois filmes mudam suas atitudes em relação aos personagens masculinos?

2. Como esses dois filmes abordam as questões socioeconômicas e políticas? No caso de *Terra Estrangeira*, brasileiros deixam seu país com esperanças de uma vida melhor. No

caso dos estudantes de *O Que é Isso, Companheiro?*, eles se juntam a uma organização terrorista. Discuta sobre o que leva os personagens a lutar ou a fugir.

Atividades orais

A. Conversa

Em pares ou grupos de até quatro alunos, respondam às seguintes perguntas.

1. Onde Paco e sua mãe vivem? De que classe social é a vizinhança deles? Como é possível concluir isso?

2. Como é o relacionamento entre mãe e filho? Como a mãe de Paco se sente com a possibilidade de ele a deixar? Como Paco se sente com a constante atenção da mãe?

3. O que Paco deveria estudar? O que ele estuda, na verdade? Qual é a reação de sua mãe quando o encontra lendo um livro que não tem nada a ver com o curso que ele está fazendo?

4. De onde é a mãe de Paco? Por que ela guarda dinheiro?

Para saber: Plano econômicos, Cruzado e Cruzeiro

♦ Depois do regime militar no Brasil, houve as eleições abertas e Fernando Collor de Mello ganhou.

♦ Uma de suas primeiras medidas foi promover o retorno do cruzeiro (unidade monetária), em substituição ao cruzado novo. Além disso, Collor confiscou e congelou as aplicações bancárias da população, limitando as retiradas a Cr$ 50.000,00 ($300).

♦ Milhões de pessoas ficaram em situação ruim, entre outros motivos porque muitos de seus planos tiveram que ser adiados.

---

5. O que aconteceu com a mudança da moeda brasileira? Como a mudança foi anunciada? Como o anúncio apareceu na televisão?

6. Como a mãe de Paco morre? Onde estava o rapaz quando ela morreu? Qual é a reação dele ao encontrar o corpo de mãe?

7. Como Paco organiza o funeral? Como paga pelo funeral? Como é o funeral? Onde o caixão é colocado?

8. O que Paco faz no apartamento depois do funeral? O que simboliza a água correndo sobre as fotografias?

Para saber: Diamantes de sangue

♦ Diamantes de sangue são aqueles originários das regiões mais problemáticas do mundo, principalmente da África.

♦ A ex-colônia portuguesa Angola é conhecida como um dos fornecedores desses diamantes ilegais.

♦ Muitos são contrabandeados para a Europa e vão para lugares como Amsterdã, Tel Aviv e Nova Iorque.

---

9. Como Paco conhece Ígor? Como Ígor convence Paco a ir para Lisboa? O que Ígor prepara para ele para que consiga viajar ilegalmente? No aeroporto, o que Ígor dá a Paco para ajudá-lo a passar pela imigração?

10. O que acontece a Paco quando chega a Lisboa? Para onde ele vai? O que deve fazer? Quem são as primeiras pessoas que ele encontra no hotel? Qual é a sua reação perante eles e deles em relação a Paco?

11. Quem é Miguel? O que ele toca no bar? Qual é a reação das pessoas à sua música? Alex ouve seu solo? O que Miguel diz a Alex quando ela chega lá?

12. Do que Alex tem medo? O que significa viver e morrer em uma terra estrangeira para ela? O que a diferencia dos outros personagens brasileiros em Lisboa?

13. O que Miguel faz com o dinheiro de Alex? O que faz com os diamantes de Ígor? Quanto ganha por eles? Onde os encontra?

14. Qual é a atitude do dono do hotel em relação aos africanos que vivem no terceiro andar? O que ele diz sobre os africanos? Há algum preconceito em sua fala?

15. Qual é a opinião do angolano Lilo sobre os brasileiros? Ele acha que são pacíficos e obedecem às leis ou que são perigosos? Por que, em sua opinião, ele pensa assim? Qual é a reação de Paco em relação às opiniões de Lilo? Como você pode explicar isso, levando em conta que naquele momento havia muita violência em Angola?

16. Quando Paco percebe que algo está indo mal? O que ele faz sobre isso? O que Lilo diz sobre o contrabando?

Para saber: A comunidade européia e suas antigas colônias

♦ Até 1975, Portugal tinha cinco colônias na África: Cabo Verde, Angola, Moçambique, Guiné Bissau e São Tomé e Príncipe.

♦ A independência das colônias africanas foi precedida por uma guerra longa e sangrenta, que provocou o fim da ditadura de Antonio de Oliveira Salazar.

♦ Depois da independência, milhares de pessoas das antigas colônias emigraram para Portugal, onde sofreram preconceito e dificuldade para achar emprego.

---

17. Por que Paco entra no edifício com a polícia ao seu redor? Quem ele vê no edifício? O que aconteceu com ele? O que encontra nas escadas?

18. O que Alex faz quando descobre que Miguel morreu? Aonde vai? Qual é o relacionamento entre Alex e Pedro? O que Pedro lhe dá?

19. Qual é a reação de Alex quando Paco vai até seu esconderijo? Paco sabe quem é ela? Há confusão? Por quê?

20. Para onde Alex leva Paco? Por que ela vai lá? Quem ela chama enquanto Paco está lá? Onde eles passam a noite? Descreva os sentimentos de um pelo outro. O que acontece de manhã? Como Alex trata Paco?

21. O que acontece no hotel em Lisboa quando Paco descobre que a mala com o violino foi levada? Quem ele acha que a levou? Para onde ele vai?

22. Qual é a reação de Alex quando Paco vai atrás dela na livraria? Ele consegue acreditar em Alex? Como ela justifica o que fez?

23. Para onde Paco e Alex decidem ir? Onde eles esperam ter problemas para cruzar a fronteira? O que Alex fez? Por qual cidade da fronteira eles acham melhor atravessar?

24. Descreva algumas das interações entre Alex e Paco no carro. O que Alex faz com a arma? O que muda no relacionamento deles enquanto se distanciam de Lisboa?

25. Onde Paco e Alex passam a noite? Quando acordam, o que eles veem na praia? Para onde Alex acha que eles devem ir?

26. O que acontece no restaurante em Boa Vista? Quem aparece? O que Paco faz com o francês? O que Alex faz com Ígor?

Para saber: O Fado

♦ Fado é um tipo de música portuguesa de origens mouras e africanas. A cantora de fado mais famosa do seculo XX foi Amália Rodrigues. Hoje em dia, Mariza, Misia e Cristina Branco são fadistas populares.

♦ Tocado numa guitarra portuguesa que se parece com um mandolim e com um violão clássico, o fado é cantado por homens e mulheres, dependendo do lugar onde é apresentado.

♦ Em Lisboa, o fado é geralmente cantado por mulheres, e as canções são sobre amor perdido. Em Coimbra, uma cidade universitária do Norte de Portugal, os fados são cantados por homens e versam sobre as saudades dos tempos de estudante.

---

27. No final do filme, onde Alex está dirigindo? Como está Paco? O que acontece com os diamantes na última cena? O que simboliza o músico cego tocando violino enquanto os diamantes são esmagados pelas pessoas que passam? Alguém nota o que está acontecendo?

B. Crie uma sinopse

Depois de ver o filme e discuti-lo na aula, siga as instruções abaixo e escreva uma pequena sinopse para encorajar outras pessoas a assisti-lo. Sinopses devem ser curtas e dar destaque aos momentos mais excitantes e marcantes do filme.

1. Selecione as cenas que você quer destacar.
2. Escreva algumas linhas descrevendo cada cena.
3. Coloque-as em sequência, de maneira que a leitura seja atrativa aos futuros espectadores.

C. "Canto dos Críticos"

O "Canto dos Críticos" é um programa de televisão imaginário, produzido e apresentado durante a aula. Depois de cada filme, um grupo de três a quatro estudantes discute os temas mais importantes nele retratados e questiona se o filme deve ser assistido ou não pelo público. Um estudante deve usar a câmera. Escolha dois críticos e um diretor para discutir o filme de hoje, *Terra Estrangeira*. Crie perguntas para o programa e depois, discuta-as no ar. Peça a alguém para gravar a discussão.

D. Análise de uma cena específia (58:50 - 1:06:12)

Cena: Paco e Alex no estádio ao ar livre. Alex caminha e diz a Paco que o próximo ônibus parte somente no dia seguinte. Os dois acabam dormindo juntos, com o pretexto de se aquecerem. Paco acorda sozinho e segue Alex até o ônibus, onde os dois se separam de modo frio e estranho.

Assista à cena e responda às perguntas.

Observe

1. O lugar onde se passa a cena está deserto ou cheio de pessoas? Como são os prédios?
2. Como Alex age em relação a Paco? Ela vai embora ou fica perto dele?
3. Onde eles dormem juntos? Eles têm contato íntimo? Como Alex trata Paco na manhã seguinte?

Escute

1. Além de Alex e Paco conversando, você consegue ouvir algum outro som na cena?
2. O que Alex diz a Paco sobre o lugar para onde ele deve ir depois de descer do ônibus? Que tom de conversa ela usa?
3. O que Paco responde a Alex?

A cena na história

1. Como a cena analisada se relaciona com o resto da história?
2. O que acontece em Lisboa paralelamente, enquanto a cena se desenrola?
3. Quando você descobre que Paco está sendo levado?

Comparação com outra cena

1. Compare a cena que você acaba de analisar com a cena final, na qual Alex e Paco passam a noite no carro, durante a viagem à Espanha. Nesta última, quem acorda e vê que está sozinho?
2. Compare a imagem do naufrágio com a das ruínas, numa cena anterior. Em sua opinião, qual delas é mais desoladora?

Atividade de leitura: O Impeachment de Fernando Collor de Mello

Antes de ler o artigo, considere as seguintes perguntas

1. No seu país já houve um impeachment? Quando? De quem?

2. Você acha que um presidente deve ser impugnado se o povo não gosta dele ou se ele cometeu algum crime?

❖   ❖   ❖   ❖

O Primeiro Impeachment

Em 1989, depois de 29 anos da eleição direta que levou Jânio Quadros à Presidência da República, o carioca Fernando Collor de Mello (lançado pelo pequeno PRN) foi eleito por pequena margem de votos (42,75% a 37,86%) sobre Luiz Inácio Lula da Silva (PT), em campanha que opôs dois modelos de atuação estatal: um pautado na redução do papel do Estado (Collor) e outro de forte presença do Estado na economia (Lula).

De fato, nas eleições que trouxeram o maior número de candidatos a presidente da história brasileira, além dos nanicos, os demais concorrentes tinham contornos ideológicos. De um lado, estavam candidatos de orientação esquerdista, de partidos formados a partir do MDB: Mário Covas (PSDB, fundado em 1988), Lula (PT), Ulysses Guimarães (PMDB), Roberto Freire (PCB) e Leonel Brizola (PDT). De outro, apresentavam-se candidatos de direita, de legendas saídas da antiga Arena: Paulo Maluf (PDS), Aureliano Chaves (PFL) e Guilherme Afif Domingos (PL). O empresário e apresentador Silvio Santos, a 15 dias do primeiro turno, também tentou entrar na disputa, pelo nanico PMB, mas foi impedido pela Justiça Eleitoral.

A campanha foi marcada pelo tom emocional adotado pelos candidatos e pelas críticas ao governo de José Sarney. Collor se autodenominou "caçador de marajás", que combateria a inflação e a corrupção, e "defensor dos descamisados". Lula, por sua vez, apresentava-se à população como entendedor dos problemas dos trabalhadores, notadamente por sua história no movimento sindical.

Ao final do segundo turno, três episódios negativos ao petista foram decisivos para o desfecho das eleições. O programa na TV de Collor trouxe Mirian Cordeiro dizendo que Lula, seu ex-marido, batia nela. Aliado a um discurso de que Lula traria insegurança por ter origem de esquerda, o empresariado mostrou-se refratário ao candidato do PT: o então presidente da Fiesp (Federação das Indústrias do Estado de São

Nome: Fernando Affonso Collor de Mello

Natural de: Rio de Janeiro

Gestão: 15.mar.1990 a 02.out.1992

Primeiro presidente civil eleito por voto direto desde 1960 no Brasil. Carioca, fez carreira política em Alagoas. Elegeu-se deputado federal pelo PDS (Partido Democrático Social), em 1982. Pelo PMDB (Partido do Movimento Democrático Brasileiro), foi eleito governador de Alagoas em 1986. Renunciou à Presidência da República em 2 de outubro de 1992 em meio à denúncias de esquemas de corrupção.

Paulo), Mário Amato, afirmou que se Lula vencesse 100 mil empresários deixariam o país. E, por fim, a edição feita pela Rede Globo do último debate da campanha favoreceu Collor.

Nos primeiros 15 dias de mandato, Collor lançou um pacote econômico que levou seu nome e bloqueou o dinheiro depositado nos bancos (poupança e contas correntes) de pessoas físicas e jurídicas (confisco). Entre as primeiras medidas para a economia havia uma reforma administrativa que extinguiu órgãos e empresas estatais e promoveu as primeiras privatizações, abertura do mercado brasileiro às importações, congelamento de preços e pré-fixação dos salários.

Embora inicialmente tenha reduzido a inflação, o plano trouxe a maior recessão da história brasileira, resultando no aumento do desemprego e nas quebras de empresas. Aliado ao plano, o presidente imprimia uma série de atitudes características de sua personalidade, que ficou conhecida como o "jeito Collor de governar".

Era comum assistir a exibições de Collor fazendo cooper, praticando esportes, dirigindo jato supersônico, subindo a rampa do Palácio do Planalto, comportamentos que exaltavam suposta jovialidade, arrojo, combatividade e modernidade. Todos expressos em sua notória frase "Tenho aquilo roxo".

Por trás do jeito Collor, montava-se um esquema de corrupção e tráfico de influência que veio à tona em seu terceiro ano de mandato.

Em maio de 1992, Pedro Collor concedeu entrevista na qual acusava o tesoureiro da campanha presidencial de seu irmão, o empresário Paulo César Farias, de articular um esquema de corrupção de tráfico de influência, loteamento de cargos públicos e cobrança de propina dentro do governo.

O chamado esquema PC teria como beneficiários integrantes do alto escalão do governo e o próprio presidente. No mês seguinte, o Congresso Nacional instalou uma CPI (Comissão Parlamentar de Inquérito) para investigar o caso. Durante o processo investigatório, personagens como Ana Accioly, secretária de Collor, e Francisco Eriberto, seu ex-motorista, prestaram depoimento à CPI confirmando as acusações e dando detalhes do esquema.

Um dos expedientes utilizados por PC era abrir contas "fantasmas" para realizar operações de transferência de dinheiro arrecadado com o pagamento de propina e desviado dos cofres públicos para as contas de Ana Accioly. Além disso, gastos da residência oficial de Collor, a Casa da Dinda, eram pagos com dinheiro de empresas de PC Farias.

Aprovado por 16 votos a 5, o relatório final da CPI constatou também que as contas de Collor e PC não foram incluídas no confisco de 1990. Foi pedido o impeachment do presidente.

Em agosto, durante os trabalhos da CPI, a população brasileira começou a sair às ruas para pedir o impeachment. Com cada vez mais adeptos, os protestos tiveram como protagonista a juventude, que pintava no rosto "Fora Collor", com um l verde e o outro amarelo, e "Impeachment Já": foi o movimento dos "caras-pintadas".

Em votação aberta, após tentativa de manobra do presidente para uma sessão secreta, os deputados votaram pela abertura de processo de impeachment de Collor. Foram 441 votos a favor (eram necessários 336), 38 contra, 23 ausências e uma abstenção.

Collor renunciou ao cargo, mas com o processo já aberto, teve seus direitos políticos cassados por oito anos, até 2000. ❖

Copyright © Folha Online. Todos os direitos reservados. É proibida a reprodução do conteúdo desta página em qualquer meio de comunicação, eletrônico ou impresso, sem autorização escrita da Folha Online.

Perguntas

1. Quais eram os principais candidatos e partidos em disputa nas eleições de 1989?
2. O que significava o "jeito Collor"?
3. O que o Presidente Collor fez para mostrar que tinha "aquilo roxo"?
4. O que o Presidente Collor fez nos primeiros 15 dias do mandato?
5. Que tipo de corrupção praticava Collor?
6. Quem era PC Farias?
7. O que fez Collor depois de ser acusado de tantas irregularidades?

9

O Testamento do Senhor Napumoceno

Informação geral

Apresentação do filme

O Senhor Napumoceno da Silva Araujo é uma figura muito conhecida em Mindelo, São Vicente. Quando morre, solteiro, muitos querem saber quem herdará sua vasta riqueza, construída em grande parte com o contrabando. O sobrinho de Napumoceno, Carlos, tem certeza de que será o beneficiário, após trabalhar anos para o tio na firma de importação dele. Mas quando o testamento é lido, Carlos e todos na ilha ficam surpresos ao saber que o discreto Napumoceno teve uma filha, agora mulher feita. Além do dinheiro, ele deixa para ela um diário, contendo detalhes de sua vida e da história da ilha.

Diretor

Francisco Manso nasceu em 28 de novembro de 1949, em Lisboa, Portugal. Ele dirigiu filmes como: *Terra Nova, Mar Velho* (1983), *A Epopéia dos Bacalhaus* (1984), *Nostalgia* (1995), *Clandestinos* (2000), *Dez Grãozinhos de Terra* (2000) e *A Ilha dos Escravos* (2006).

Roteirista

Mário Prata, a partir do romance de Germano de Almeida.

Prêmios

✪ Ganhou o Kikito (1997) por Melhor Ator da Competição Latina (Nelson Xavier), Melhor Filme e Melhor Roteiro – Festival de Gramado (1997).

Atores principais

Adriano Almeida (Armando) trabalhou em filmes como *Fintar o Destino* (1998).

Alexandre de Souza (Benoliel) trabalhou bastante na televisão. Foi o padre em *O Judeu* (1996) e atuou em *O Delfim* (2002).

Ana Firmino (Dona Rosa) nasceu no dia 17 de março de 1953, na Ilha do Sal, Cabo Verde, e atuou em *Fintar o Destino* (1998).

Cesária Évora (Arminda) nasceu em 27 de agosto de 1941. Conhecida como a "diva descalça" por sempre se apresentar sem sapatos, é a cantora que divulgou a morna – estilo musical de Cabo Verde – internacionalmente. Lançou muitos discos e também atuou no filme *Black Dju* (1996).

Chico Diaz (Carlos) nasceu em 16 de fevereiro de 1959, na Cidade do México, no México.

Nelson Xavier (Napumoceno) nasceu em 30 de agosto de 1941, em São Paulo, Brasil. Trabalhou em diversos programas de televisão e em filmes como *Os Fuzis* (1964), *Dona Flor e Seus Dois Maridos* (1976), *Gabriela, Cravo e Canela* (1983), *Moon Over Parador* (1988), *Chica do Rio* (2001) e *Narradores de Javé* (2003).

Maria Ceiça (Graça) nasceu em 18 de outubro de 1965, no Rio de Janeiro. Tem uma carreira extensa na televisão, em seriados como *Tocaia Grande*

(1995) e *Chiquinha Gonzaga* (1999) e em filmes como *Filhas do Vento* (2005) e *Se Eu Fosse Você* (2006).

Zezé Motta (Eduarda) nasceu no dia 27 de junho de 1944, em Campos dos Goitacases, Rio de Janeiro. Ela atuou em muitas produções de cinema e televisão. Seus papéis mais conhecidos na grande tela são: *Quilombo* (1984), *Tieta do Agreste* (1996), *Xica da Silva* (1996) e *Orfeu* (1999).

Milton Gonçalves (o Prefeito) é considerado um dos maiores atores brasileiros. Nasceu em 9 de dezembro de 1933, em Monte de Minas, Minas Gerais. Sua carreira como ator é muito extensa, e inclui programas, seriados e novelas da televisão. Entre os filmes, *Rainha Diaba* (1974) lhe rendeu os quatro principais prêmios brasileiros de Melhor Ator: Troféu Candango, Air France, Governador do Estado e Coruja de Ouro. Outros trabalhos de Milton são *Macunaíma* (1969), *O Beijo da Mulher Aranha* (1985), *O que é isso, Companheiro* (1997), *Orfeu* (1999) e *A Ilha dos Escravos* (2006).

Francisco de Assis (Fonseca) trabalhou bastante na televisão e em filmes como *A Ilha dos Escravos* (2006).

Karla Leal (Adélia)

Camacho Costa (Paiva) nasceu em 8 de junho de 1946, em Odemira, Portugal, e morreu em 2003 em Lisboa. Trabalhou bastante na televisão.

Vocabulário

Substantivos

testamento *m* - will
coração *m* - heart
enterro *m* - funeral
lamento *m* - lament
cal *f* - limestone
multidão *f* - crowd
benfeitor(a) *m/f* - benefactor
vereador(a) *m/f* - councilor
ilha *f* - island
empregada *f* - maid
pensão *f* - pension
importação *f* - import

exportação *f* - export
barco *m* - ship
votos *m* - votes; wishes
alfândega *f* - customs
ladrão *m* - thief
cachimbo *m* - pipe
guarda chuva/guarda sol *m* - umbrella
parente *m/f* - relative
alto-falante *m* - loudspeaker
reconhecimento *m* - recognition
fruto do caso *m* - the result of an affair (a baby)

política *f* - politics
livro de memórias *m* - book of memoirs
inferno *m* - hell
cave *f* - basement
herdeiro(a) *m/f* - heir, heiress
despedida *f* - farewell
parabéns *m* - congratulations
testemunha *f* - witness
fundamento *m* - foundation
secretária *f* - desk
repartição *f* - department
contrabando *m* - contraband
aborto *m* - abortion
despacho *m* - resolution
erro *m* - error
lembrança *f* - memory
companheira *f* - partner
nota *f* - note
falecido *m* - deceased

armazém *m* - grocery store
reza *f* - prayer
brinde *m* - toast
inaugural *m* - inaugural
bolo rei *m* - "king cake" is a cake made of
    fruit and nuts, served during Christmas
    in Portugal and its former colonies.
bem-estar *m* - well-being
estimulação *f* - stimulation
besta *f* - pedant, fool
chuva *f* - rain
sol *m* - sun
morna *f* - type of Cape Verdean music
fita *f* - tape
carro *m* - car
estupidez *f* - stupidity
corno *m* - cuckold, man cheated upon
interrupção *f* - interruption
luto *m* - mourning

Adjetivos

comprometido(a) *m/f* - committed
notório(a) *m/f* - notorious
magnífico(a) *m/f* - magnificent
amargo(a) *m/f* - bitter
entupido(a) *m/f* - blocked
universal *m/f* - universal

impressionante *m/f* - impressive
preocupado(a) *m/f* - worried
irreparável *m/f* - irreparable
exagerado(a) *m/f* - exaggerated
indigno(a) *m/f* - unworthy
grávida *f* - pregnant

Verbos

arranjar - to arrange
devastar - to devastate
fornecer - to supply
exigir - to demand
percorrer - to travel across or through
chover - to rain

cantar - to sing
seguir - to follow
ensaiar - to rehearse
espremer - to squeeze
desconfiar - to suspect

Expressões

que raio! - what the heck
correr o risco - take a risk
pelo contrário - on the contrary
cretcheu - loved one, my passion (Cape
    Verdean crioulo)
sodade - nostalgia (Cape Verdean crioulo, for
    Portuguese *saudade*)

meu Deus - my God
meus pêsames - my condolences
caiu do céu - out of nowhere
a festa acaba - party's over
não tem confiança - don't trust
ligeiramente grávida - a little pregnant
entregar em mãos - hand delivered

Antes do filme

Leitura: O contexto

O Testamento do Senhor Napumoceno conta a trajetória de um homem que passou sua vida em Cabo Verde, e também aborda importantes eventos da história de então colônia portuguesa mencionados nas memórias que ele deixa para a filha. As memórias descrevem a época em que Cabo Verde era controlado por Portugal, sua luta pela independência e o fim do controle europeu, que aconteceu efetivamente em 1975.

Depois do filme

Atividade escrita

A. Os personagens

Relacione o personagem à sua caracterização/definição.

1. _____	Graça	A. cantora
2. _____	Senhor Napumoceno	B. filha do Senhor Napumoceno
3. _____	Eduarda	C. sobrinho do Senhor Napumoceno
4. _____	Arminda	D. cunhada de Benoliel que vive em Boston
5. _____	Benoliel	E. faz uma fortuna vendendo guarda-chuvas
6. _____	Carlos	F. empregada que esconde cartas
7. _____	Adélia	G. o grande amor de Napumoceno
8. _____	Dona Jóia	H. vende cal a Napumoceno

B. Ordem cronológica

Enumere as cenas na ordem em que elas aparecem no filme.

_____ Graça descobre que herdou o dinheiro do Senhor Napumoceno.

_____ Napumoceno conhece Adélia no porto.

_____ Napumoceno vai à Boavista para encontrar Benoliel.

_____ Começa a chover na ilha.

_____ Napumoceno chega a Mindelo aos 15 anos.

_____ Arminda (Cesária Évora) canta "Mar Azul".

_____ O médico diz que Napumoceno tem uma doença venérea.

_____ Napumoceno entra na política como vereador.

_____ Carlos deixa um recado na secretária eletrônica.

_____ Carlos ensina Napumoceno a dirigir o carro.

_____ A ceia de Natal com a família Sousa.

C. Verdadeira ou falsa

Determine se a frase é verdadeira ou falsa.

1. V   F   Graça sempre gostou do pai, mesmo sem saber que eles eram parentes.
2. V   F   O time de futebol "Sporting" ganha quando Senhor Napumoceno
             está com sua empregada.
3. V   F   Senhor Napumoceno nunca se casou.
4. V   F   Napumoceno é da ilha de São Nicolau.
5. V   F   Carlos sabe quem é Abraham Lincoln.
6. V   F   O último amor de Napumoceno foi uma senhora de Boston.
7. V   F   A empregada guardou todas as cartas que Napumoceno recebeu porque
             tinha ciúmes dele.
8. V   F   Napumoceno fez uma fortuna com o contrabando.
9. V   F   A mãe de Graça queria morar na casa deixada pelo pai da sua filha.
10. V   F   Napumoceno visitou os Estados Unidos.

D. Fotografia

Veja a foto e escolha respostas mais adequadas para descrevê-la:

1. Quem está na foto?
   a. Napumoceno e Carlos.
   b. Napumoceno e Graça.
   c. Napumoceno e Adélia.
2. Quando se passa esta cena?
   a. No começo do filme.
   b. No meio do filme.
   c. No fim do filme.
3. O que os personagens estão fazendo?
   a. Eles conversam.
   b. Eles estão se beijando.
   c. Eles discutem.
4. Qual é a expressão revelada pela
   personagem cujo rosto podemos
   ver?
   a. Ela está contente.
   b. Ela parece preocupada.
   c. Ela está triste.
5. O que passa depois desta cena?
   a. A mulher sai da vida de
      Napumoceno.
   b. Os dois se casam.
   c. Os dois vão a um restaurante.

E. Pequenas respostas

Veja a foto e escreva três ou quatro frases para cada uma das solicitações a seguir:

1. Crie um diálogo entre os dois personagens que aparecem nesta foto.
2. Em que está pensando a mulher?
3. No filme, o que eles fazem antes da cena retratada nesta foto?

F. Relações entre os personagens

Veja o diagrama e descreva as relações entre os personagens em termos familiares, legais, emocionais, e qualquer outra maneira que você possa imaginar. Por exemplo, há tensão entre eles? No caso de haver triângulos, qual é o personagem dominante em cada um deles?

G. Vocabulário

Preencha as lacunas com as palavras da lista abaixo:

fita	brinde	aborto	morna	cal
bolo rei	contrabando	erro	inaugural	luto

1. No jantar fizeram um _____ para celebrar o negócio.
2. Cesária Évora cantou uma _____ no filme.
3. O _____ era para o deputado.
4. O _____ foi a sobremesa servida após o jantar.
5. O Senhor Napumoceno fez muito dinheiro com _____ .
6. Ele também quis que a mulher fizesse um _____ quando soube que ela estava grávida.
7. A _____ incluída no diário explicou a vida de Napumoceno.
8. Paiva cometeu um grande _____ no pedido de guarda-chuvas.
9. Napumoceno comprou _____ para reconstruir a ilha depois das chuvas.
10. Depois da morte de Napumoceno, Mindelo ficou de _____ oficial.

H. Crie uma sinopse

Depois de ver o filme e discuti-lo na aula, siga as instruções abaixo e escreva uma sinopse para encorajar outras pessoas a assisti-lo. Sinopses devem ser curtas e dar destaque aos momentos mais excitantes e marcantes do filme. Como você escreveria uma sinopse para *O Testamento do Senhor Napumoceno*?

1. Selecione as cenas que você quer destacar.

2. Escreva algumas linhas descrevendo cada cena que você destacou.

3. Coloque-as em sequência, de maneira que a leitura seja atrativa aos futuros espectadores.

Algumas dicas: primeiro faça uma descrição visual: quem está na cena? O que os personagens estão fazendo? Pense em como a cena se relaciona com o filme. Depois use os diálogos para destacar elementos importantes da trama. Pense no humor e nas frases de efeito utilizados.

I. Expressões

Escolhe a expressão mais adequada para preencher a lacuna.

1. Os imigrantes dizem que têm muitas _____ das ilhas de Cabo Verde.
   a. lembranças
   b. *sodades*
   c. amores
   d. esquecimentos

2. Quando souberam que Senhor Napumoceno faleceu, seus amigos deram _____ a Carlos.
   a. parabéns
   b. feliz aniversário
   c. seus pêsames
   d. pelo contrário

3. O Senhor Napumoceno tinha pelo menos dois _____ em sua vida, um que o abandonou, deixando-o muito triste até o fim da vida.
   a. amigos
   b. filhos
   c. irmãos
   d. *cretcheus*

4. Quando soube o resultado do seu caso com a empregada, Napumoceno perguntou se ela estava só _____ .
   a. ligeiramente grávida
   b. doente
   c. feliz
   d. triste

5. O Senhor Napumoceno _____ de pegar uma doença da artista do Senegal por não a ter conhecido antes.
   a. que raio
   b. cair do céu
   c. meu Deus
   d. correu o risco

J. Palavras cruzadas

Ponha a palavra certa nos espaços.

Vertical	Horizontal
1. mesa	A. recebeu muito dinheiro
2. navio	B. viu algo ou alguém
3. feito para fumar	C. cantado num aniversário
4. apertar	D. água que cai das nuvens
5. tá chau	E. documento escrito antes de morrer
6. infame	F. não acreditar em
7. morto	G. forma de transporte
8. música caboverdiana	H. sobremesa de Natal
9. global	

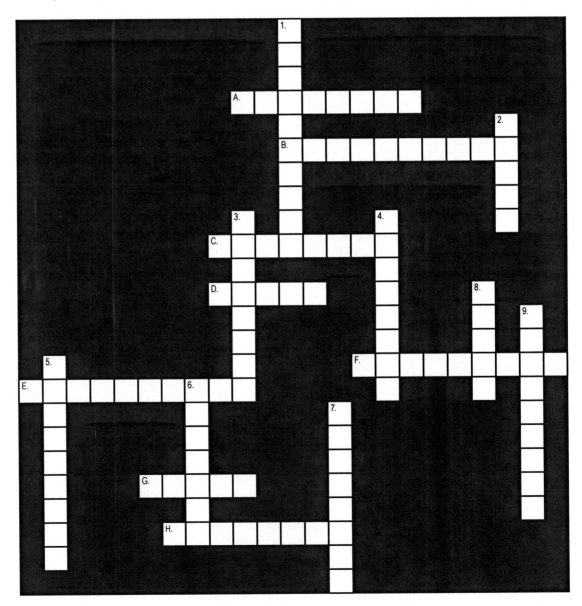

K. Redação

A partir das perguntas e proposições a seguir, escreva um ensaio de uma página.

1. Descreva a rotina de Napumoceno no escritório. Qual é a primeira coisa que ele faz, ao chegar lá? De onde é sua mesa e quando ele a compra? Atrás da mesa, havia três quadros: 1) Uma reprodução da Mona Lisa, 2) o dono do negócio e 3) o retrato de Abraham Lincoln, o lenhador humilde que se tornou presidente. Por que ele tinha esses três quadros? Por que a Mona Lisa?

2. O que Carlos faz quando ouve que seu tio está morto?

3. Por que os outros homens de negócio de Cabo Verde o chamam de ladrão?

4. Germano Almeida, o autor do livro no qual o filme é baseado, é um advogado. Você ouve muitos termos legais nesse filme? Quais?

5. Que jogo de futebol está sendo transmitido pelo rádio quando Napumoceno nota que a empregada está à sua frente? O que ele faz com ela? Onde eles fazem isso? Ela parece gostar?

6. Descreva o problema de fala do sobrinho. Qual é o nome da ilha de onde Napumoceno vem e como seu sobrinho a pronuncia? Por que isso é importante em relação ao fato de ele ser deserdado?

7. Como Graça muda depois de receber o dinheiro? Descreva suas roupas seu comportamento.

8. Cabo Verde tornou-se independente em 1975. Como a independência é retratada no filme?

9. A última e mais nova mulher de Napumoceno, Adélia, parece ter causado o maior impacto nele. Será que isso aconteceu porque ele sabia que não podia tê-la por ela já ter em outro relacionamento? Ou ela era uma personagem fictícia, já que ninguém a conheceu?

10. Imagine que você recebeu uma grande herança de um parente falecido. O que faria com o dinheiro? O que você compraria? Escreva sobre sua herança.

11. Escreva suas memórias, destacando os momentos mais importantes de sua vida. Inclua também os pontos baixos.

L. Comparação com outros filmes

Escreva um ensaio de uma página comparando os filmes mencionados no livro.

1. Compare *O Testamento Senhor do Napumoceno* com *Eu Tu Eles* e *Dona Flor e Seus Dois Maridos*. Como são os relacionamentos entre homens e mulheres nos dois filmes?

2. Como as questões políticas e socioeconômicas são apresentadas nos diferentes filmes abordados neste livro? No caso de *Terra Estrangeira*, os brasileiros deixam seu país em busca de uma vida melhor. No caso dos estudantes de *O que é isso, Companheiro?*, eles entram numa organização terrorista. Por que alguns personagens preferem lutar, outros fugir e outros ficar para viver no sistema?

3. Cabo Verde é uma terra de secas, assim como o sertão do Brasil. O que há em comum aos dois lugares diante de um clima extremo?

4. Em *O Testamento do Senhor Napumoceno* e em *Dona Flor e Seus Dois Maridos* os personagens moram em "comunidades pequenas", onde todos conhecem o que se passa na vida de sues habitantes. Escreva sobre essa intimidade entre vizinhos, que existe em lugares tão distantes quanto Mindelo e Salvador.

Atividades orais

A. Conversa

Discutam as seguintes perguntas em grupos de dois ou três alunos.

1. Quando o Senhor Napumoceno morre, qual é a reação das pessoas da ilha? As mulheres agem de maneira diferente da dos homens? Por que a mãe de Graça fica tão inconsolável?

2. Que canção Napumoceno queria que fosse tocada em seu funeral? Por que o líder da banda não quer tocar a música indicada no testamento? Que canção é tradicionalmente tocada? Como o sobrinho a pronuncia? Quem descobre que música é?

3. Por que a empregada (a mãe) não contou à sua filha (Graça) quem era o pai dela? O que Napumoceno deu a ela durante todos aqueles anos?

4. Quem herdou a maior parte do dinheiro de Napumoceno? Como essa pessoa descobre que será a grande herdeira? Quem achou que herdaria toda a riqueza?

5. Napumoceno tinha um relacionamento com essa pessoa? Por quê? Por que não? O que o pretenso herdeiro achava de Napumoceno antes de descobrir quem ele era? Por quê?

Para saber: Cabo Verde

♦ Cabo Verde é um arquipélago de nove ilhas, desabitado até a chegada dos portugueses em 1456.

♦ Situado perto da costa oeste da África, Cabo Verde foi ocupado pelos portugueses e por africanos trazidos para o trabalho escravo.

♦ No século XVIII, Cabo Verde foi usado como colônia penal.

♦ O contato entre europeus e africanos criou, depois de anos, uma língua chamada crioulo, assim como uma mistura de etnias.

♦ Hoje em dia, há muitos caboverdianos morando nos Estados Unidos, na Holanda e na França

---

6. Como o sobrinho reage ao descobrir que não recebeu a herança? Você sente pena dele pelo fato de ele ser deserdado?

7. Aonde Graça vai viver depois de receber a herança? Por que sua mãe não se mudou para a casa grande com a filha? Por que Graça manda sua mãe para os Estados Unidos para visitar a irmã, apesar de ela se sentir sozinha?

8. O que Graça faz com os diários e as fitas de seu pai? Qual é sua reação sobre o que ele diz sobre ela e sua vida?

9. Descreva os primeiros anos de Napumoceno na ilha. De onde ele veio? Com quem ele entrou em contato? O que ele traz a esse homem de presente? Esse homem lhe retribui com o quê?

10. Em que tipo de negócio Napumoceno entra? Ele é bom nisso? Quando ele se torna independente dos outros donos da empresa? O que eles acham disso? Como Napumoceno chama seus empregados quando entra no escritório?

11. O que acontece entre Napumoceno e a cantora de Dakar? O que ele dá a ela? O que ela dá a ele? O que o doutor conta a Napumoceno que ele tem?

12. Que erro de envio de guarda-chuvas faz Napumoceno ganhar uma fortuna? Quem é responsável pelo erro?

13. O que acontece com a ilha depois que todos os guarda-chuvas chegam? Quem rezou pela chegada da chuva? A chuva é boa para todos?

14. O que Napumoceno consegue para ajudar os pobres que perderam suas casas na tormenta? Onde ele vai pegar isso? Quem vive lá? Quem ele encontra na casa de Benoliel? De onde ela é?

Para saber — A morna

♦ Numa cena do filme, a cantora Cesária Évora canta uma morna, "Mar Azul".

♦ A morna é um tipo de música associada a Cabo Verde. Devido à temática da *sodade* (saudade) e à sonoridade, alguns dizem que as raízes da morna estão na mistura do fado português, do tango argentino e do lamento angolano.

♦ Os instrumentos tocados numa morna são: a sanfona, o cavaquinho, a clarineta, o violino, o piano e o violão.

♦ Em razão da popularidade de Cesária Évora nos anos de 1990, as mornas são hoje escutadas no mundo inteiro em lugares como cafés e concertos. Em Portugal, algumas bandas de rock como Os Tubarões, a popularizaram e ajudaram a tornar famosos Tito Paris, Ildo Lobo, Lura, Teofilo Chantre e Maria de Barros.

♦ Na atualidade, a morna é classificada como "world music" e se misturou com outros estilos, como o samba, o rock, o zouk e o hip hop. Uma combinação interessante é chamada de cabo Zouk.

♦ Cesária Évora foi a segunda cantora a cantar morna. Ela canta sempre descalça. Mais informação sobre essa artista: http: //www.caboverde.com/evora/evora.htm

---

15. Napumoceno pensa em ir para Boston? Por que ele não vai? Dona Jóia mantém contato com ele? Por que Dona Eduarda não dá a Napumoceno as cartas dela?

16. Napumoceno concorre a que cargo político? Ele é bem sucedido nisso? Por que o deixa?

17. Quem ensinou Napumoceno a dirigir? Ele teve problemas com o quê?

18. Com o passar dos anos, como o relacionamento entre Napumoceno e seu sobrinho se desenvolve? A final de contas, por que ele não deixa nada para Carlos?

19. Como a situação política em Cabo Verde muda perto do final da colonização portuguesa? O que Napumoceno acha dessas mudanças? Ele continua interessado na política?

Para saber — Amílcar Cabral

♦ Em 1956, o Partido Africano pela Independência de Guiné Bissau e Cabo Verde (PAIGC) foi fundado, em parte por Amílcar Cabral, filho de cabo-verdianos.

♦ Cabral foi uma figura importante na história de Cabo Verde e liderou cabo-verdianos e guineanos na luta contra os portugueses na Guerra Colonial.

♦ Cabral foi assassinado em 1973 pela polícia secreta portuguesa, a PIDE, e dois anos depois, em 1975, Cabo Verde se tornou independente.

20. Descreva o último relacionamento de Napumoceno. Adélia foi o amor de sua vida? O que acontece quando ela o deixa? Ele morre de desilusão amorosa?

21. Como o relacionamento entre a herdeira e Carlos se desenvolve? Ela confia nele? O que Eduarda e os amigos de Napumoceno o dizem sobre ele?

22. O que Graça tenta fazer depois de ouvir a história da vida de seu pai? Por que é importante para ela entrar em contato com todos os seus antigos amores? Ela encontra Adélia? Que livro ele queria dar para Adélia? Com quem está esse livro? O que o Senhor da Silva diz no final de sua vida sobre o amor?

B. "Canto dos Críticos"

O "Canto dos Críticos" é um programa de televisão imaginário, produzido e apresentado durante a aula. Depois de cada filme, um grupo de três a quatro estudantes discute os temas mais importantes nele retratados e questiona se o filme deve ser assistido ou não pelo público. Um estudante deve usar a câmera. Escolha dois críticos e um diretor para discutir o filme de hoje, *O Testamento do Senhor Napumoceno*. Crie perguntas para o programa e depois discuta-as no ar. Peça a alguém para gravar a discussão.

C. Análise de uma cena específica (48:18 - 54:09)

Cena: Os guarda-chuvas em Mindelo

Assista à cena e responda às perguntas.

Observe

1. Como Napumoceno calcula o número de guarda-chuvas?
2. Quem faz a ordem? Qual é o número que essa pessoa escreve no pedido?
3. Qual é a reação de Napumoceno ao ver as caixas de guarda-chuvas?
4. O que ele faz com o seu assistente?

Escute

1. O que Napumoceno diz ao Paiva?
2. Paiva lê de volta o pedido?
3. O que Napumoceno diz quando vê tantos guarda-chuvas?

A cena na história

1. Por que esta cena é tão importante na história?
2. Napumoceno ficou rico por acaso?
3. Como foi que a chuva ajudou a tornar Napumoceno um político?

Capitães de Abril

10

Informação geral

Apresentação do filme

Capitão Maia é um jovem militar que faz parte do Movimento das Forças Armadas, formado por um grupo que pretende dar um golpe de Estado no dia 25 de abril de 1974, para libertar Portugal de décadas de fascimo. Depois de ter lutado na Guerra Colonial, Maia não quer voltar à África para fazer atrocidades nem ver os seus colegas mortos. Com a ajuda de alguns amigos, Maia deve mostrar juízo e coragem ao tomar decisões que afetarão o país e mudarão sua história.

Diretor

Maria Medeiros nasceu no dia 19 de agosto de 1965, em Lisboa. Com uma carreira internacional, ela trabalhou em *Henry & June* (1990) e *Pulp Fiction* (1994).

Atores principais

Stefano Accorsi (Maia) nasceu em Bologna, Itália, em 1971. Além de *Capitães de Abril* (2000), ele trabalhou em várias produções francesas e italianas.

Joaquim de Almeida (Gervásio) nasceu em Lisboa, em 15 de março de 1957. Almeida é um dos atores portugueses mais conhecidos internacionalmente. Ele apareceu em muitas produções internacionais, inclusive nos Estados Unidos em programas de televisão (*24* e *The West Wing*) e cinema (*Call Girl* (2007) e *The Death and Life of Bobby Z* (2008).

Frédéric Pierot (Manuel) nasceu no dia 17 de setembro de 1960, em Boulogne, França. Ele atuou em muitos filmes franceses como *Il y a Longtemps que T'aime* (2008), *Les Fourmisrouges* (2007) e *Très Bien, Merci* (2007).

Fele Martínez (Lobão) nasceu no dia 22 de fevereiro de 1975. Atuou em *El Asesino del Parking* (2000), *Utopia* (2003) e *Tu la llevas* (2004).

Maria Medeiros (Antónia) também diretora do filme.

Manuel Manquiña (Gabriel) nasceu em 2 de agosto de 1953, em Vigo, Espanha. Atuou em *Gente Pez* (2001), *Cosa de Brujas* (2003) e *Entre Viver y Soñar* (2004).

Vocabulário

Substantivos

solução *f* - solution
explosivo *m* - explosive
canivete *m* - switch blade, knife
militantes *m/f* - militants
virtude *f* - virtue
solução *f* - solution
espancada *f* - hit, punch
ocupação *f* - occupation
provas *f* - proof

ambição *f* - ambition
avaria *f* - break down
brigadeiro *m* - general
vitória *f* - victory
pequeno almoço *m* - breakfast (Portugal)
imprensa *f* - press
golpe de Estado *m* - coup d'etat
material *m* - equipment
represália *f* - reprisal

Adjetivos

extraordinário(a) *m/f* - extraordinary
doloroso(a) *m/f* - painful
analfabeto(a) *m/f* - illiterate

frágil *m/f* - fragile
discreto(a) *m/f* - discreet

Verbos

desistir - to back off, to desist
obedecer - to obey
aguentar - to put up with, to stand, to bear
resistir - to resist

prender - to arrest
apanhar de - to take a beating from
despachar - to send
confessar - to confess

Expressões

quanto tempo - it's been a long time
daqui a pouco - in a little while
boleia - hitch a ride
contar em - to trust, have faith in
porreiro - great
tudo em ordem - everything in order
tem calma - calm down

mãos ao ar - hands in the air
tem que ser - it has to be
fazer as pazes - make peace
venha cá - come here
perdão - I'm sorry
o mais rápido possível - as soon as possible

Antes do filme

Leitura: O contexto

Portugal viveu por quase cinco décadas sob uma ditadura (chamada Estado Novo), regime que foi instalado em 1926 por um golpe de Estado contra a Primeira República Portuguesa (1910-1926). Naquela época de muita instabilidade política e econômica, António de Oliveira Salazar, então um jovem professor de Economia, tornou-se o Ministro da Economia. Após obter êxito e debelar a crise, em 1932, Salazar tornou-se Primeiro Ministro, cargo que ocupou até 1968. O governo de Salazar foi apoiado pela extrema direita, pela Igreja Católica e por outros segmentos da população, contrários à formação de sindicatos e aos esquerdistas. Para se manter no poder, o Estado Novo tinha uma polícia secreta que espionava a população, apoiava a colonização da África e encorajava a agricultura. Nos anos de 1960 e 1970, havia mais descontentamento com o Estado Novo em razão da Guerra Colonial na África, e em 25 de abril, o Movimento das Forças Armadas, liderado em grande parte por capitães, majores e tenentes, conseguiu pôr fim à ditadura e despachar para o exílio Marcelo Caetano, o líder que havia sucedido Salazar em 1968.

O Estado Novo e António de Oliveira Salazar

Responda às seguintes perguntas em grupo.

1. Quem foi António de Oliveira Salazar? Como ele entrou na política?

2. Como se chamava o regime de Salazar? Quem o apoiava?

3. Quanto tempo durou o Estado Novo? Em sua opinião, para uma ditadura durar tanto tempo, é importante haver muita gente que a apoie ou é possível continuar no poder apenas pela força de militares e a coação da polícia secreta?

Depois do filme

Atividade escrita

A. Os personagens

Relacione o personagem à sua caracterização.

1. ____	Gabriel	A.	filha de Antónia
2. ____	Antónia	B.	fotógrafo
3. ____	Maia	C.	não aceita o golpe de Estado e ataca o soldado
4. ____	Amélia	D.	líder da Revolução
5. ____	Marcelo Caetano	E.	toma o poder depois da Revolução
6. ____	Brigadeiro Pais	F.	irmã do Ministro Correia e professora
7. ____	Brigadeiro Spínola	G.	último governante do regime salazarista
8. ____	Gervásio	H.	major que admirava Maria e discutia com ela

B. Ordem cronológica

Enumere as cenas na ordem em que elas aparecem no filme.

_____ Os prisioneiros políticos são libertados.

_____ O MFA toma a estação de rádio.

_____ Maia enfrenta o Brigadeiro Pais nas ruas de Lisboa.

_____ O guarda ajuda os quatro membros do MFA a abrir o carro deles.

_____ Antónia vai ao baile para falar com o irmão, o ministro Correia.

_____ Rosa despede-se do namorado na estação ferroviária.

_____ A PIDE atira no povo.

_____ Antônia admite que leu o diário do marido.

_____ Rosa vai para a casa de Antónia.

C. Verdadeira ou falsa

Determine se a frase é verdadeira ou falsa.

1. V F   Maia queria ter filhos.
2. V F   Todos os soldados apoiaram o golpe de estado.
3. V F   Manuel tinha a mulher e filho na África.
4. V F   Os integrantes do MFA usavam nomes falsos.
5. V F   Gervásio e Maia brigavam.
6. V F   Maia liderou a Revolução para tomar o poder pessoalmente.
7. V F   Marcelo Caetano agradeceu a Maia por não o ter assassinado.
8. V F   O povo ficou triste depois da Revolução.
9. V F   Não havia problemas com os policiais na estação de rádio.
10. V F   O Brigadeiro Pais apoiou a Revolução.

Esta fotografia não é do filme mas foi tirada durante a Revolução de 25 de Abril

D. Fotografia

Veja a foto a seguir e escolha as respostas mas adequadas para descrevê-la:

1. Quem está na foto?
   a. Os soldados.
   b. As crianças.
   c. Os estudantes.

2. O que os soldados têm nas mãos e nos uniformes?
   a. documentos importantes
   b. flores
   c. comida

3. Que sentimento percebemos a partir da expressão dos homens?
   a. alívio
   b. medo
   c. felicidade

4. Em que tipo de máquina estão sentados os homens?
   a. Num carro.
   b. Num barco.
   c. Num tanque.

5. Há quantos homens na fotografia?
   a. seis
   b. dois
   c. três

E. Pequenas respostas

Veja a foto e escreva três ou quatro frases para cada uma das solicitações a seguir:

1. Descreva a foto.
2. Dê um título para a foto. A seguir, justifique sua escolha?
3. Onde você imagina que a foto tenha sido tirada?
4. Crie um diálogo entre os personagens.

F. Quem disse as frases?

Coloque a primeira letra do nome do personagem, para identificar quem disse o quê.

1. _____ "A resposta só é uma, revolução."
2. _____ "É frágil, não pode suportar a dor."
3. _____ "Fogo!"
4. _____ "A noite pode ser longa ou curta, depende de ti."
5. _____ "Ainda temos muito mais séculos de fome para frente."
6. _____ "Viva a liberdade!"
7. _____ "Vamos ter calma."
8. _____ "Boa sorte."

A. Antonia
B. Manuel
C. Maia
D. Rosa
E. PIDE
F. Marcelo Caetano

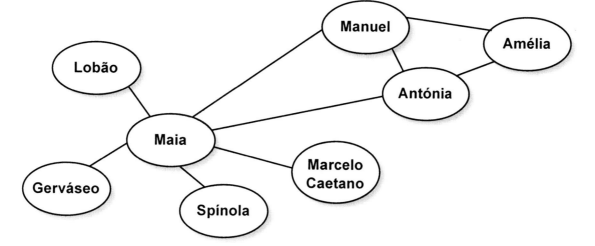

G. Relações entre os personagens

Veja o diagrama e descreva as relações entre os personagens em termos familiares, legais, emocionais, e de qualquer outra maneira que você possa imaginar. Por exemplo, há tensão entre eles? No caso de haver triângulos, qual é o personagem dominante em cada um deles?

H. Vocabulário

Preencha as lacunas com as palavras da lista abaixo:

| imprensa | pequeno almoço | aguentasse | perdão | brigadeiro |
| vitória | espancado | frágil | avarias | provas |

1. Antónia estava preocupada porque seu aluno era muito _____ e ela temia que ele não _____ a tortura da PIDE.

2. A censura da ditadura não deixava a _____ publicar nada contra o regime.

3. Depois de descobrir seu colega com a Rosa no tanque, os outros soldados perguntavam se eles queriam um _____ .

4. O _____ Pais era muito violento e não pediu _____ ao soldado _____ .

5. Os tanques e outras máquinas tinham muitas _____ porque os melhores foram enviados à África.

6. Muitos portugueses consideravam a revolução uma _____ sobre o fascismo.

7. Na estação de rádio, o grupo do MFA queria _____ do soldado que informou ter ocorrido uma contra-revolução nas ruas.

I. Verbos

Encontre a frase que descreva melhor a situação em que cada verbo da lista abaixo pode ser usado. Ponha a letra correspondente na lacuna que precede a frase.

| A. desistir | B. obedecer | C. aguentar | D. resistir |
| E. prender | F. apanhar-se de | G. despachar | H. confessar |

1. ____ O que a PIDE queria que os prisioneiros políticos fizessem?

2. ____ O que a polícia queria fazer ao grupo de MFA na estação de rádio?

3. ____ O que Maia queria que Marcelo Caetano fizesse antes de abrir fogo contra o Palácio?

4. ____ O que o soldado recebeu do Brigadeiro Pais.

5. ____ O que o povo português fez por quase cinco décadas?

6. ____ O que algumas pessoas fizeram perante a ditadura?

7. ____ O que Spínola fez ao Maia para que este acompanhasse Marcelo Caetano ao aeroporto?

8. ____ Por que os soldados, incluindo Maia, seguem as ordens dos seus superiores no MFA?

J. Expressões

Escolha a expressão mais adequada para preencher a lacuna.

1. Manuel não via seu amigo por muitos meses e disse-lhe: " _____ ".
   a. boleia
   b. tanto tempo
   c. contar em
   d. fazer as pazes

2. Antes de prender os policiais, os MFA disseram " _____ ."
   a. mãos ao ar
   b. porreiro
   c. tem que ser
   d. perdão

3. Maia pensava que estava _____ , mas descobriu que muitas coisas podem acontecer durante um golpe de Estado.
   a. quanto tempo
   b. daqui a pouco
   c. tudo em ordem
   d. mãos no ar

4. Manuel pediu _____ a Antónia por ter tido outra mulher e um filho na África.
   a. o mais rápido possível
   b. contar em
   c. boleia
   d. perdão

5. Gervásio ofereceu uma _____ a Maia no seu carro vermelho.
   a. fazer as pazes
   b. chocolate
   c. boleia
   f. galinha

K. Crie uma sinopse

Depois de ver o filme e discuti-lo na aula, siga as instruções abaixo e escreva uma pequena sinopse para encorajar outras pessoas a assisti-lo. Sinopses devem ser curtas e dar destaque aos momentos mais excitantes e marcantes do filme. Como você escreveria um trailer para *Capitães de Abril*?

1. Selecione as cenas que você quer destacar.
2. Escreva algumas linhas descrevendo cada cena que você destacou.
3. Coloque-as em sequência, de maneira que a leitura seja atrativa aos futuros espectadores.

L. Documentário ou filme de ficção?

A Revolução de 25 de Abril pode ser representada cinematograficamente de várias maneiras. Em vez de uma ficção, como em *Capitães de Abril*, é possível fazer um documentário. Como você escreveria um roteiro e depois filmaria um documentário sobre a Revolução de 25 de Abril? Que momentos da história você escolheria? Quais seriam as figuras mais importantes? Neste exercício, é importante pensar nas diferenças entre ficção e fato real, e se o ato de interpretar a história num filme documentário é um ato de fazê-la mais verdadeira e menos artística.

J. Carta

Leia a carta de Manuel a Antónia e escreva uma carta em resposta.

> Cara Antónia,
>
> Estás boa, amor? Estou com tantas saudades de ti, de nossa querida Amélia. Como está a nossa filha? Tem crescido muito nesses meses? Não posso contar-te o que se passa aqui na África. Tanta guerra, tanta morte. Os meus soldados não estão aguentando a pressão e querem voltar para casa. Eu não sei o que dizer-lhes quando perguntam se vão voltar ou não. Sei que muitos mais soldados e civis morrerão antes de acabar esta situação horrível. Antónia, por favor mande um abraço aos nossos amigos e família e conte-lhes que quero vê-los o mais rápido possível.
>
> Beijinhos do teu amor,
>
> Manuel

K. Rotina de um soldado

Descreva o cotidiano de um soldado. A que horas deve se levantar e deitar? Como é o seu uniforme? Quais são suas atividades de manhã, de tarde e de noite? Como é a comida do quartel? Como ele deve chamar os oficiais? O que ele faz quando está fora do quartel?

L. Redação

A partir das perguntas e proposições a seguir, escreva uma redação de uma página.

1. No final das contas, Maia seguiu as ordens que recebeu e o Brigadeiro Spínola assumiu o poder. Em sua opinião, por que Maia, cujo papel foi tão importante na Revolução, desistiu de entrar na política pós-salazarista?

2. Antónia brigou com o marido após ler no diário dele que ele teve outra mulher na África. Você acha que ela deveria ter lido o diário do marido? Justifique sua resposta.

3. Qual é o papel de Amélia no filme? Ela quase não fala, assiste a tudo o que está se passando: será que a personagem é uma testemunha da Revolução ou ela tem outra função?

4. Por que a revolução foi bem-sucedida? Os capitães estavam bem organizados? Quando é que eles tiveram sorte e azar? É possível imaginar um outro cenário em que não fosse possível obter o mesmo resultado? O que poderia ter acontecido?

5. Em que medida o receio de ir à África influenciou a Revolução? Em sua opinião, os soldados portugueses teriam alguma conexão com aquele lado do mundo? Ou eles não achavam necessário defender uma colônia?

6. Como a transferência de poder foi retratada no filme? Maia estava presente no quarto com Spínola e Marcelo Caetano? Por que sim ou por que não?

7. Por que Maia foi escolhido para levar Marcelo Caetano ao aeroporto? O que disse Caetano a Maia quando subiu a escada do avião?

8. Qual foi a importância da tomada da estação de rádio para o Movimento das Forças Armadas? Se a Revolução tivesse ocorrido hoje, como a tecnologia moderna a teria influenciado?

9. Nas ruas de Lisboa o povo gritava, "Viva a liberdade!", "Viva a imprensa!", "Liberdade sexual!" O que significa cada uma dessas palavras de ordem para os diferentes segmentos da população?

M. Comparação entre os filmes

Escreva um ensaio de uma página comparando os filmes que constam neste livro.

1. Compare o que disse o torturador da PIDE em *Capitães de Abril* ao estudante com o que disse Henrique a Paulo, em *O Que é Isso, Companheiro?* - "A noite pode ser longa e dolorosa" é equivalente a "O mundo está de baixo para cima"?

2. O que grita o povo em *Capitães de Abril* e em *O Que é Isso, Companheiro?* Quando, em cada filme, o povo vai às ruas para manifestar-se? O que isso revela sobre a participação popular em ações contra o governo?

3. Compare os papéis dos personagens fotojornalistas de *Capitães de Abril* e *Cidade de Deus*. Quando e como Gabriel começa a tirar fotos? E Buscapé? Em sua opinião, há semelhanças entre as personalidades dos dois personagens?

4. Que papel desempenham as mulheres nas revoluções representadas nesses filmes? Compare Antónia e Maria (*O Que é Isso, Companheiro?*).

5. Como são retratadas as personagens femininas de *Capitães de Abril, Dona Flor e Seus Dois Maridos* e *Eu Tu Eles*? O que as mulheres gritam nas ruas em *Capitães de Abril*? O que as ações de Rosa e seu namorado significam perante a sociedade portuguesa da época?

6. Compare as ruas de Lisboa representadas em *Capitães de Abril* e *Terra Estrangeira*: como os dois filmes retratam a mesma cidade?

Atividades orais

A. Conversa

Em pares ou em grupos de no máximo quatro alunos, respondam às perguntas.

1. Quais são as primeiras cenas do filme? Onde elas se passam? Por que *Capitães de Abril* começa com essas cenas?

2. Por que brigam Antónia e seu marido no começo do filme?

3. Aonde vai Antónia com uma roupa formal? Quem estará lá? Quem é o irmão de Antónia?

4. O que acontece a Antónia no banheiro?

5. Quem é Maia? Após relacionar os colegas de Maia que concordam com ele, respondam: todos concordam com as idéias dele e o seguem? O que dizem os soldados que discordam?

6. Onde começa a revolta? Qual é a ligação entre os soldados e a África?

Para saber: As Colônias Portuguesas

♦ Desde a época dos descobrimentos no século XIV, Portugal tinha uma ligação com a África e a Ásia, e estabeleceu colônias em Cabo Verde, Angola, Moçambique, São Tomé e Príncipe, Guiné Bissau, Goa (Índia) e Macau (China).

♦ O regime de Salazar considerou as colônias como parte de Portugal e chamou-as de "Províncias Ultramarinas".

♦ Ao longo das últimas quatro décadas do século XX, o império português chegou ao fim, violentamente em alguns casos e diplomaticamente em outros.

♦ As guerras coloniais mais sangrentas aconteceram em Guiné Bissau, Angola e Moçambique. Mas Portugal deixou Goa em 1960 e Macau em 1999 sem lutar.

---

7. Quem são os homens que vão à estação de rádio?

8. Que tipo de programa de rádio está no ar quando os homens do MFA chegam à estação? O *disc jockey* concorda logo de início com o que os revolucionários querem?

9. O que os militares do MFA fazem com a polícia na estação de rádio? Por que um guarda tenta abortar a revolução, dizendo que o governo retomou a cidade?

10. Que canção toca no rádio e simboliza o começo do fim do Estado Novo?

Para saber: "Grândola Vila Morena," de Zeca Afonso

♦ Às 12:15h, a canção "Grândola Vila Morena," de Zeca Afonso, tocou no rádio português iniciando a revolução contra o regime autoritário.

♦ Zeca Afonso (1929-1987) foi um cantor muito conhecido, por cantar fados de Coimbra sobre a vida estudantil e música popular.

♦ "Grândola Vila Morena" descreve a vida comunitária numa aldeia alentejana, Grândola. É considerada uma canção comunista por elogiar a solidariedade entre os homens e a importância da comunidade. Sempre será ligada ao dia 25 de abril, por sua importância estratégica e emocional.

---

11. Que problemas encontra o MFA no trajeto entre o quartel e Lisboa?

12. Quem aparece num carro vermelho? O que simboliza, em termos socioeconômicos, um carro esporte ao lado dos tanques avariados?

13. Quem é o brigadeiro que não aceita o golpe de Estado e encontra Maia na rua? Antes de Maia chegar, o que ele faz com o soldado na frente de todos? Por que ninguém abre fogo contra ele?

14. Quem são os homens que atiram no povo? Por que Maia ou outras facções do MFA não fazem algo em retaliação?

15. Quem está na prisão da PIDE? Qual é a sua conexão com Antónia? Em que estado de saúde está o preso político? Por que ele fala sobre sua saúde aos carrascos?

Para saber: A PIDE

♦ Durante a ditadura de Antônio de Oliveira Salazar, havia uma polícia secreta que investigava delitos contra o Estado.

♦ Esta polícia interna, chamada Polícia Internacional e de Defesa do Estado, usava tortura, assassinato e outras formas de perseguição para intimidar a população.

♦ A PIDE tambem se infiltrava em todas as camadas da sociedade portuguesa e conseguia informação através de vizinhos, donos de negócios e outros.

♦ Os grupos mais perseguidos pela PIDE foram os comunistas, socialistas, estudantes e as organizações anticoloniais.

---

16. O que gritam as pessoas nas ruas? As mulheres e os homens dizem coisas diferentes? O que elas e eles dizem?

17. Onde Rosa e o namorado são encontrados? O que os outros soldados dizem ou cantam para eles?

18. Como foi a transferência de poder de Marcelo Caetano ao Brigadeiro Spínola? Qual foi o papel de Maia nisso? O que diz Marcelo Caetano a Maia no aeroporto ao subir no avião para deixar o país?

19. O que acontece em Caxias, onde estavam os prisioneiros políticos? O que Antónia e seu aluno fazem? Quem os assiste? Qual é a reação dessas pessoas?

20. Qual é a reação do povo ao ver os uniformes de Maia e Martim? Você não acha irônico ter acontecido isso, uma vez que eles eram os líderes da revolução?

21. Por que a Revolução de 25 de Abril é tambem chamada Revolução dos Cravos?

B. "Canto dos Críticos"

O "Canto dos Críticos" é um programa de televisão imaginário, produzido e apresentado durante a aula. Depois de cada filme, um grupo de três a quatro estudantes discute os temas mais importantes nele retratados e questiona se o filme deve ser assistido ou não pelo público. Um estudante deve usar a câmera. Escolha dois críticos e um diretor para discutir o filme de hoje, *Capitães de Abril*. Crie perguntas para o programa e depois discuta-as no ar. Peça a alguém para gravar a discussão.

C. Análise de uma cena (45:33 - 47:53)

Cena: Maia e o MFA chegam a Lisboa.

Assista à cena e responda às perguntas.

Observe

1. Quem está com Maia? O que Maia tem nas mãos?

2. O que acontece no sinal de trânsito? Por que os tanques não avançam?

3. Quais são os outros meios de transporte que se podem ver na cena?

Escute

1. O que diz Gervásio a Maia? Qual é a resposta de Maia?
2. O que diz o soldado do tanque parado diante do sinal fechado?
3. O que diz Fernandes?

A cena na história

1. Como essa cena se relaciona com o resto do filme?
2. O que simbolizam os diferentes meios de transporte presentes nessa cena em termos socioeconômicos?
3. Qual é a atitude dos soldados? Eles astão otimistas ou pessimistas?
4. A entrada em Lisboa significa o fim do golpe de Estado? Ou a ação está no meio? Ou no começo?

Atividade de leitura:
Os Comunicados do 25 de Abril (O MFA através da Rádio Clube Português)

Antes de ler o artigo sobre o 25 de Abril, considere as seguintes perguntas.

1. Qual é a importância da comunicação durante uma revolução como a de 25 de Abril?
2. Que tipo de informação os soldados podiam dar à população para protegê-la e lutar contra o regime que até aquele momento detinha o poder?
3. O que você faria se tivesse ouvido um comunicado no rádio dizendo que os militares tomaram o poder no seu país?

Os Comunicados do 25 de Abril
(O MFA através da Rádio Clube Português)

Antes das 4h

Aqui (Posto de Comando do Movimento das Forças Armadas). As Forças Armadas Portuguesas apelam para todos os habitantes da cidade de Lisboa no sentido de se recolherem às suas casas nas quais se devem conservar com a máxima calma. Esperamos sinceramente que a gravidade da hora que vivemos não seja tristemente assinalada por qualquer acidente pessoal para o que apelamos para o bom senso dos comandos das forças militarizadas no sentido de serem evitados quaisquer confrontos com as Forças Armadas. Tal confronto, além de desnecessário, só poderá conduzir a sérios prejuízos individuais que enlutariam e criariam divisões entre os portugueses, o que há que evitar a todo o custo. Não obstante a expressa preocupação de não fazer correr a mínima gota de sangue de qualquer português, apelamos para o espírito cívico e profissional da classe médica esperando a sua acorrência aos hospitais, a fim de prestar a sua eventual colaboração que se deseja, sinceramente, desnecessária.

Às 4,45h

A todos os elementos das forças militarizadas e policiais o comando do Movimento das Forças Armadas aconselha a máxima prudência, a fim de serem evitados quaisquer recontros perigosos. Não há intenção deliberada de fazer correr sangue desnecessariamente, mas tal acontecerá caso alguma provocação se venha a verificar. Apelamos para que regressem imediatamente aos seus quartéis, aguardando as ordens que lhes serão dadas pelo Movimento das Forças Armadas. Serão severamente responsabilizados todos os comandos que tentarem, por qualquer forma, conduzir os seus subordinados à luta com as Forças Armadas.

Apelo às forças militarizadas. Aqui Posto de Comando das Forças Armadas. Informa-se a população de que, no sentido de evitar todo e qualquer incidente, ainda que involuntário, deverá recolher às suas casas, mantendo absoluta calma. A todos os componentes das forças militarizadas, nomeadamente às forças da G. N. R., P. S. P. e ainda às forças da ID. G. S. e da Legião Portuguesa, que abusivamente foram recrutadas, lembra-se o seu dever cívico de contribuírem para a manutenção da ordem pública, o que na presente situação só poderá ser alcançado se não for oposta qualquer reação às Forças Armadas. Tal reação nada teria de vantajoso pois apenas conduziria a um indesejável derramamento de sangue que em nada contribuiria para a união de todos os portugueses. Embora estando crentes no civismo e no bom senso de todos os portugueses no sentido de evitarem todo e qualquer encontro armado, apelamos para que os médicos e pessoal de enfermagem se apresente aos hospitais para uma colaboração que fazemos votos por que seja desnecessária.

Às 5h

Atenção elementos das forças militarizadas e policiais. Uma vez que as Forças Armadas decidiram tomar a seu cargo a presente situação será considerado delito grave qualquer oposição das forças militarizadas e policiais às unidades militares que cercam a cidade de Lisboa. A não obediência a este aviso poderá provocar um inútil derramamento de sangue cuja responsabilidade lhes será inteiramente atribuída. Deverá por conseguinte, conservar-se dentro dos seus quartéis até receberem ordens do Movimento das Forças Armadas. Os comandos das forças militarizadas e policiais serão severamente responsabilizados caso incitem os seus subordinados à luta armada.

Às 7,30h

Conforme tem sido difundido, as Forças Armadas desencadearam na madrugada de hoje uma série de ações com vista à libertação do País do regime que há longo tempo o domina. Nos seus comunicados as

Forças Armadas têm apelado para a não intervenção das forças policiais com o objectivo de se evitar derramamento de sangue. Embora este desejo se mantenha firme, não se hesitará em responder, decidida e implacavelmente, a qualquer oposição que venha a manifestar-se. Consciente de que interpreta os verdadeiros sentimentos da Nação, o Movimento das Forças Armadas prosseguirá na sua acção libertadora e pede à população que se mantenha calma e que se recolha às suas residências. Viva Portugal!

Às 10,30h

O Posto de Comando do Movimento das Forças Armadas constata que a população civil não está a respeitar o apelo já efectuado várias vezes para que se mantenha em casa. Pede-se mais uma vez à população que permaneça nas suas casas a fim de não pôr em perigo a sua própria integridade física. Em breve será radiodifundido um comunicado esclarecendo o domínio da situação.

Às 11,45h

Na sequência das acções desencadeadas na madrugada de hoje, com o objectivo de derrubar o regime que há longo tempo oprime o País, as Forças Armadas informam que de Norte a Sul dominam a situação e que em breve chegará a hora da libertação. Recomenda-se de novo à população que se mantenha calma e nas suas residências para evitar incidentes desagradáveis cuja responsabilidade caberá integralmente às poucas forças que se opõem ao Movimento. Chama-se a atenção de todos os estabelecimentos comerciais de que devem encerrar imediatamente as suas portas, colaborando desta forma com o Movimento, de modo a evitar açambarcamentos desnecessários e inúteis. Caso esta determinação não seja acatada, será forçoso decretar o recolher obrigatório. Ciente de que interpreta fielmente os verdadeiros sentimentos da Nação, o Movimento das Forças Armadas prosseguirá inabalavelmente na missão que a sua consciência de portugueses e militares lhes impõe. Viva Portugal!

Às 13h

O Movimento das Forças Armadas informa as famílias de todos os seus elementos que eles se encontram bem e que tudo decorre dentro do previsto. Pretendendo continuar a informar o País sobre o desenrolar dos acontecimentos históricos que se estão processando, o Movimento das Forças Armadas comunica que as operações, iniciadas na madrugada de hoje, se desenrolam de acordo com as previsões, encontrando-se dominados vários objetivos importantes, de entre os quais se citam os seguintes: - Comando da Legião Portuguesa; - Emissora Nacional; - Rádio Clube Português; - Radiotelevisão Portuguesa; - Rádio Marconi; - Banco de Portugal; - Quartel-General da R. M. de Lisboa; - Quartel-General da R. M. do Porto; - Instalações do Quartel-Mestre-General; - Ministério do Exército, donde o respectivo ministro se pôs em fuga; - Aeroporto da

Portela; - Aeródromo Base n.º l; - Manutenção Militar; - Posto de Televisão de Tróia; - Penitenciária do Forte de Peniche. Sua Ex.ª o Almirante Américo Tomás, Sua Ex.ª o prof. Marcello Caetano e os membros do Governo encontram-se cercados por forças do movimento no quartel da Guarda Nacional Republicana, no Carmo, e no Regimento de Lanceiros 2 tendo já sido apresentado um ultimato para a sua rendição. O Movimento domina a situação em todo o País e recomenda, uma vez mais, que toda a população se mantenha calma. Renova-se também a indicação já difundida para encerramento imediato dos estabelecimentos comerciais, por forma a não ser forçoso o decretar do recolher obrigatório. Viva Portugal!

Às 15h

O Movimento das Forças Armadas, tendo conhecimento de que elementos da Guarda Nacional Republicana se fazem passar por elementos amigos avisa de que tais elementos são adversos, pelo que aconselha a população a abandonar o Largo do Carmo, o Rossio e o Camões.

Às 17,30h

O Movimento das Forças Armadas têm ocupados os estúdios da RTP em Lisboa e no Porto, embora no centro emissor de Monsanto se registe uma interferência provocada por forças da reacção, que, a todo o momento serão dominadas. Logo de seguida, a Radiotelevisão Portuguesa entrará ao serviço do Movimento das Forças Armadas e do País, noticiando os seus comunicados.

Às 18,20h

Aqui posto de comando das Forças Armadas. Em aditamento ao último comunicado, o Movimento das Forças Armadas informa à Nação que conseguiu forçar a entrada no quartel da Guarda Nacional Republicana, situado no Largo do Carmo, onde se encontrava o ex-Presidente do Conselho e outros membros do seu ex-Governo. O Regimento de Lanceiros 2, onde se recolheram outros elementos do seu ex-Governo, entregou-se ao Movimento das Forças Armadas, sem que houvesse necessidade do emprego da força que os cercava. A quase totalidade da Guarda Nacional Republicana, incluindo o seu comando e a maioria dos elementos da Polícia de Segurança Pública, já se rendeu ao Movimento das Forças Armadas. O MFA agradece à população civil todo o carinho e apoio que tem prestado aos seus soldados, insistindo na necessidade de ser mantido o seu valor cívico ao mais alto grau. Solicita também que se mantenha nas suas residências durante a noite, a fim de não perturbar a consolidação das operações em curso, prevendo-se que possa retomar as suas atividades normais amanhã, dia 26. Viva Portugal!

Às 19,50h

Posto de comtando do Movimento das Forças Armadas. Continuando a dar cumprimento à sua obrigação de manter o País ao corrente do desenrolar dos acontecimentos, o Movimento das Forças Armadas informa que se concretizou a queda do Governo, tendo Sua Ex.ª o prof. Marcello Caetano apresentado a sua rendição incondicional à Sua Ex.ª o general António de Spínola. O ex-presidente do Conselho, o ex-ministro dos Negócios Estrangeiros e o ex-ministro do Interior encontram-se sob custódia do Movimento, enquanto Sua Ex.ª o Almirante Américo Tomás e alguns ex-ministros do Governo se encontram refugiados em dois aquartelamentos que estão cercados pelas nossas tropas e cuja rendição se aguarda para breve. O Movimento das Forças Armadas agradece a toda a população o civismo e a colaboração demonstrados de maneira inequívoca desde o início dos acontecimentos, prova evidente de que ele era o intérprete do pensamento e dos anseios nacionais. Continua a recomendar-se a maior calma e a estrita obediência a todas as indicações que forem transmitidas. Espera-se que amanhã a vida possa retomar o seu ritmo normal, por forma a que todos, em perfeita união, consigamos construir um futuro melhor para o País. Viva Portugal!

Às 21h

Aqui posto de comando do Movimento das Forças Armadas. Segundo comunicação telefónica aqui recebida cerca das 20.30, ter-se-iam verificado incidentes na Rua António Maria Cardoso, onde se situa a sede da D. G. S. No decorrer desses incidentes, foram feridas algumas pessoas, encontrando-se já no local assistência médica. Aguarda-se a todo o momento a intervenção das Forças Armadas. Estes incidentes vêm mais uma vez confirmar a necessidade de a população civil cumprir o pedido formulado pelo MFA, recolhendo às suas residências e mantendo a calma. Para conhecimento de toda a população informa-se que se encontram sanados os incidentes ocorridos com a Polícia de Segurança Publica e que, a partir deste momento, ela aderiu totalmente ao movimento. Assim com a finalidade de manter a ordem e salvaguardar as vidas e os bens, pede-se a todos que aceitem, obediente e prontamente, quaisquer indicações que lhes sejam transmitidas por elementos daquela corporação ou da Polícia Militar. Igualmente deverão ser obedecidos os agentes das Brigadas de Trânsito. Torna-se indispensável que a população continue a manifestar a sua compreensão e civismo. E a melhor forma de o fazer no momento é manter-se calmamente nas suas residências.

M.F.A. "Os Comunicados do 25 de Abril."

❖   ❖   ❖   ❖

Perguntas

1. Quais foram as estações de rádio usadas pelo MFA?
2. O MFA pensava no povo e queria ajudá-lo?
3. Quem é mencionado especificamente nos Comunicados?
4. Se você fosse um cidadão português e escutasse o rádio naquele dia, o que pensaria?

A Mulher

11

Dona Flor e Seus Dois Maridos

Informação geral

Apresentação do filme

Dona Flor mora na Bahia com o marido, um rabo de saia chamado Vadinho. Temos depois de ele morrer de um ataque cardíaco em pleno carnaval, ela se casa com um farmacêutico. O novo marido de Flor toca clarinete e é tudo o que Vadinho não era: leal, carinhoso, porém nada excitante. Quando Dona Flor começa a lembrar os bons tempos com Vadinho, acontece o inesperado e ele retorna dos mortos para assombrá-la e amá-la. Ele também se diverte com os amigos do cassino e faz Flor pensar sobre o que é o melhor em um casamento: a cama ou a fidelidade.

Diretor

Bruno Barreto nasceu no dia 16 de março de 1955, no Rio de Janeiro. Ele é um dos diretores mais conhecidos do Brasil; do mesmo diretor, você já assistiu a *O Que é Isso, Companheiro?* (1997), abordado neste livro, *O Beijo no Asfalto* (1981), *Gabriela, Cravo e Canela* (1983), e *Bossa Nova* (2000).

Prêmios

✪ *Dona Flor e Seus Dois Maridos* foi premiado com o Globo de Ouro na categoria de Melhor Filme Estrangeiro; no Festival de Gramado nas categorias de Melhor Diretor para Bruno Barreto e Melhor Trilha Sonora para Francis Hime, Prêmio Especial do Júri para Anísio Medeiros pelo figurino e cenários.

Atores principais

Sonia Braga (Dona Flor [Florípedes] Guimarães) Uma das atrizes brasileiras mais conhecidas, Sonia Braga nasceu no dia 8 de junho de 1950, em Maringá, Paraná. Atuou em *Bordertown* (2006), trabalhou em programas de TV no Brasil e nos Estados Unidos, e fez vários filmes como *Gabriela, Cravo e Canela* (1983), *O Beijo da Mulher Aranha* (1985), *Moon Over Parador* (1988) e *The Milagro Beanfield War* (1988).

José Wilker (Valdomiro 'Vadinho' Santos Guimarães) nasceu no dia 20 de agosto de 1945, em Juazeiro do Norte, Ceará. José Wilker trabalhou em vários filmes e programas de TV. Seus principais filmes são: *Dona Flor e Seus Dois Maridos* (1976), *Xica da Silva* (1976), *Bye Bye Brasil* (1979), *Um Trem Para as Estrelas* (1987), *Villa-Lobos-Uma Vida de Paixão* (2000) e *O Homem do Ano* (2003).

Mauro Mendonça (Dr. Teodoro Madureira) nasceu no dia 2 de abril de 1932, em Ubá, Minas Gerais. Trabalhou em muitos programas de TV e nos filmes *Rio 40 graus* (1955) e *A Grande Arte* (1991), entre outros.

Nelson Xavier (Mirandão, o companheiro de Vadinho) nasceu no dia 30 de agosto de 1941, em São Paulo, SP. Nelson Xavier atuou em muitos programas de TV e em filmes como: *Os Fuzis* (1964), *Eles Não Usam Black-Tie* (1981), *Gabriela, Cravo e Canela* (1983) e em *O Testamento do Senhor Napumoceno* (1997).

Mário Gusmão (Arigof) trabalhou em *Deus e o Diabo na Terra do Sol* (1964), *O Cangaceiro* (1970), *Jubiabá* (1987) e *Tieta do Agreste* (1996).

Francisco Santos Venâncio (Padre) trabalhou em diversos filmes, entre eles *Boca de Ouro* (1963) e *O Beijo no Asfalto* (1981).

Vocabulário

Substantivos

brincadeira *f* - joke
aguardente; cachaça *f* - sugar cane alcohol
condolências *f* - condolences
véspera *f* - eve of
roletas *f* - roulette
juízo *m* - judgment, wisdom, common sense
aliança *f* - ring (for marriage or engagement)
pecado *m* - sin
cabrito *m* - goat
caixão *m* - coffin
compromisso *m* - obligation
empréstimo *m* - loan
negócio *m* - business
vergonha *f* - shame
coração *m* - heart
pulmão *m* - lung
chá *m* - tea
cebola *f* - onion
lugares *m* - places

raparigas *f* - girls
permanência *f* - endurance
obras *f* - works or construction
aniversário *m* - anniversary or birthday
jogo *m* - game
perigo *m* - danger
cadeia *f* - jail
cassino *m* - casino
ressaca *f* - hang over
sonho *m* - dream
cantor *m* - singer
lua *f* - moon
urubu *m* - vulture
enxaqueca *f* - migraine
feitiço *m* - spell
sereia *f* - mermaid
viúva *f* - widow
hóspede *m* - guest
mendigo *m* - beggar

saudades *f* - nostalgia
despedida *f* - good bye
ousadia *f* - audacity
pai de santo *m* - religious and spiritual
    candomblé leader

aflição *f* - affliction
fígado *m* - liver
despesas *f* - expenses
cigano *m* - gypsy

Adjetivos

corpulento(a) *m/f* - curvy (body)
lindo(a) *m/f* - beautiful
doce *m/f* - sweet
lascivo(a) *m/f* - lecherous
pelado(a) *m/f* - naked
gostoso(a) *m/f* - delicious, sexy
sagrado(a) *m/f* - sacred
bêbado(a) *m/f* - drunk
pensativo(a) *m/f* - thoughtful

agradável *m/f* - pleasant
fiel *m/f* - faithful
fatigante *m/f* - exhausting
inesquecível *m/f* - unforgettable
medonho(a) *m/f* - frightening
abençoado(a) *m/f* - blessed
bondoso(a) *m/f* - kind
indigno(a) *m/f* - indignant

Verbos

chorar - to cry
lembrar - to remember
partir - to leave
bater - to hit
girar - to spin
recusar - to refuse

apostar - to bet
enxugar - to dry
confiar - to trust in, to confide in
pegar - to catch
incomodar - to annoy
vadiar - to mess around (sexually)

Expressões

tá morto - he's dead
porreta - amazing
que mulata! - what a mulatta!
doida - mad
maluco - crazy
festa de despedida de solteiro - bachelor's
    party
xixica - female genitalia
ô xente! - oh my!
disponha de mim - at your service
nunca se despede - never says goodbye
claro - of course
passar tempo - pass the time
pelo amor de Deus! - for God's sake!
compadre - good buddy
nem um tostão - not a penny

uma beleza! - what a beauty!
mentirinha - a little lie, a "white lie"
pulinho - a visit
felicidades - congratulations
viva! - hail!
saúde! - cheers!
vai dar certo - everything will come out OK
almas gêmeas - soul mates
mulher da vida - prostitute
faço questão - I insist
gostoso(a) - delicious, sexy woman or man
lua de mel - honeymoon
pombinha - little dove (term of endearment)
tarado - sex maniac, pervert
está na hora - it's about time
tudo em ordem - everything in order

Vocabulário de comida baiana

siri *m* - crab

acarajé *m* - bean fritter

abará *m* - typical dish from Bahia made of beans

moqueca de peixe *f* - Brazilian stew made with coconut milk and fish

moqueca de camarão *f* - Brazilian stew made with coconut milk and shrimp

carne seca *f* - dried meat, beef jerky

carne-de-sol *f* - lightly dried meat

arrumadinho *m* - typical snack from northeastern Brazil, made of beans, meat, manioc flour and spices

escondidinho de carne seca, de camarão *m* - literally, "hidden" dry meat or shrimp, covered with mashed manioc and milk.

bobó de camarão *m* - shrimp with palm oil and manioc

baião de dois *m* - stew made of rice, beans and meat

quiabada *f* - dish made with okra

cuscus de sardinha *m* - sardines with couscous

cuscus de frango, camarão *m* - dish with couscous and chicken, or shrimp

cozido baiano *m* - stew made with sausages, red meat, chicken and vegetables

mandioca frita *f* - fried manioc (root)

caldo de feijão *m* - bean soup

castanha de caju *f* - cashew nut

casquinha de siri *f* - crab meat served on its shell

tapioca de brigadeiro *f* - tapioca with condensed milk and chocolate

tapioca romeu e julieta *f* - tapioca with guava preserve on cheese

cocada branca *f* - coconut bar

bolo de aipim *m* - cassava cake

pudim de coco *m* - coconut flan

Antes do filme

Leitura: O contexto

Dona Flor e Seus Dois Maridos se passa em Salvador, Bahia, durante os anos de 1940. Salvador foi a primeira capital brasileira e ela é conhecida por sua cultura afro-brasileira, manifestada em tradições religiosas, culinária e em outros elementos. Muitas pessoas em Salvador seguem religiões sincréticas, como o candomblé e a macumba, que misturam o cristianismo com crenças politeístas, africanas, trazidas pelos escravos e originárias dos indígenas nativos do Brasil. Além da religião, essas culturas africanas influenciaram as receitas culinárias baianas, como se pode ver no filme.

Salvador da Bahia

Responda às seguintes perguntas em grupo.

1. O que é uma religião sincrética? Você já ouviu falar de macumba, candomblé, de santería?

2. Onde fica Salvador? Que tipo de cultura predomina lá? Além de religião, cite outras influências da cultura predominante na capital da Bahia.

3. Em sua opinião, como um escritor revela aspectos de uma cultura através da história de um triângulo amoroso e de um casamento de uma mulher com dois homens?

Depois do filme

Atividade escrita

A. Os personagens

Relacione o personagem à sua caracterização.

1. ____	Dona Flor	A.	Segundo marido de Dona Flor
2. ____	Norminha	B.	Empregada de Dona Flor
3. ____	Vadinho	C.	Tem uma escola culinária
4. ____	Teodoro	D.	Empresta dinheiro da igreja a Vadinho
5. ____	Padre	E.	Chora muito no enterro do Vadinho
6. ____	Sofia	F.	Amiga de Dona Flor
7. ____	Estudante	G.	Gosta de cassinos, bebida e mulheres

B. Ordem cronológica

Enumere as cenas na sequência em que elas aparecem no filme.

____ Vadinho bate em Dona Flor para pegar o dinheiro dela.

____ Dona Flor se casa com Teodoro.

____ Vadinho e seus amigos fazem uma serenata.

____ Vadinho fala com o padre para lhe pedir um empréstimo.

____ Dona Flor visita a prostituta que deu a luz.

____ Vadinho e Dona Flor visitam o cassino.

____ Vadinho morre na rua em pleno carnaval, enquanto dançava com seus amigos.

____ Teodoro toca música para Flor.

____ Vadinho chega em casa bêbado.

C. Verdadeira ou falsa

Determine se a frase é verdadeira ou falsa.

1. V F   Vadinho é muito fiel à sua mulher.
2. V F   Dona Flor não pode deixar Vadinho no final do filme.
3. V F   A mãe da Dona Flor gosta de Vadinho.
4. V F   Teodoro é muito interessante e animado.
5. V F   O filme se passa no Rio de Janeiro.
6. V F   Os personagens praticam evangelismo.
7. V F   Vadinho adora apostar nos cassinos e sair com mulheres.
8. V F   Dona Flor tem uma escola culinária em sua casa.
9. V F   A comida preferida do Vadinho é pizza.
10. V F   O filme se passa nos anos de 1980.

D. Fotografia

Veja as fotos e escolha as melhores
respostas para descrevê-las:

1. Onde se passa esta cena? (foto 1)
   a. Em casa.
   b. Na rua.
   c. Na igreja.
2. Quando se passa esta cena no filme?
   (foto 1)
   a. No meio do filme.
   b. No fim do filme.
   c. No começo do filme.
3. O que as personagens estão fazendo na
   cena? (foto 2)
   a. Estão olhando uma para a outra.
   b. Estão se beijando.
   c. Estão gritando.

4. O que acontece após esta cena? (foto 2)
   a. Dona Flor começa a cozinhar.
   b. Vadinho começa a jogar.
   c. Os dois vão para a cama.
5. Como estão os personagens na foto?
   (foto 2)
   a. bem vestidos
   b. com pouca ou nenhuma roupa
   c. com roupa de trabalho

E. Pequenas respostas

Veja a primeira foto e escreva três ou quatro frases para cada um das solicitações a seguir:

1. Descreva a foto.
2. Dê um título para a foto e justifique sua escolha.
3. Descreva as emoções traduzidas na expressão dos personagens.
4. Crie um diálogo entre os dois personagens.

F. Relações entre os personagens

Veja o diagrama e descreva as relações entre os personagens em termos familiares, legais, emocionais e de qualquer outra maneira que você possa imaginar. Por exemplo, há tensão entre eles? No caso de haver triângulos, qual é o personagem dominante em cada um deles?

G. Vocabulário

Preencha as lacunas com as palavras da lista abaixo:

apostar	condolências	fígado	véspera	pensativo
fiel	alma gêmea	viva!	nem um tostão	empréstimo

1. Todas as amigas de Dona Flor achavam que ela havia encontrado sua _____ em Teodoro, o farmacêutico.

2. Vadinho era tão viciado em jogar no cassino que pediu um _____ ao padre.

3. Vadinho saiu com seus compadres na _____ do seu casamento.

4. O novo marido da Dona Flor era muito _____ e abriu uma conta no banco para ela. Ele também era _____ , pois não saía com outras mulheres.

5. Beber muita cachaça não é bom para o _____ , um órgão importante do corpo.

6. Quando Vadinho voltou ao cassino depois de se casar, todos gritaram: "_____ !"

7. Todos os conhecidos de Vadinho deram as suas _____ à Dona Flor no enterro.

8. Dona Flora disse "_____ " a Vadinho quando ele queria o dinheiro dela.

H. Sinônimos

Preencha as lacunas mantendo um sentido equivalente ao das palavras sublinhadas,
utilizando as seguites palavras e expressões:

enxaqueca   simpático   pássaros pretos   lua-de-mel
bebida   corpulenta   pelado

1. Ele estava <u>sem roupa</u>, _____ como um nenem recém-nascido.

2. Tenho <u>dor de cabeça</u>, preciso comprar uma aspirina para acabar com esta _____ .

3. <u>Depois de se casar</u>, o casal passou a _____ na praia.

4. Os <u>urubus</u> vão comer os corpos dos mortos; dá para ver estes _____ de muito
   longe no céu.

5. <u>Chá</u> é uma _____ quente.

6. Minha amiga não está muito <u>gorda</u>, ela está _____ .

7. A família dela é <u>bondosa</u> e _____ .

I. Palavras cruzadas

Coloque a palavra certa nas caixas corretas.

Vertical

1. onde se põe um cadáver
2. religioso
3. dor de cabeça
4. líder religioso
5. depois de beber muito
6. mulher que vive no mar
7. bonita
8. sabedoria
9. trabalho
10. piado
11. nu
12. anel
13. Caetano Veloso, Justin Timberlake

Horizontal

A. mulher que sobrevive ao marido
B. ação contra Deus
C. adeus
D. dia de nascimento
E. menina
F. lugar onde se aposta
G. um pobre que pede dinheiro ou comida
H. exausto
I. animal doméstico que tem barba
J. órgão importante que filtra o sangue
K. noite ou dia antes de um feriado
L. choramos ao cortar esse vegetal
M. ave negra que come carne morta

J. Crie uma sinopse

Depois de ver o filme e discuti-le na aula, sigam as instruções abaixo e, em grupos de três ou quatro, escrevam uma sinopse para encorajar outras pessoas a assisti-lo. Sinopses devem ser curtas e dar destaque aos momentos mais excitantes e marcantes do filme.

1. Selecione as cenas que você quer destacar.
2. Escreva algumas linhas descrevendo cada cena.
3. Coloque-as em sequência, de maneira que a leitura seja atrativa aos espectadores.

K. Redação

Escreva um ensaio de dois ou três parágrafos sobre cada uma das perguntas a seguir.

1. O que o filme mostra sobre a relação entre os sexos no Brasil? Baseando-se no relacionamento entre Flor e Vadinho, você acha que as mulheres são tratadas com respeito? Como o novo marido, o farmacêutico, equilibra o relacionamento?
2. Vadinho tem algum problema com o jogo? O que significa ser um jogador compulsivo? Como alguém pode parar de jogar? Você acha que loterias e cassinos estimulam as pessoas a jogar?
3. Como a cidade de Salvador é mostrada no filme? Como os vizinhos se relacionam? Eles se tratam com respeito? As pessoas sabem sobre a vida uma das outras?
4. Qual é o papel do padre no filme? Como ele interage com Vadinho e Flor? Ele faz parte da família, de alguma forma? Como?
5. Compare Dona Flor com as amigas dela. Elas trabalham? Como essas amigas se relacionam com os homens? O que elas acham que Flor deve fazer depois do luto? O que elas acham do farmacêutico?
6. Discuta as relações socioeconômicas apresentadas no filme. Todos vivem da mesma maneira ou alguns têm mais que outros?
7. Como as diferenças raciais são representadas? Há alguma cena na qual raça e classe social sejam mencionadas?
8. Baseando-se nas roupas dos atores, você pode dizer quando a história se passa? Como a época histórica se reflete em *Dona Flor e Seus Dois Maridos*?

L. Comparação com outros filmes

Escreva um ensaio de uma página sobre cada um a das solicitações a seguir.

1. Compare *Dona Flor e Seus Dois Maridos* e *Eu, Tu, Eles,* que conta a história de uma mulher e dos homens que passam por sua vida. Como os dois filmes retratam os relacionamentos entre homens e mulheres no Brasil? Como o casamento é retratado?
2. Quais são as similaridades e diferenças entre elementos religiosos, como o pai de santo e as referências a Exu em *Dona Flor e Seus Dois Maridos* e em outros filmes deste livro (*Orfeu Negro, Cidade de Deus* e *Orfeu*)?
3. Compare o uso de flashbacks em *Dona Flor*, em *Carandiru* e em *Cidade de Deus*. O que descobrimos sobre os personagens ao vê-los em cenas que se passam em épocas anteriores de suas vidas?

M. A rotina cotidiana

Compare a rotina de um personagem do filme com a sua própria rotina. Por exemplo: o que Teodoro faz todos os dias? Para onde ele vai? Com quem ele vai? E Vadinho? E Dona Flor?

Atividades orais

Conversa

Em pares ou grupos de até quatro alunos, respondam às seguintes perguntas.

1. Por que Dona Flor fica com Vadinho se ele é mulherengo, jogador e bate nela?
2. Quantos anos Flor e Vadinho ficaram juntos? O que a mãe de Flor pensava do genro desde o início?
3. Qual é o prato favorito de Vadinho? Como Flor o prepara?
4. O que Dona Flor ensina? Onde ela dá as aulas? Quem são suas alunas?
5. O que Vadinho faz enquanto Dona Flor dá aula? Ele é uma distração para a esposa ou para as alunas dela? Por quê?

Para Saber: Carnaval em Salvador

♦ Hoje em dia, o carnaval em Salvador é caracterizado pelos trios elétricos (caminhões com alto-falantes, bandas e pessoas dançando em cima dele).

♦ Grupos de pessoas, chamados blocos, são identificados pelas camisetas iguais. Eles seguem os trios elétricos pela cidade.

♦ Para obter mais informações sobre o carnaval em Salvador acesse o site: http://www.carnaval.salvador.ba.gov.br/

---

6. Vadinho tem muitos amigos? Quem são eles? Onde eles se reúnem? O que eles fazem?
7. O que Vadinho está fazendo quando morre? Seus amigos acreditam que ele esteja morto? Qual é a reação deles? Qual é a reação de Flor?
8. Por que Vadinho procura Flor depois de morto? O que ele quer dela? Ela pediu para ele aparecer? Que outras pessoas ele visita? Todos podem vê-lo?
9. Quando Vadinho estava vivo, ele maltratava Flor de alguma forma? Qual era a reação dela? Quem a defendia?
10. O que as amigas de Flor acham de Vadinho? Elas entendem o relacionamento deles?
11. Flor tem algum problema de saúde? O que ela gostaria gerar, mas não pode? Por quê? Isso a incomoda muito? O que ela faz a respeito?
12. Onde Flor vai para descobrir se Vadinho está tendo um caso? Com quem ela fala? Qual é a primeira reação dessa pessoa em relação à Flor? O que isso revela sobre as relações socioeconômicas e raciais na Bahia? Como esse encontro termina? O que a mulher sugere à Flor?

Para Saber: Jorge Amado (1912 - 2001)

♦   Jorge Amado foi um dos escritores brasileiros mais populares do século XX.

♦   Os livros de Jorge Amado retratam o povo e a cultura da Bahia.

♦   Muitas das histórias de Jorge Amado foram para a TV e se tornaram filmes, entre elas *Tenda dos Milagres* (1977), *Gabriela, Cravo e Canela* (1983) e *Tieta do Agreste* (1996).

♦   Seu trabalho foi traduzido para mais de 30 línguas.

---

13.   Vadinho tem um caso com uma pessoa próximo a Flor: como ele a conheceu? Quando Flor descobre? Qual é a reação dela?

14.   Qual é o jogo preferido de Vadinho no cassino? Qual é o seu número de sorte? O que os donos do cassino fazem para tentar impedi-lo de ganhar? Como ele faz para jogar depois de morto?

15.   O que Flor recebe de uma mulher na rua? O que ela diz para Flor fazer com o objeto? O que significa esse ritual?

16.   Aos olhos de Vadinho, com quem se parece o anjo na igreja? O que Vadinho pede ao padre? O padre lhe dá o que ele pede?

17.   Como o farmacêutico paquera Flor? Que instrumento ele toca? Por que Flor gosta do farmacêutico?

18.   Por que Flor muda de idéia sobre ele? Qual é a opinião da mãe dela sobre Teodoro?

19.   Como foi a lua de mel de Teodoro e Flor? Como ele age com a noiva? Ele parece confortável na presença de mulheres?

20.   Onde Flor e Teodoro decidem morar depois do casamento? Por que eles não se mudam? Que mudanças Teodoro faz em casa? O que Flor acha dessas mudanças?

21.   Flor deseja que o espírito de Vadinho vá embora? Ela consegue isso? Como?

22.   No final, com quem Flor vive? Que necessidades os dois maridos suprem no casamento? Ela está feliz?

B. "Canto dos Críticos"

O "Canto dos Críticos" é um programa de televisão imaginário, produzido e apresentado durante a aula. Depois de cada filme, um grupo de três a quatro estudantes discute os temas mais importantes nele retratados e questiona se o filme deve ser assistido ou não pelo público. Um estudante deve usar a câmera. No filme de hoje, *Dona Flor e Seus Dois Maridos*, escolha dois críticos e um diretor do filme para discuti-lo. Crie perguntas para o programa e depois discuta-as no ar. Peça a alguém para gravar a discussão.

C. Análise de uma cena (00:42 - 00:46)

Cena: Dona Flor visita uma prostituta.

Assista a cena e responda às perguntas.

Observe

1. Descreva o prédio onde Flor entra. Há teto em todos os quartos? Quem vive lá? Flor parece um peixe fora d'água nesse lugar?

2. Qual é aparência da mulher com quem Flor conversa? A mulher suspeita da intenção de Flor? Por quê?

3. Quem está no quarto, além da mulher? O que Flor revela à mulher quando descobre isso?

4. Como elas se comportam quando descobrem que não são rivais?

Escute

1. O que Flor pergunta à mulher? Qual é a resposta inicial dela?

2. Existe alguma diferença entre o nome de seus maridos?

3. O que a prostituta diz sobre Vadinho? Qual é a sugestão dela em relação à falta de crianças?

4. No final da cena, as duas mulheres parecem aliviadas?

A cena na história

1. Em que parte e por que essa cena aparece no filme?

2. Por que Flor foi até a vizinhança do prostíbulo achando que Vadinho estava tendo um caso com uma prostituta?

Comparação com outra cena

1. Compare essa cena com outra em que Flor está andando na rua quando uma vendedora de flores lhe dá um buquê para colocar no túmulo de Vadinho.

2. Descreva a comparação que existe nas cenas entre os tipos de mulheres brasileiras e o que essas mulheres dizem sobre macumba e remédios caseiros.

D. Fofoca (*gossip*)

Em *Dona Flor e Seus Dois Maridos*, há um grupo de amigas e vizinhas que sempre estão por perto de Dona Flor. Em grupo de três ou quatro alunos, discutam sobre as seguintes situações e façam um *skit* para a aula.

1. Há gritos na casa da Flor. Vocês chegam e flagram Flor no chão brigando com Vadinho. O que vocês dizem e fazem?

2. Vadinho chega em casa bêbado. O que vocês dizem e fazem para ajudar (e comentar sobre a situação)?

3. Flor está namorando Teodoro. O que vocês dizem sobre a situação?

Atividade de leitura: Receita baiana

Na Bahia, há muitas receitas originais que têm a influência a africana. Neste exercício, vamos pensar em alguns pratos típicos de Salvador e ler uma receita de moqueca de peixe.

Porém, antes da leitura, considere as seguintes perguntas sobre comida baiana.

1. Que influências a comida baiana tem na comida brasileira?
2. Quais são as comidas populares no seu país?
3. Como você descreveria a influência dos ingredientes na comida?

Um restaurante baiano

Imagine que você e um grupo de colegas trabalhem num restaurante baiano. Faça um cardápio (menu) para uma noite especial usando a comida da lista do item Vocabulário. Dividam-se em grupos de garçons, cozinheiros e clientes do restaurante.

Atividade de leitura - Receita

Moqueca de peixe

Este prato é muito popular na Bahia; ele leva azeite de dendê e leite de coco. Seu preparo é fácil e o resultado é delicioso.

Ingredients

3 cebolas grandes cortadas em rodelas

sal a gosto

1 colher de sopa de salsa picada para decorar

5 tomates sem sementes descascados e picados em quatro partes

1 pimentão vermelho pequeno cortado em rodelas

3 pimentões verdes pequenos cortados em rodelas

2 dentes de alho, picados

1 ½ xícaras de leite de coco

3 colheres de sopa de azeite de oliva

2 limões espremidos

3 colheres de mesa de azeite de dendê (palm oil) ou óleo de amendoim (peanut oil)

6 filés de peixe

½ xícara de água quente

2 colheres de mesa de farinha

Preparo

Tempere o peixe com sal, alho, uma das cebolas cortadas e com o suco de limão. Deixe no tempero por 90 minutos. Numa panela (preferencialmente de barro), coloque o azeite de dendê e adicione o resto das cebolas, pimentões vermelhos e verdes. Coloque o peixe na panela e cozinhe por dez minutos. Adicione o leite de coco e depois o azeite de dendê, e cozinhe em fogo branco por mais dez minutos, colocando água quente e farinha para engrossar a mistura. Decore com molho e sirva com arroz.

12

Eu, Tu, Eles

Informação geral

Apresentação do filme

Darlene é uma mãe solteira que procura um lugar seguro para criar seu filho. Com poucas oportunidades, casa-se com um homem mais velho, que a trata mal e a faz trabalhar duro nos canaviais para sustentá-lo. Com a esperança de encontrar amor e conforto, ela se vê nos braços de outros homens e acaba tendo filhos com eles, criando tensões e conflitos em sua pequena casa no sertão.

Diretor

Andrucha Waddington nasceu em 1970, no Rio de Janeiro. Waddington dirigiu muitos comerciais de televisão e continua atuando em publicidade. Seu primeiro longa-metragem foi *Gêmeas* (1999). Ele dirigiu diversos outros filmes, entre eles *Casa de Areia* (2005).

Prêmios

✪ *Eu, Tu, Eles* foi premiado 20 vezes e indicado 7 vezes. Entre os prêmios: Vencedor do Primeiro Prêmio Grande Coral de Melhor Música e menção especial à atriz Regina Casé no Festival de Havana (2000), Menção Especial - Un Certain Regard - Festival de Cannes (2000), Prêmio dos Críticos no Festival de Cinema de Cartagena (2001), Vencedor do Troféu ABC de Melhor Cinematografia (2001), Melhor atriz para Regina Casé - Golden India Catalina, Melhor atriz para Regina Casé no Cinema Brasil (2001), Melhor atriz no Festival Latino Americano de Cinema de Lima (2001, Prêmio da Associação dos Críticos de Artes de São Paulo e Melhor Ator para Lima Duarte (2001).

Roteirista

Elena Soarez escreveu roteiros para *Cidade dos Homens* (2003) e *Casa de Areia* (2005), entre outros.

Atores principais

Regina Casé (Darlene) nasceu em 25 de fevereiro de 1954, no Rio de Janeiro. Casé trabalhou em muitos programas de TV antes de *Eu, Tu, Eles*. É uma das figuras mais populares da televisão brasileira.

Lima Duarte (Osias) nasceu no dia 29 de março de 1930, em Sacramento, Minas Gerais. Atuou em muitas novelas e programas da televisão, sendo um dos maiores atores brasileiros.

Stênio Garcia (Zezinho) nasceu no dia 28 de abril de 1933, em Mimoso do Sul, Espírito Santo. Atuou em *Casa de Areia* (2005), no qual foi Luiz, e em muitos programas de televisão.

Luiz Carlos Vasconcelos (Ciro) trabalhou em *Abril Despedaçado* (2001), *Carandiru* (2003) e em programas de televisão.

Nilda Spencer (Raquel) atuou em *Dona Flor e Seus Dois Maridos* (1976) e *Tenda dos Milagres* (1977). A atriz faleceu em outubro de 2008, vítima de ataque cardíaco.

Vocabulário

Substantivos

curral *m* - corral
caixão *m* - coffin
charque *m* - jerked meat
fantasma *m* - ghost
canavial *m* - sugar cane plantation
bicho *m* - animal
boi *m* - steer
dança *f* - dance
forró *m* - *Sertanejo* dance and music.
música *f* - music
instrumento *m* - instrument
rádio *m/f* - radio
rede *f* - hammock, fishnet
carro-de-boi *m* - ox cart (form of
    transportation in northeastern Brazil)
sapatos *m* - shoes
vestido *m* - dress
sócios *m* - business partners or members
menino *m* - boy
besteira *f* - foolishness
bênção *f* - blessing
morada *f* - house, living place
cachaça *f* - sugar cane alcohol
pensão *f* - boarding house
anjo *m* - angel

biscoito *m* - cookie
parente *m/f* - relative
moço *m* - young man
boba *f* - fool
diabo *m* - devil
labor (trabalho) *m* - work
doce *m* - sweet
avó *f* - grandmother
resposta *f* - response
criação *f* - upbringing
traje *m* - outfit
esposa *f* - wife
estranho *m* - outsider
zoeira *f* - disorder, noise, mess
coronel *m* - local political boss
caatinga *f* - tumbleweeds
barbeiro *m* - barber
pensão *f* - boarding house
baile *m* - dance
contas *f* - expenses, bills
resto *m* - rest (of something), remainder
povoado *m* - small town
vertentes *f* - activities, slopes
privações *f* - losses
reivindicação *f* - claim

Adjetivos

preguiçoso(a) *m/f* - lazy
pesado(a) *m/f* - heavy
frouxo(a) *m/f* - weak
estragado(a) *m/f* - ruined

molinho(a) *m/f* - soft
buxo(a) *m/f* - ugly
molhado(a) *m/f* - wet

Verbos

empurrar - to push
acostumar - to get used to
ficar - to stay
aguentar - to bear it
escorregar - to slip
estourar - to blow up
pesquisar - to research

levantar - to get up
afundar - to drown
salvar - to save
clarear - to clear up
merendar - to have lunch at school or at work
botar - to put
pegar - to take

Expressões

do teu jeito - (do it) your way
de respeito - something respectful, good
mal mandado - poorly sent
muito serviço - a lot of work
costumo dizer - I frequently (often) say
fazendo graça - making fun of
bem apanhada - well built, beautiful
bem de perto - up close
me agrada - I like it
não lhe diz respeito - It's none of your business
Ó de casa? - anyone home?
de nascença - from birth
perder a potência - lose virility
tenho barriga - I'm pregnant
fazer companhia - keep company
tomar cachaça - drink *cachaça* (sugar cane alcohol)
tá bêbado - to be drunk
ita! - geez!
boi tem muito serviço - a bull can do lots of work
tudo é festa - everything is a party

o povo vai falar - people will talk
bem apanhado - handsome
corno - someone cheated on
ficar pra titia - to remain single (for a woman)
de fora - from the outside
boca para encher - mouth to feed
sabe muito bem o caminho - he/she knows the way
já foi - already left
dormi com os anjos - I slept well, I slept with the angels
tou acompanhado - I'm with someone
ir embora - to go away
não suporto - I can't take it
tou com vontade - I feel like (doing something)
minha nêga - my woman (dark skinned)
pega água - go get water
embora - let's go
que susto! - what a fright!
você mete medo na gente assim! - you scared me doing that!

Antes do filme

Leitura: O contexto

Eu, Tu, Eles, filmado no coração do sertão nordestino, mostra relações pouco tradicionais entre homens e mulheres, e também traz questões como a paternidade e a guarda das crianças. A vida difícil daqueles que trabalham nos canaviais do alvorecer ao crepúsculo é apresentada e contrastada com a vida dos que possuem terras e ficam deitados em suas redes durante o dia. Como parte das tradições populares da área, o filme inclui a música e a dança do forró.

Adultério e paternidade

Responda às seguintes perguntas em grupo.

1. O que é adultério? Você acha que alguém casado pode sair com outro(a) se não estiver satisfeito(a) em casa?
2. O que você faria se você soubesse que seu/sua companheiro(a) tem outro(a)?
3. Quem tem o direito à paternidade de um filho(a): o pai biológico ou aquele que cria a criança?

Depois do filme

Atividade escrita

A. As personagens

Relacione o personagem à sua caracterização.

1. ____	Darlene	A.	Chefe político
2. ____	Raquel	B.	Sabe cozinhar bem
3. ____	Osias	C.	Passa o dia na rede
4. ____	Ciro	D.	Irmã de Osias
5. ____	Dimas	E.	Primeiro filho de Darlene
6. ____	Coronel	F.	O amante mais jovem da Darlene
7. ____	Zezinho	G.	Mora com três homens

B. Ordem cronológica

Enumere as cenas na sequência em que elas aparecem no filme.

____ Darlene vai ao forró com Osias, Zezinho e Ciro.

____ Ciro entra no seu própio quarto em casa.

____ Darlene entrega Dimas ao Coronel.

____ Zezinho corta a barba de Osias.

____ Osias registra os filhos de Darlene em seu nome.

____ A mãe de Zezinho morre quando ele está com Darlene.

_____ Ciro e Darlene fazem amor no campo.

_____ Darlene, grávida e vestida para casar, espera em vão pelo noivo na igreja.

_____ Darlene e Osias se casam.

C. Determine se a frase é verdadeira ou falsa.

1. V F   Ciro é um jovem e simpático rapaz que conhece Darlene no campo.
2. V F   Darlene mora com três homens e todos os filhos dela.
3. V F   Osias é um homem forte e viril.
4. V F   Ciro é um homem compreensivo que cozinha, limpa a casa e barbeia Osias.
5. V F   No forró, Darlene dança com todo mundo.
6. V F   Todos os filhos de Darlene são louros e têm olhos azuis.
7. V F   Osias dá os nomes às crianças.
8. V F   Darlene trabalha numa mina de carvão junto com o povo do sertão.
9. V F   Todos na casa, vivem juntos em harmonia.
10. V F   Os três casamentos de Darlene são mostrados no filme.

D. Fotografia

Veja a foto e escolha a resposta mais adequada para descrevê-la.

1. Onde se passa esta cena?
   a. Numa fábrica.
   b. Numa praia.
   c. No campo de cana-de-açúcar.
2. Quando se passa esta cena no filme?
   a. No fim do filme.
   b. No meio do filme.
   c. No começo do filme.
3. Quem são as personagens na cena?
   a. Darlene e Ciro.
   b. Darlene e Zezinho.
   c. Darlene e o Coronel.

4. O que acontece depois desta cena?
   a. Darlene se casa com Ciro.
   b. Darlene foge com Zezinho.
   c. Darlene dá a luz mais uma vez.
5. O que Darlene tem na mão?
   a. Um machete para cortar cana.
   b. Um boomerang para atirar.
   c. Um espelho.

E. Pequenas respostas

Veja a foto e escreva três ou quatro frases para cada uma das solicitações a seguir:

1. Descreva a foto.
2. Dê um título para a foto. A seguir, justifique sua escolha.
3. Descreva as emoções traduzidas na expressão dos personagens.
4. Crie um diálogo entre os dois personagens.

F. Una a fala ao personagem

Coloque a primeira letra do nome do personagem na lacuna à esquerda.

1. _____ "Que susto! Mete medo na gente, assim."   A. Raquel
2. _____ "Tenho barriga."   B. Osias
3. _____ "Sabe muito bem o caminho."   C. Darlene
4. _____ "Corno!"   D. Zezinho
5. _____ "O povo vai falar."
6. _____ "Tá de passagem."
7. _____ "Registrei meus menino."

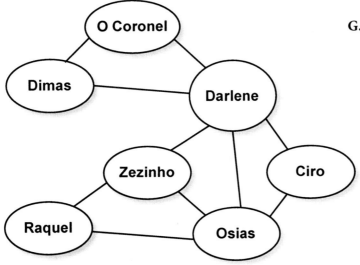

G. Relações entre os personagens

Veja o diagrama e descreva as relações entre os personagens em termos familiares, legais, emocionais e de qualquer outra maneira que você possa imaginar. Por exemplo, há tensão entre eles? No caso de haver triângulos, qual é o personagem dominante em cada um deles?

H. Vocabulário

Preencha as lacunas com as palavras da lista abaixo:

| parentes | biscoitos | rede | anjo | cachaça |
| você mete medo na gente assim | | vestido | morada | preguiçoso | deitado |

1. Osias era muito _____ e passava o dia e a noite _____ na rede, enquanto os outros trabalhavam.

2. No filme, há vários _____ , como primos e cunhadas, morando juntos.

3. Zezinho sabia cozinhar e fazia _____ deliciosos, entre outras coisas.

4. Darlene disse: _____ , quando Osias foi pedir sua mão em casamento e a assustou.

5. No final das contas, Osias não tratava Darlene bem, e não era um _____ para ela.

6. Quando a família foi ao forró, Darlene pôs um _____ bonito, e os homens bebiam muita _____ .

7. Apesar de tudo, Darlene ficou na sua _____ sertaneja porque era difícil encontrar outra casa.

I. Antônimos

Leia as frases abaixo e encontre, entre as palavras a seguir, a melhor alternativa para expressar a ideia contrária à das palavras sublinhadas:

feio esposa velho sêca ir embora povoado

1. Ciro não quer <u>ficar</u> em casa com tantos homens, pois prefere _____ com Darlene.
2. A família mora no <u>campo</u>, longe de um _____ .
3. Ciro é jovem e bonito, não _____ e _____ como Osias.
4. Na fotografia do casamento há o <u>marido</u> e sua _____ .
5. A roupa ficou <u>molhada</u> na água e só depois de umas horas no sol ficou _____ .

J. Expressões

Escolha a melhor alternativa.

1. Depois de ficar na rua até tarde, ele _____ .
   a. embora
   b. de fora
   c. tá bêbado
   d. de nascence

2. Aquele casal tem muitos filhos; em outras palavras, _____ .
   a. muitas bocas para encher
   b. ficar pra titia
   c. corno
   d. já foi

3. Osias achava Darlene _____ .
   a. tudo é festa
   b. pega água
   c. que susto!
   d. bem apanhada

4. A irmã de Osias pensa que Darlene coloca _____ nele.
   a. cornos
   b. ita!
   c. tou com vontade
   d. bem de perto

5. Osias chama Darlene de _____ .
   a. sabe muito bem o caminho
   b. não suporto
   c. tenho barriga
   d. minha nêga

K. Crie uma sinopse

Depois de ver o filme e discuti-lo na aula, siga as instruções abaixo e escreva uma pequena sinopse para encorajar outras pessoas a assisti-lo. Sinopses devem ser curtas e dar destaque aos momentos mais excitantes e marcantes do filme.

1. Selecione as cenas que você quer destacar.
2. Escreva algumas linhas descrevendo cada cena.
3. Coloque-as em sequência, de maneira que a leitura seja atrativa aos futuros espectadores.

L. Redação

A partir das perguntas e proposições a seguir, escreva um ensaio de uma página.

1. Como o ciclo da vida é retratado em *Eu, Tu, Eles*?

2. Por que Ciro fica com Darlene, Osias e Zezinho? O que cada um deles lhe oferece?

3. Quais são os nomes das crianças e quem os deu? O que significa "dar um nome" a uma criança?

4. Como Darlene usa o sexo para manipular os homens que estão ao seu redor? Como a gravidez é vista? Darlene tem alguma vantagem por ter somente filhos homens?

5. Quando Osias disse "Preto não presta", o que você observou sobre o conceito de raça na sociedade brasileira? Por que você acha que Osias disse essa frase?

6. Por que Darlene tem casos com os diferentes homens que aparecem em sua vida?

7. Osias sabe que ela o engana? Por que ele não faz nada sobre isso?

8. Quem manda na casa e por quê? Como a hierarquia entre os personagens funciona dentro da casa?

M. Comparação com outros filmes

Escreva um ensaio de uma página, focando os assuntos abaixo.

1. A maneira como as mulheres são retratadas em *Eu, Tu, Eles* é diferente do que acontece em *Dona Flor e Seus Dois Maridos*?

2. Compare o modo com que Darlene manipula sexualmente os homens com o modo de outras mulheres nos filmes assistidos. Você acha que essas mulheres não têm nenhum outro recurso e usam os seus corpos para conseguir o que querem?

N. A rotina cotidiana

Compare sua rotina como a de um personagem do filme. Você pode seguir o seguinte roteiro: o que Darlene faz todos os dias? Para onde ela vai? Como ela vai? Com quem? Onde ela almoça? Quem traz a sua comida? E você, o que faz todos os dias? Para onde você vai? Com quem? Quando?

Atividades orais

A. Conversa

Em pares ou grupos de até quatro alunos, respondam às seguintes perguntas.

1. Por que Darlene sai da casa onde mora com a mãe? O que ela pede à mãe? O que a mãe lhe diz?

2. Quem é o personagem que não aparece na igreja para se casar com Darlene? Para onde ela vai de lá? O que acontece com a mãe de Darlene quando esta volta para casa, anos depois?

3. Quem é o vizinho de Darlene? O que ele acha de Darlene? O que ele diz a ela?

4. Descreva o casamento: Osias dança com Darlene? Os convidados parecem felizes? E os noivos? Como todos estão na foto de família?

5. Quando Darlene descobre o problema de Osias? Como ela reage?

6. Quem se torna seu primeiro amante? Com quem a criança se parece? Como Osias e a irmã dele reagem? Por quê?

Para saber: Brasil: nação de três raças

♦ Na literatura brasileira, predomina o enfoque de três raças: indígena, negra (africana) e branca.

♦ No século XIX, o livro *Iracema*, escrito por José de Alencar, contou a história de uma jovem índia chamada Iracema, que se apaixonou por um português chamado Martim. Os dois tiveram um filho, Moacyr, que simboliza, no livro, a mistura das duas raças.

♦ A famosa cantora de samba Clara Nunes gravou uma canção chamada "Canto das Três Raças"

---

7. O que Darlene faz com Dimas, seu primeiro filho? Por que ela faz isso? Descreva a cena em que Darlene entrega a criança.

8. Quem se sensibiliza com a situação de Darlene? Qual é sua ligação com Osias? O que acontece entre eles?

9. Como nós sabemos quem é o pai do próximo filho de Darlene? Em que a criança é diferente do outro filho dela? Qual é a reação de Osias?

10. Como Zezinho convence Osias a deixá-lo levar o almoço para Darlene nos canaviais? O que significa a cena em que Zezinho faz a barba de Osias?

11. O que Osias faz toda noite? Descreva algumas das histórias que ele ouve no rádio. Como elas representam a vida no sertão?

Para saber: o Forró

♦ Forró é um tipo de música e de dança nordestina, Hoje é popular em todo o Brasil.

♦ Uma das explicações para a origem da palavra "forró" é que ela deriva do Inglês "for all" (para todos), expressão utilizada pelos trabalhadores britânicos (que construíam estradas de ferro em Pernambuco) no início do sec. XX, para anunciar os bailes "para todos" que eles promoviam.

♦ Um forró famoso escrito e cantado por Luiz Gonzaga é "Asa Branca"

---

12. O que Darlene, Osias e Zezinho fazem para se divertir? Qual é a reação das pessoas no forró diante disso?

13. Como Darlene conhece Ciro? Por que Darlene o convida para ir à sua casa? Qual é a reação inicial de Osias e Zezinho em relação a ele? Por que a reação é diferente?

Para saber: Cana-de-açúcar

♦ Desde a colonização, uma das culturas agrícolas mais importantes para o desenvolvimento econômico do Brasil tem sido a da cana-de-açúcar.

♦ Inicialmente, eram os escravos que trabalhavam nas plantações de cana-de-açúcar, e a tarefa era considerada extremamente pesada.

♦ O etanol, feito de cana-de-açúcar, hoje é produzido em larga escala no Brasil, sendo um substituto do petróleo.

---

14. Por que Zezinho fica doente? Ele ficou realmente doente ou estava fingindo? Por quê?

15. Por que Zezinho muda de ideia sobre Ciro viver com eles? Como Zezinho convence Osias a deixar o rapaz ficar? O que os dois constroem para ele?

16. Como Darlene conta para Ciro que está grávida? Em que essa maneira de contar difere das que ela utilizou para contar aos outros homens que estava grávida deles?

17. Descreva a cena do nascimento do filho de Ciro. O que Raquel diz para Osias após o parto?

18. Qual é o nome da criança? Quem lhe dá o nome? Qual é a reação de Ciro?

19. Para onde Osias vai com todas as crianças no dia seguinte? Como é o seu comportamento? Como o oficial de registro reage a ele?

20. O que acontece quando Osias volta para casa? O que Darlene e os outros homens fazem? O que Osias diz a eles? O que significa o gesto de Osias?

B. "Canto dos Críticos"

"O Canto dos Críticos" é um programa de televisão imaginário, produzido e apresentado durante a aula. Depois de cada filme, um grupo de três a quatro estudantes discute os temas mais importantes nele retratados e questiona se o filme deve ser assistido ou não pelo público. Um estudante deve usar a câmera. Escolha dois críticos e um diretor para discutir o filme de hoje, *Eu, Tu, Eles*. Crie perguntas para o programa e depois discuta-as no ar. Peça a alguém para gravar a discussão.

C. Análise de uma cena (47:10 - 49:50)

Cena: Darlene conta a Zezinho que está grávida de um filho dele.

Assista à cena e responda às perguntas.

Observe

1. Como Darlene aborda o assunto da gravidez com Zezinho? Quais são os gestos que ela faz no próprio corpo e no corpo dele?

2. Qual é a reação dele ao saber que ela está grávida de um filho seu?

3. Por que ele acha que o filho é de Osias?

Escute

1. O que Darlene diz a Zezinho sobre os bichos?
2. Ele tem dúvidas sobre a paternidade desse filho?
3. Qual é a implicância de Raquel quanto a Darlene e Zezinho?

Esta cena na história

1. O que significa a gravidez no filme?
2. Em sua opinião, esta cena faz referência à mistura de raças no Brasil?
3. Em que esta cena difere daquela em que Darlene conta a Ciro que está grávida? Qual é a reação de Ciro?

D. Quem é melhor para Darlene?

Em pares ou em grupos de até quatro alunos, imaginem que vocês são os melhores amigos de Darlene e que ela lhes conta que vive com três homens. Ela pede a vocês um conselho sobre qual é o melhor homem para ela. Leiam a descrição de cada um deles e ajudem Darlene a resolver quem a faria mais feliz.

1. **Osias** é rico, velho e muito preguiçoso. Passa o dia inteiro na rede, sem fazer nada, e quer que todos trabalhem por ele porque ele é o dono da casa onde todos moram. Ele não pode ter filhos.
2. **Zezinho** é o primo de Osias. Ele sabe cozinhar e gosta de ajudar os outros. Zezinho gosta muito de Darlene e fará tudo para que ela permaneça na casa.
3. **Ciro** é o mais jovem e bonito dos três. Ele conheceu Darlene nos canaviais e fica apaixonado por ela, mas não gosta da idéia de dividi-la com outros dois homens.

E. O forró

Darlene está num forró com seus três homens, Osias, Zezinho e Ciro. Há outros homens, lá, que querem dançar com ela. Em grupos de quatro ou cinco alunos, criem um diálogo satírico entre Darlene e seus homens.

Atividade de leitura: Os direitos da mulher

Antes de ler o artigo a seguir, considere as perguntas sobre os direitos da mulher.

1. No seu país, existe igualdade entre mulheres e homens em termos socioeconômicos e políticos?
2. Quando as mulheres conquistaram o direito de votar em seu país?
3. O que as mulheres podem fazer para melhorar sua condição socioeconômica?

❖ ❖ ❖ ❖

Luta pelos Direitos das Mulheres

A *década de setenta* constituiu um marco para o movimento de mulheres no Brasil, com suas vertentes de movimento feminista, grupos de mulheres pela redemocratização do país e pela melhoria nas condições de vida e de trabalho da população brasileira. Em 1975, comemora-se, em todo o planeta, o Ano Internacional da Mulher e realiza-se a I Conferência Mundial da Mulher, promovida pela Organização das Nações Unidas – ONU, instituindo-se a Década da Mulher.

Em fins dos anos setenta e durante a década de oitenta, o movimento se amplia e se diversifica, adentrando partidos políticos, sindicatos e associações comunitárias. Com a acumulação das discussões e das lutas, o Estado Brasileiro e os governos federal e estaduais reconhecem a especificidade da condição feminina, acolhendo propostas do movimento na Constituição Federal e na elaboração de políticas públicas voltadas para o enfrentamento e superação das privações, discriminações e opressões vivenciadas pelas mulheres.

Como exemplo, destaca-se a criação dos Conselhos dos Direitos da Mulher, das Delegacias Especializadas de Atendimento à Mulher, de programas específicos de saúde integral e de prevenção e atendimento às vítimas de Violência Sexual e Doméstica.

Nos anos noventa, amplia-se o movimento social de mulheres e surgem inúmeras organizações não-governamentais (ONGs). Além de uma diversidade e pluralidade de projetos, estratégias, temáticas e formas organizacionais, constata-se a profissionalização/especialização dessas ONGs.

Também nesta década, consolidam-se novas formas de estruturação e de mobilização, embasadas na criação de redes/articulações setoriais, regionais e nacionais, a exemplo da Articulação de Mulheres Brasileiras – AMB, da Rede Nacional Feminista de Saúde e Direitos Reprodutivos – RedeSaúde e de articulações de trabalhadoras rurais e urbanas, pesquisadoras, religiosas, negras, lésbicas, entre outras.

Paralelamente, são desencadeadas campanhas como "Mulheres Sem Medo do Poder", visando a estimular e apoiar a participação política das mulheres nas eleições municipais de 1996; "Pela Vida das Mulheres", visando a manter o direito ao aborto nos casos previstos no Código Penal Brasileiro (risco de vida da mãe e gravidez resultante de estupro); "Pela Regulamentação do Atendimento dos Casos de Aborto Previstos em Lei, na Rede Pública de Saúde"; e "Direitos Humanos das Mulheres", por ocasião da comemoração dos 50 anos da assinatura da Declaração Universal dos Direitos Humanos, visando a incorporar a história das mulheres.

Nessa década, o movimento aprofunda a interlocução com o Legislativo e o Executivo – e, em menor medida, com o Judiciário -, tanto no sentido da regulamentação de dispositivos constitucionais, quanto no sentido da implementação de políticas públicas que levem em conta a situação das mulheres e perspectiva de equidade nas relações de gênero.

As mulheres brasileiras, enquanto integrantes e representantes de organizações do movimento de mulheres, estão articuladas e sintonizadas com o movimento de mulheres internacional, particularmente o Latino-americano e do Caribe. O Movimento de Mulheres participou e contribuiu nos grandes fóruns internacionais, a exemplo das Conferências Mundiais da ONU – sobre Direitos Humanos (Viena-1993), População e Desenvolvimento (Cairo- 1994) e Mulher, Igualdade, Desenvolvimento e Paz (Beijing – 1995) – e da Convenção Interamericana para Prevenir, Punir e Erradicar a Violência Contra a Mulher (Belém do Pará – 1994), da Organização dos Estados Americanos – OEA.

Igualmente, vem participando do processo de avaliação das Conferências do Cairo e Beijing, que serão concluídos em 1999 e 2000, respectivamente.

Direitos das Mulheres na Legislatura 1995–1999

A Legislatura 95 – 99 consolidou a inclusão da temática dos direitos das mulheres e da equidade nas relações de gênero na pauta do Congresso Nacional, ainda que de forma não privilegiada. A reivindicação dessa inclusão, desencadeada pelas organizações do movimento de mulheres, ganhou força a partir do processo Constituinte.

Os avanços conquistados são fruto de uma interlocução com o Legislativo, mediante um trabalho conjunto e produtivo de organizações do movimento de mulheres, Conselhos dos Direitos da Mulher, Bancada Feminina e parlamentares sensibilizados e comprometidos com a cidadania das mulheres e com a igualdade de direitos e de oportunidades entre mulheres e homens na sociedade brasileira.

Uma parte da agenda do movimento de mulheres foi incluída na pauta do Congresso Nacional na Legislatura 95-99 e pode ser evidenciada pela aprovação de leis e realização de ações, em geral, acompanhada de publicação correspondente, conforme algumas especificações a seguir. Além disso, mais de 200 proposições referentes à temática tramitaram na Câmara dos Deputados e no Senado Federal.

Aprovação de 13 leis e emendas orçamentárias, entre as quais destacam-se:

- Lei 9.278/96 – regula a união estável como entidade familiar
- Lei 9.263/96 – regula o planejamento familiar. O direito à esterilização voluntária de mulheres e homens é conquistado em agosto/97, com a derrubada dos vetos do Presidente à lei
- Lei 9.100/95 e 9.504/97 – estabelecem quotas mínimas e máximas por sexo para candidaturas nas eleições proporcionais para Vereadores e Deputados Estaduais/Federais, respectivamente

- Aprovação de Emendas ao Plano Plurianual (1995-1999) e ao Orçamento da União referentes à cidadania das mulheres (97,98 e 99)

Realização de eventos

- Sessões Solenes de Comemoração do Dia Internacional da Mulher – 8 de março (95, 96, 97, 98)

- Sessões de Audiência Pública em Comissões Permanentes e Temporárias (95, 96, 97 e 98)

- Debate O Vaticano, o Catolicismo e a Política de Saúde Reprodutiva (96)

- Seminários A Mulher no Mundo do Trabalho (96 e 97)

- Seminário A Comprida História da Lei não Cumprida (97)

- Debate O papel do Legislativo – Resoluções Cairo 94 (97)

- II Fórum Interprofissional sobre o Atendimento ao Aborto previsto na Lei (97)

- Seminário Os Direitos Humanos das Mulheres e a Violência Intrafamiliar – medidas concretas de prevenção e combate à violência doméstica (98)

- Criação de Comissão Especial destinada ao Estudo das Medidas Legislativas que visem a implementar, no Brasil, as decisões da IV Conferência Mundial da Mulher (97)

- Instalação de Comissão Geral na Câmara dos Deputados sobre o Aborto Previsto em Lei (97) ❖

"Luta Pelos Direitos das Mulheres." http://www.redemulher.org.br/luta.htm. Organização Rede Mulher de Educação.

❖   ❖   ❖   ❖

Perguntas

1. Que década foi muito marcante pelo movimento das mulheres e por quê?
2. O que se passou nos anos noventa? Quais grupos afilharam-se aos grupos femininos?
3. Cite os nomes de algumas das campanhas então desencadeadas.
4. Mencione os títulos das Conferências Mundiais da ONU. Quando e onde aconteceram?
5. Cite algumas vitórias femininas na legislatura brasileira.
6. Considerando a personagem do filme Darlene, você acha que essas mudanças ajudariam na? Como?

A Adaptação
do Mito de Orfeu

13

Orfeu Negro

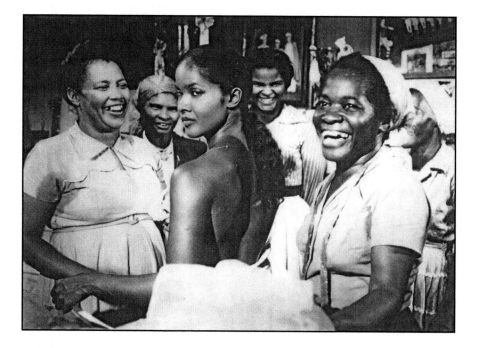

Informação geral

Apresentação do filme

Orfeu é muito querido na favela onde mora. Ele trabalha como condutor de trem, mas lidera a escola de samba local e é um músico inspirado. Noivo de Mira, uma mulher muito convencida e ciumenta, Orfeu apaixona-se perdidamente por Eurídice tão logo a jovem surge na favela. Ela corresponde aos seus sentimentos. Porém, Eurídice foge de um homem misterioso e mascarado, fantasiado de esqueleto, que a persegue. A figura sombria confunde-se com os foliões, na favela e nas ruas, aguardando o melhor momento para matar Eurídice. A tarefa de Orfeu é salvá-la da morte e

da vingança de Mira. A trama se passa durante o animado carnaval do Rio de Janeiro.

Diretor

Marcel Camus (1912 – 1982), cineasta francês antes de se tornar diretor, foi professor de arte. Ele trabalhou com Jacques Viot em vários filmes. Em sua filmografia, estão obras como: *Mort en Fraude (Fugitive in Saigon)* (1957), *Os Bandeirantes* (1960), *L' Oiseau de Paradis* (1962), *Un Été Sauvage* (1970), *Vivre la Nuit* (1967) e *Le Mur de l'Atlantique* (1970).

Roteiristas

Orfeu Negro baseia-se na pega de Vinicius de Moraes, que fez a tradução para o português do roteiro escrito por Marcel Camus e Jacques Viot.

Prêmios

✪ *Orfeu Negro* ganhou o Oscar e o Globo de Ouro de Melhor Filme Estrangeiro em 1959 e a Palma de Ouro em Cannes no mesmo ano.

Os atores principais

Breno Mello (Orfeu) nasceu em 1931. Também trabalhou em *Os Vencidos* (1963) e em alguns outros filmes.

Marpessa Dawn (Eurídice) nasceu em 3 de janeiro de 1934, em Pittsburgh, Pennsylvania. Ela trabalhou em vários filmes e seriados de TV depois de representar Eurídice.

Lourdes de Oliveira (Mira) Depois de *Orfeu Negro*, atuou em *Os Bandeirantes* (1960), também de Camus.

Léa Garcia (Serafina) nasceu em 11 de março de 1933, no Rio de Janeiro. *Orfeu Negro* foi seu primeiro filme, seguido por muitos outros, como: *Ganga Zumba* (1963), a *Deusa Negra* (1978), *Quilombo* (1984) e *Orfeu* (1999), no qual foi a mãe de Maicol. Também trabalhou bastante na televisão.

Ademar da Silva (o Esqueleto ou Morte) (1927-2001) Ademar foi atleta de salto triplo nos Jogos Olímpicos de 1952 e 1956.

Alexandro Constantino - Hermes.

Vocabulário

Substantivos

cadáver *m* - corpse
caridade *f* - charity
prima *f* - cousin
morte *f* - death
anel *m* - ring
brilhante verdadeiro *m* - real diamond
graça *f* - grace
porcaria *f* - crap
vigaristas *m/f* - crooks
doideira *f* - madness
fera *f* - wild thing
precipício *m* - cliff
seção dos desaparecidos *f* - Missing Persons Bureau
gaiola *f* - cage
segredo *m* - secret
armazém *m* - store, grocery
ensaio *m* - rehearsal
necrotério *m* - morgue
ônibus elétrico *m* - trolley, streetcar
ponte *f* - bridge
aliança *f* - engagement ring
prima *f* - cousin
carro alegórico *m* - parade float
folião *m* - reveller
esqueleto *m* - skeleton
sol *m* - sun

toga *f* - toga
tema grego *m* - Greek theme
Sambódromo *m* - area where the Carnaval parade takes place (built in 1984)
Terça-feira gorda *f* - "Fat" Tuesday is the day that precedes the end of Carnaval; Tuesday before Ash Wednesday
Quarta-feira de cinzas *f* - Ash Wednesday (the end of Carnaval)
Quaresma *f* - Lent
lua *f* - moon
estrelas *f* - stars
ouro *m* - gold
prata *f* - silver
gaiola *f* - cage
fantasia *f* - costume
resfriado *m* - cold
roça *f* - countryside
registro civil *m* - registry office
coitadinho(a) *m/f* - pitiful one
colares *m* - necklaces
ensaio *m* - rehearsal
navios negreiros *m* - slave ships
alforriados *m* - freed (slaves)
crenças *f* - beliefs
iorubá - Yoruba tribe in what is now Nigeria
oferendas *f* - offerings

Adjetivos

resfriado(a) *m/f* - cold

perseguido(a) *m/f* - chased

caro(a) *m/f* - expensive

misterioso(a) *m/f* - mysterious

doido(a) *m/f* - mad

bobo(a) *m/f* - silly, young

barato(a) *m/f* - cheap

vaidoso (a) *m/f* - vain, proud

Verbos

ajeitar - to fix

emprestar - to make a loan

Expressões

quem manda sou eu - I'm the one in charge, I'm the boss

grana - money

doideira - craziness

um bocado de - a lot of

Antes do filme

Leitura: O contexto

Adaptado da peça "Orfeu da Conceição," de Vinícius de Moraes, o filme recria o trágico caso de amor entre Orfeu e Eurídice, do período helênico, no Rio de Janeiro do final da década de 1950. Considerado um dos filmes clássicos brasileiros, *Orfeu Negro* leva uma das primeiras imagens cinematográficas do Rio de Janeiro para fora do Brasil. Sua trilha sonora, com a linda canção "Tristeza", de Tom Jobim, popularizou a bossa nova no mundo inteiro.

A bossa nova, o Rio de Janeiro e a adaptação

Responda às seguintes perguntas em grupo.

1. Quais são os mais conhecidos mitos gregos? Há adaptações deles para filmes e peças?
2. Pense na cidade do Rio de Janeiro de hoje em dia e a compare com a da década de 1950. O que mudou?
3. Como você descreveria a bossa nova? Quem são os grandes músicos de bossa nova?

Depois do filme

Atividade escrita

A. Os personagens

Relacione o personagem à sua caraterização.

1. ____ Mira		A.	o guarda da estação
2. ____ Orfeu		B.	o namorado de Serafina
3. ____ Hermes		C.	a noiva de Orfeu
4. ____ Eurídice		D.	foge do Esqueleto
5. ____ Serafina		E.	o "mestre" do violão
6. ____ Chico Boto		F.	a prima de Eurídice
7. ____ Benedito		G.	o amigo de Zeca

B. Ordem cronológica

Enumere as cenas na sequência em que elas aparecem no filme.

_____ Mira joga uma pedra em Orfeu.

_____ O homem cego assusta Eurídice.

_____ Chico Boto e Serafina "brincam".

_____ Mira e Orfeu vão ao registro de casamento.

_____ Orfeu busca Eurídice na seção dos desaparecidos.

_____ O espírito de Eurídice pede a Orfeu para ele não olhar para trás.

_____ O Esqueleto aparece no ensaio da escola de samba.

_____ Mira dança na escada e Orfeu fica com ciúmes.

C. Verdadeira ou falsa

Determine se a frase é verdadeira ou falsa.

1. V   F   Mira tem ciúmes de Eurídice.

2. V   F   Eurídice e Serafina são irmãs.

3. V   F   Chico Boto é um general do exército.

4. V   F   Todas as mulheres da favela adoram Orfeu.

5. V   F   Orfeu faz o sol se levantar.

6. V   F   Benedito é o próximo Orfeu.

7. V   F   O Esqueleto quer namorar Eurídice.

8. V   F   O cachorrinho se chama Caroço.

9. V   F   As "moradas do céu" vêm da astrologia.

10. V   F   O Esqueleto mata Orfeu.

D. Fotografia

Veja a foto e escolha a melhor resposta para descrevê-la:

1. Por que as mulheres estão sorrindo na fotografia?
   a. Uma delas perguntou se Mira conhece Eurídice.
   b. Elas acham Eurídice tão bonita que não precisa duma fantasia.
   c. Elas gostaram do perfume de Eurídice.

2. Quando se passa esta cena?
   a. No fim do filme.
   b. Durante o ensaio da escola de samba.
   c. No começo do filme

3. O que acontece depois desta cena?
   a. Mira aparece à janela.
   b. O Esqueleto aparece à janela.
   c. Orfeu aparece à janela.

4. Qual é a profissão das mulheres da cena?
   a. dentistas
   b. enfermeiras
   c. costureiras

5. Qual é a importância da cena no filme?
   a. Orfeu quer que Eurídice faça parte da escola de samba.
   b. Orfeu apresenta Eurídice a pessoas novas.
   c. Mira descobre que existe outra mulher na vida de Orfeu.

E. Pequenas respostas

Veja a foto e escreva três ou quatro frases para cada uma das solicitações a seguir.

1. Descreva a foto.
2. Dê um título para a foto e justifique sua escolha.
3. Descreva as emoções traduzidas na expressão dos personagens.
4. Crie um diálogo entre os personagens.

F. Una a fala ao personagem

Coloque a primeira letra do nome personagem na lacuna à esquerda.

1. _____ "Quem manda sou eu!"
2. _____ "Quando entra, acaba seu carnaval."
3. _____ "Se você for…"
4. _____ "Ele fez o sol levantar."
5. _____ "Acabou seu carnaval."
6. _____ "Você me mata e nunca mais vai me ver."
7. _____ "Quinze andares de papel"
8. _____ "Eles são sempre assim no começo."
9. _____ "Eu não tenho pressa nenhuma."
10. _____ "Toma conta dela."
11. _____ "Fiz uma caridade."
12. _____ "Depressa, depressa!"

A. mulher velha
B. Orfeu
C. Atendente da Seção de Desaparecidos
D. Funcionário do necrotério
E. Menina vestida de branco
F. Eurídice
G. Chico Boto
H. Esqueleto
I. Hermes
J. Benedito
K. Mira

G. Relações entre os personagens

Veja o diagrama e descreva as relações
entre os personagens em termos familiares,
legais, emocionais e de qualquer outra
maneira que você possa imaginar. Por
exemplo, há tensão entre eles? No caso de
haver triângulos, qual é o personagem
dominante em cada um deles?

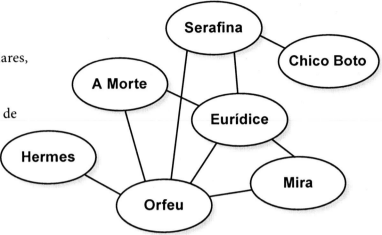

H. Vocabulário

Preencha as lacunas com as palavras da lista abaixo:

registro civil	roça	fantasias	gaiola	ensaios	perseguida
resfriado	anel	primos	coitadinho	armazém	

1. Eurídice estava sendo _____ pelo Esqueleto.

2. O necrotério era frio e o funcionário não queria pegar um _____ .

3. Mira e Orfeu foram ao _____ para dar entrada nos papéis de casamento.

4. Um pássaro vive numa _____ .

5. Se você não vive na cidade, vive na _____ .

6. A escola de samba pratica sua arte nos _____ .

7. Durante o carnaval, as pessoas vestem _____ .

8. Mira queria um _____ de noivado para mostrar para suas amigas.

9. No _____ compram-se frutas e legumes.

10. Os filhos de seus tios são seus _____ .

I. Antônimos

Ligue as palavras das duas colunas.

A	B
caro	vivo
misterioso	barato
doente	pouco
morto	triste
muito	aberto
alegre	saudável
fechado	óbvio

J. Palavras cruzadas

Coloque a palavra certa nos espaços.

Horizontal

A. há no desfile
B. roupa para o carnaval
C. mercado
D. casa de passarinhos
E. último dia de carnaval
F. não se conta a ninguém
G. tem frio
H. filha da tia

Vertical

1. roupa romana
2. jóias para o pescoço
3. campo
4. penúltimo dia do carnaval

5. entre carnaval e Páscoa
6. onde se põem cadáveres
7. louca
8. não é caro
9. estrela que queima

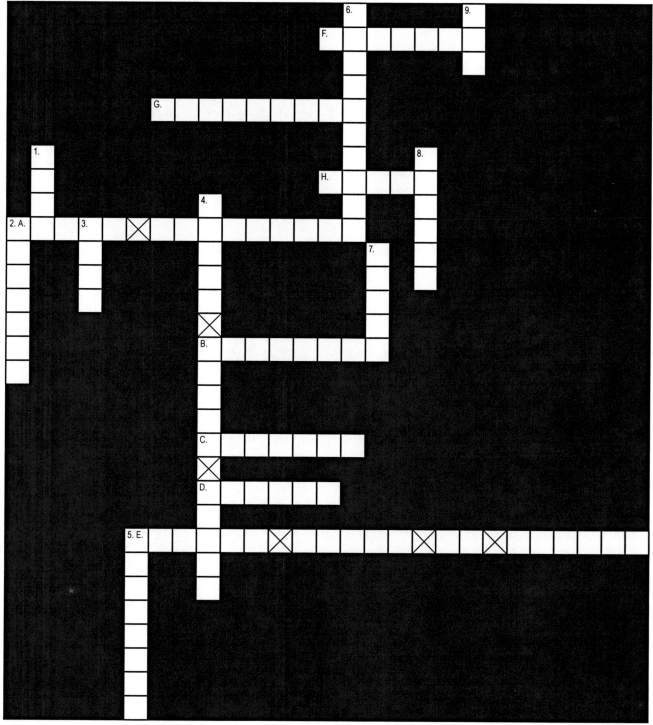

K. Crie uma sinopse

Depois de ver o filme e discuti-lo na aula, siga as instruções abaixo e escreva uma sinopse para encorajar outras pessoas a assisti-lo. Sinopses devem ser curtas e dar destaque aos momentos mais excitantes e marcantes do filme. Como você escreveria a sinopse de *Orfeu Negro*?

1. Selecione as cenas que você quer destacar.
2. Escreva algumas linhas descrevendo cada cena.
3. Coloque-as em sequência, de maneira que a leitura seja atrativa aos futuros espectadores.

L. Redação

A partir das perguntas e proposições a seguir, escreva um ensaio de uma página.

1. Quando Hermes dá a Orfeu a certidão de óbito de Eurídice, ele conta que o fez por caridade. Orfeu diz "obrigado," o que, de acordo com Hermes, é a única coisa que um pobre pode dizer. O que isso significa no contexto da situação socioeconômica na qual eles estão?
2. No filme, há vários triângulos amorosos. Quem faz parte deles? Você concorda que existe uma ligação entre os personagens abaixo?
   Morte-Orfeu-Eurídice
   Orfeu-Eurídice-Mira
3. Por que a música pode ser considerada um elemento no filme? Compare a utilização da música neste e em outros filmes abordados neste livro.
4. Como os animais são retratados em *Orfeu Negro*? Eles são um tema no filme? Compare a representação dos animais em *Orfeu Negro* e em *Cidade de Deus* – filmes que se passam em favelas.
5. Descreva como se dá a passagem do talento musical de *Orfeu* – simbolizado por seu violão – para a próxima geração. Orfeu é um mito ou um personagem? Haverá sempre um Orfeu e uma Eurídice?
6. Os gregos eram politeístas, assim como os seguidores da macumba. Dê sua opinião sobre adaptar a mitologia grega ao contexto do sistema de crenças múltiplas, ou sincretismo religioso, que acontece no Brasil.

M. Compare os dois filmes sobre *Orfeu*

Depois de assistir aos dois filmes sobre o mito de Orfeu, escreva um ensaio de uma página, respondendo às perguntas e proposições a seguir.

1. De onde vêm a Eurídice de *Orfeu Negro* (1959) e a de *Orfeu* (1999)? Como elas chegam ao Rio? Em sua opinião, o que isso significa?
2. Compare as representações das favelas nos dois filmes. Qual é mais violenta? A favela do filme de 1959 é realista? Justifique sua resposta.
3. Luciano, em Orfeu, é comparado à Morte de *Orfeu Negro*? Justifique sua resposta.
4. *Orfeu Negro* foi criticado, recentemente, pelo fato de os favelados parecerem felizes demais e nãoafetados emocionalmente por sua pobreza. Em sua opinião, o filme assume uma

perspectiva nãorealista de uma favela? Se você respondeu que sim, diga se isso é coerente com a história do filme. Em *Orfeu*, os favelados parecem sempre estar com raiva? O que você acha da representação dos pobres, especialmente dos negros, nesses filmes?

5. Quais são as similaridades e as diferenças entre as cenas em que Orfeu procura por Eurídice nos dois filmes? Onde ele vai procurá-la? Em sua opinião, o Departamento de Pessoas Desaparecidas representa o purgatório? E o que você acha do vale cheio de lixo embaixo do desfiladeiro, em *Orfeu*?

6. Qual é o destino dos corpos de Orfeu e Eurídice? Eles são muito similares?

7. Descreva as semelhanças e diferenças estre as imagens do carnaval dos dois filmes. O que mudou no Rio em 40 anos? Como as escolas de samba são mostradas em um e em outro filme? Quem hoje controla as escolas de samba, e quem controlava antes?

8. Quem são os personagens secundários nos dois filmes? Qual é a importância deles nos filmes?

9. Que diferenças você percebe entre as cenas que abordam a questão religiosa nos dois filmes?

10. Como isso reflete o tom e a proposta de cada filme?

N. Fantasias de carnaval

Em pares ou em grupos de três alunos, escolham um tema e desenhem fantasias para um desfile de uma escola de samba. Incluam fantasias individuais para pessoas que desfilarão nos carros alegóricos.

Atividades orais

A. Conversa

Em pares ou grupos de até quatro alunos, respondam às seguintes perguntas.

1. De onde vem Eurídice? Como ela chega ao Rio? Quem ela conhece na barca?

2. No bondinho de Santa Tereza, quem a encontra dormindo na última estação? O que ele faz com Eurídice? Quem a ajuda a encontrar sua prima?

3. Onde Orfeu trabalha? Quem o cumprimenta quando ele pega seu pagamento? Qual é a reação de seus colegas de trabalho quando veem Mira?

4. O que Orfeu resgata na casa de penhores? O que se vê por toda a casa de penhor? Por quê? O que um homem vende a Orfeu? Por quanto? Qual é a reação de Mira ao ver o objeto?

5. Na cena em que Mira e Orfeu dão entrada nos papéis do casamento, há outras pessoas na sala do registro civil? O que elas estão fazendo? O que o funcionário pergunta a Mira e Orfeu? Qual é a reação de Mira? O que Orfeu diz?

6. Quanto Mira gasta no seu anel de noivado? Qual é a reação de Orfeu? O que Mira faz quando desce as escadas? Qual é a reação dos homens?

7. Quem é a prima de Eurídice? Por que ela acha que Eurídice a está visitando? Por quem a prima de Eurídice estava esperando? Aonde elas vão para comprar comida?

Para saber: Carnaval no Rio

◆ O carnaval no Rio de Janeiro é especial, o que se deve, em grande parte, às suas escolas de samba.

◆ Escolas de samba são agremiações, geralmente de vizinhanças, onde as pessoas reúnem-se para cantar e dançar o samba. No carnaval, montam verdadeiros espetáculos, com carros alegóricos e belas fantasias, desenvolvendo temas que são escolhidos anualmente.

◆ Em bairros pobres, as pessoas economizam o ano inteiro para comprar suas fantasias extravagantes. Algumas das escolas de samba mais famosas do Rio de Janeiro são Portela, Beija-Flor e Mangueira.

---

8. O que o homem do armazém pede em troca da comida? Como as mulheres reagem ao pedido dele? O que elas fazem?

9. Quem aparece para exibir seu novo anel de noivado? Descreva o que Serafina faz para distrair a atenção dela. Para onde Orfeu vai? Quem ele encontra?

10. O que Benedito dá a Eurídice? Qual é o significado desse objeto? O que acontece com ele mais tarde? O que as crianças querem que Orfeu faça de manhã? Onde os meninos colocam o violão de Orfeu? O que Orfeu canta quando o encontra?

11. Descreva os animais que estão na casa de Orfeu. Eles têm nomes? Como eles se chamam?

12. Quem vive na casa ao lado da de Orfeu? Que tipo de relacionamento eles têm? No final do filme, o que Mira faz com a casa de Orfeu? O que ela faz com Orfeu?

Para saber: Bossa nova

◆ Bossa nova é um estilo musical que surgiu no Rio de Janeiro entre o final dos anos 50 e o começo dos 60. Alguns dos seus músicos mais famosos são: João Gilberto, Tom Jobim e Vinícius de Moraes.

◆ Uma das primeiras gravações da bossa nova foi a canção "Chega de Saudade", em 1959. Naquele mesmo ano, *Orfeu Negro* popularizou essa música e a expôs ao mundo. Os músicos americanos Stan Getz e Charlie Byrd colocaram uma batida de jazz na melodia e a levaram para um público maior, especialmente nos Estados Unidos.

◆ Os instrumentos básicos da bossa nova são o violão e o piano, mas outros instrumentos são às vezes incluídos para amplificar o ritmo. Originalmente, a bossa nova foi influenciada pelo choro e pelo samba, outros estilos musicais brasileiros.

◆ Além de "Chega de Saudade", há muitas outras canções famosas da bossa nova, entre elas: "Garota de Ipanema" e "Samba de Uma Nota Só", ambas de Vinícius de Morais e Tom Jobim. Na seção de leitura você encontra a canção "A Felicidade", que faz parte da trilha sonora de *Orfeu Negro*.

---

13. De quem Eurídice está fugindo? Alguém acredita nela?

14. Como Eurídice morre? Quem se sente responsável pela morte dela? Você concorda que ele a matou?

15. Qual é o nome do pastor alemão (*German shepard*) que guarda a casa onde a cerimônia de candomblé acontece? Como esse nome remete à mitologia grega?

16. Qual dos meninos pequenos vai procurar Hermes? Quem é Hermes na mitologia grega?

17. Quem é mais perigosa para Eurídice: Mira ou a Morte? Por quê? O que cada uma delas diz sobre matar Eurídice? Elas são guiadas pela emoção ou têm uma missão?

18. Onde, no cenário do filme, está escrito "Orfeu é meu mestre"? O que isso significa? Haverá outro Orfeu depois desse?

B. "Canto dos Críticos"

O "Canto dos Críticos" é um programa de televisão imaginário, produzido e apresentado durante a aula. Depois de cada filme, um grupo de três a quatro estudantes discute os temas mais importantes nele retratados e questiona se o filme deve ser assistido ou não pelo público. Um estudante deve usar a câmera. Escolha dois críticos e um diretor para discutir o filme de hoje, *Orfeu Negro*. Crie perguntas para o programa e depois discuta-as no ar. Peça a alguém para gravar a discussão.

C. Análise de uma cena específica (1:08 - 1:13)

Cena: a Morte procura Eurídice durante o desfile das escolas de samba.

Assista à cena e responda às perguntas.

Observe

1. Onde a Morte está sentada?
2. O que a Morte faz com os foliões?
3. Quem pisa na figa de Eurídice?

Escute

1. O que Serafina diz ao seu marinheiro?
2. O que Mira diz a Orfeu?
3. O que Benedito diz a Orfeu?

A cena na história

1. Como esta cena se relaciona ao resto da história?
2. Há uma ligação da cena com outras relacionadas ao carnaval?
3. Como Eurídice escapa da Morte nas cenas de carnaval?

Atividade de leitura: Candomblé

Antes de ler o artigo, considere as seguines perguntas:

1. Como as religiões se desenvolvem no mundo?
2. Com que outra(s) religião(ões) o candomblé se parece?

❖   ❖   ❖   ❖

Os Orixás e a Natureza

Zeca Liciéro

Ao longo deste livro, menciono diversas vezes a íntima ligação que existe entre os Orixás e a natureza. Ressalto também a importância das folhas e dos ambientes naturais para a liturgia do Candomblé.

A começar pela apreensão do conceito de "Axé", o caminho de um aprendiz da religião dos Orixás é frequentemente permeado por noções e experiências que visam a elevar o fiel a estados de compreensão mística da natureza, promovendo a comunhão com os seres visíveis e invisíveis que a habitam, isto porque o Candomblé é fortemente apoiado no uso de oráculos como forma de comunicação direta com as forças inteligentes da natureza (Orixás) e com os demais espíritos que se expressam por meio dos fenômenos naturais.

Depois que o mundo foi criado, cada Orixá recebeu uma parte do Axé, que lhes dava poder sobre os diversos tipos de seres e coisas manifestados no mundo material. Cada Orixá representa uma força diferente da natureza e, apurando nossa sensibilidade, podemos verificar que a presença de um Orixá é mais viva nos ambientes naturais que lhe correspondem. Assim, Oxum (água doce) será encontrada nos rios e cachoeiras; Oxaiá-Odudua (ar) e Iansã (vento) são acessíveis no alto das montanhas; Iemanjá nas praias; para contatar Oxóssi (caçador), Ossâim (folhas) ou Ogum (ferro, terra masculina), o local indicado é a floresta; querendo aproximar-se de Xangô (trovão), a melhor escolha é uma boa pedreira, pois seria muito arriscado estar ao lado de um pára raios durante uma tempestade. Esta primeira constatação nos ajudará a entender as maneiras pelas quais determinados cenários naturais podem funcionar como verdadeiros oráculos, onde a interação com os elementos auxilia a pessoa no auto esclarecimento e na resolução de problemas.

O escritor Awo Fa'lokun Fatunmbi, sacerdote de Ifá (Orixá da Adivinhação), recomenda ao principiante que escolha um Orixá de um dos elementos fundamentais (terra, fogo, água ou ar) para estudo e oração. Os elementos, se analisados metafisicamente, possuem afinidades com questões específicas da alma humana e podem influir nos percalços de nosso caminho pela espiritualidade. A reunião dos pontos até aqui abordados sugere a conexão explícita entre os universos Divino-Humano-Natural.

Orixás associados com o ar (Oxalá/Odudua) são geralmente envolvidos com questões de ética e bom caráter. No cerne deste interesse está a atitude de considerar questões metafísicas e uma curiosidade sobre a natureza da criação. Orixás associados com a Terra (Ogum/

Oxóssi/Ossâim) enfatizam questões da sobrevivência tais como: ecologia, construção da saúde e segurança da casa. Eles guiam empreitadas artísticas tais como escultura e trabalho em metal. Orixás associados com a água (Íemanjá/Oíokum) são nutridores. Isso inclui o interesse em saúde mental e física. O elemento da água (Oxum) é também essencial para questões de fertilidade e abundância. Na cultura iorubá, fertilidade e abundância propiciam uma vida rica e alegre. Orixás associados com o fogo (Xangô/ Agayú) estão no cerne de qualquer processo de transformação. Fogo é o elemento que tempera a cabeça durante a iniciação. Paixão é considerada um aspecto do fogo. A idéia da paixão inclui relacionamento pessoal e interesse na justiça social.

Outras formas de relacionamento religioso com a natueza são praticadas nos Candomblés de Caboclo. Nessa modalidade, o Candomblé apresenta um caráter marcadamente sincrético, sobretudo por mesclar tradições ameríndias e africanas. Os caboclos são espíritos de índios, negros ou mestiços que viveram "no mato", e seu culto é mais comum nos Terreiros de linha Congo-Angola, onde se acredita que "todo iniciado é acompanhado por um caboclo que, cedo ou tarde, se manifestará". Gisèle Cossard, em *Coníríbution à L'Étude dês Candomblés au Brésil — Lê Candomblé Angola,* descreve uma festa de caboclos. Nesta cerimónia, uma árvore conhecida como "árvore da Jurema" tem importância fundamental, já que é aos seus pés que o caboclo receberá as oferendas e será, por fim, incorporado pelo médium.

A festa de caboclos é bastante alegre: a entidade costuma dançar e cantar "sambas de caboclo", além de beber e comer com os fiéis. Em seguida, fala para os que o consultam, receitando remédios da flora medicinal para os males físicos, sentimentais ou espirituais. Logo que se incorpora, o caboclo se ornamenta com cocares de penas coloridas e, muitas vezes, se apresenta como membro de alguma tribo indígena que ainda existe em nossos dias. Sua linguagem é um Português bem popular, carregado de sotaque interiorano, fazendo uso de palavras originalmente indígenas (tupi/guarani) ou africanas (quicongo/quimbundo).

Nos Candomblés de tradição iorubá, Iroko é uma árvore de destacada importância, sendo considerada um Orixá-Árvore. Para honrá-lo, costuma-se amarrar um tecido branco em torno do seu tronco; outras plantas sagradas também são dignificadas dessa maneira, mudando apenas as cores do tecido que as envolve. De um modo geral, a importância das árvores no Candomblé pode ser facilmente vista em um trecho mitológico que diz: "Cada vez que Oxalá criava uma pessoa, criava também uma árvore (...)."

A compreensão que alguns sacerdotes chegam a ter em relação aos desígnios e lições da natureza é fruto de toda uma vida dedicada à religião dos Orixás. Mas o principiante tem acesso a algumas alternativas para exercer o desejo de evolução espiritual, na trilha iorubá. Uma dessas possibilidades é a construção de um pequeno altar sobre o qual serão colocados objetos e elementos que sejam a representação simbólica da energia de que o Orixá participa na natureza.

Para os Orixás do ar, escolha o branco: toalha, pires e vela branca sobre uma mesinha. Use giz orgânico e conchas brancas, especialmente as espiraladas. Pedras brancas, ovos, tecidos brancos e jóias com pedras brancas também são símbolos efetivos. Um pouco de luz azul para simbolizar o céu. Fotos e desenhos do sol, como manifestação de luz, podem ser colocados junto do altar, ao lado de mandalas representando a unificação da natureza.

Para Orixás de água salgada, um pouco de água do mar e pedras que podem ser colhidas na praia são adequados. Se você mora longe da praia, ponha um pouquinho de sal na água comum. Para água doce, usam-se as cores amarela ou verde, pedras de rio ou lago. A meditação com espelho é também um exercício de autoconhecimento.

Para Orixás do fogo, use velas vermelhas circundadas por pedras vulcânicas. O machado de dois gumes, símbolo de Xangô, também pode ser usado, decorado em vermelho e branco.

Entre os Orixás da terra, o altar de Oxóssi é o mais simples, podendo ser feito com pedras "sujas" de um local preferido na natureza; coloca-se também sobre seu altar faca, arco e flecha.

Na África, os altares são focos de aíração para forças específicas da natureza. Os Orixás são atraídos para lá, após sucessivas repetições de preces, cantos e invocações. As orações devem ser executadas com disciplina, ao longo de todo o ano, e não apenas quando precisamos de ajuda. Dessa maneira, a presença do Orixá no altar será bastante forte.

As primeiras orações de um principiante devem ser bem simples: a pessoa se apresenta, dizendo quem é; depois pede que um certo Orixá ouça sua prece, agradecendo pelas bênçãos que já tem recebido; só depois disso é que o pedido será feito.

Cada vez que um pedido é formulado, uma oferenda é feita. As oferendas constituem uma parte especialmente complexa e detalhada da religião. Todavia, o componente mais valioso de qualquer oferenda está à disposição de todos nós. Devemos lembrar-nos sempre que "a sinceridade do gesto é que é importante. Fazendo uma oferenda estamos usando o ritual para dizer que não queremos alguma coisa por nada. A verdadeira oferenda é um compromisso: viver a vida em harmonia com a natureza e apreciar as suas muitas bênçãos".

Iemanjá é a mãe, que se desdobra em amores e compreensão na criação de seus filhos. Além daqueles que nascem de si própria ela aparece nos mitos recolhendo também os filhos rejeitados por outras deusas. Na natureza, é representada pelas águas rasas do mar. A profundeza do oceano é a região de Olokum, uma deusa pouco conhecida no Brasil.

No primeiro dia do ano, pessoas de todas as religiões costumam fazer oferendas para Iemanjá, pedindo que ela traga um ano novo melhor do que o ano que passou. Por causa de sua bondade e suas características de Grande Mãe, Iemanjá é sincretizada com Nossa Senhora, a Mãe de Deus. Na mitologia iorubá, ela se junta com Oxalá para gerar vários Orixás,

Iemanjá é tão maternal que faz até vista grossa para não ver os defeitos de seus rebentos. Mas é também possessiva, e pode fazer chantagens emocionais para que suas "eternas crianças" jamais se afastem dela. Nesse sentido, é bem a imagem da mãe brasileira: complacente, superprotetora e apaixonada pelos filhos. Pode ser invocada para promover em nós uma verdadeira limpeza espiritual, levando embora os sofrimentos e as sequelas emocionais que nos impedem de continuar evoluindo.

Seu dia da semana é sábado, e suas cores são o branco e o azul. Aqui, foi sincretizada com Nossa Senhora da Imaculada Conceição; em Cuba, com Santa Virgem de Regia.

Oxum é a divindade das águas doces. Seu poder de sedução transparece na beleza física, na doçura da voz, na delicadeza de seus gestos. Tem a ver também com a menstruação e a gravidez, que está sob sua proteção. Ela representa o feminino passivo, que se deixa ficar quieto, enquanto a vida se faz em suas entranhas. No momento certo, após os nove meses em que o bebê se formou dentro dela, entrará (involuntariamente) em trabalho de parto, dando à luz um novo ser, vivo e cheio de saúde.

É muito vaidosa. Uma de suas lendas conta como ela venceu uma guerra sem lutar. É que ela demorou tanto se enfeitando que o inimigo foi derrotado antes mesmo que ela conseguisse sair da frente do espelho. Ela é como as águas das cachoeiras, que podem gerar eletricidade, mas que produzem sua força ao se deixarem levar pela gravidade. É como as flores, belas e perfumadas para atrair pássaros e insetos, que são os verdadeiros agentes da polinização. Oxum é muito rica, mas não precisa suar seu rosto, porque seus admiradores enchem-na de presentes, pois os prazeres que essa deusa proporciona são tão preciosos quanto o milagre da vida, que se manifesta no mundo através das fêmeas de todas as espécies. E Oxum sabe muito bem disso.

As cores de Oxum são o amarelo e o dourado; seu dia da semana é sábado. Possui sincretismo com Nossa Senhora das Candeias e Nossa Senhora dos Prazeres, no Brasil; em Cuba, com Nossa Senhora da Caridade do Cobre.

Ele é o pai, criou todos os homens e gerou muitos Orixás. Oxalá é o Orixá da brancura, e traz em si o princípio simbólico de todas as coisas, pois o branco é a mistura de todas as cores. Tem a ver com o ar e com as alturas celestiais.

Como arquétipo do grande pai, Oxalá é inabalável em sua autoridade e extremamente generoso em sua sabedoria. Na vida humana, Oxalá relaciona-se com o plano das ideias e com a sede do caráter das pessoas (a cabeça), proporcionando criatividade e orientando a conduta. Como é a suprema autoridade, Oxalá pode ser também muito teimoso, recusando-se a cumprir recomendações alheias por acreditar que deve sempre agir por sua própria cabeça.

Oxalá representa o princípio masculino e criador. Sua personalidade possui dois aspectos bem diferentes. Um deles é personificado pelo Oxalá jovem, guerreiro, o irrequieto Oxaguiã; o outro é Oxalá velho, mais avô do que pai, um senhor muito sábio e conselheiro cujo nome é Oxalufã. Oxalufã é o último a aparecer nas festas do Candomblé; caminha com dificuldade, apoiado no seu cetro mágico (o *Opaxoró*) *e* amparado com muito carinho pelos demais Orixás.

Seu dia da semana é sexta-feira; neste dia, os adeptos do Candomblé se vestem de branco para honrá-lo. Mas Oxalá usa também o azul-claro, que representa o céu durante o dia. Tanto em Cuba quanto no Brasil, Oxalá é sincretizado com Jesus Cristo. ❖

Liciéro, Zeca. "Os Orixás e a Natureza." *Iniciação ao Candomblé*. Editora Record, pp. 43-47, 98, 102.

Perguntas

1. Quando chegaram os navios negreiros à África? Quais são os efeitos da escravidão na família africana?

2. A palavra "candomblé" é de origem Iorubá ou Quicongo-Angolano?

3. Onde há concentrações de crenças de origens africanas no Brasil?

4. Quem é Iemanjá? Qual é o seu dia da semana? O que se faz no primeiro dia do ano para ela?

5. Quem é Oxum? Ela é tímida ou vaidosa? Quais são as cores de Oxum?

6. Quem é Oxalá? Qual é a sua cor? Qual é o seu dia da semana?

14

Orfeu

Informação geral

Apresentação do filme

Baseado na peça *Orfeu da Conceição*, de Vinícius de Moraes, este filme de Cacá Diegues também conta a história de Orfeu e Eurídice, que começa num sábado de carnaval no Rio de Janeiro. Apesar de ter êxito como músico e de ser líder da escola de samba Unidos da Carioca, Orfeu mora na favela. Enquanto trabalha nos últimos preparativos para o desfile de carnaval, ele conhece, Eurídice, que acaba de chegar à cidade em busca de sua tia, Carmem, única parente viva desde que seu pai morrera no Acre, estado da região Norte do Brasil. Os dois se apaixonam perdidamente, provocando ciúme e violência, principalmente de Lucinho, chefe de uma gangue que distribui drogas.

Diretor

Carlos Diegues nasceu em Maceió, Alagoas, no Nordeste, no dia 19 de maio de 1940. Também conhecido como Cacá Diegues, ele é um dos principais diretores do cinema brasileiro. Começou o seu trabalho nos anos 1960, durante o movimento

---

Prêmios

✪ Cinco vitórias, seis indicações, entre elas: Golden Índia Catalína Award (2000), Grande Prêmio do Cinema Brasileiro (2000), Troféu APCA (2000)

---

do Cinema Novo, e até hoje faz filmes que levantam questões importantes sobre a história e a política brasileiras. Entre os seus trabalhos mais conhecidos, estão: *Xica da Silva* (1976), *Chuvas de Verão* (1978), *Bye, Bye, Brazil* (1979), *Quilombo* (1984), *Um Trem Para as Estrelas* (1987), *Tieta do Agreste* (1996), *Orfeu* (1999) e *Deus é Brasileiro* (2003).

Atores principais

Toni Garrido (Orfeu) nasceu no dia 7 de setembro de 1967, no Rio de Janeiro. Ele trabalhou na televisão e no filme *Como Ser Solteiro (How to Be Single in Rio)* (1998).

Patrícia França (Eurídice) nasceu no dia 28 de setembro de 1971, em Recife, Pernambuco, e trabalhou em diversos programas de televisão.

Murilo Benício (Lucinho) nasceu no dia 13 de julho de 1972, em Niterói, e atuou em muitos programas e novelas de televisão e em filmes como *Os Matadores* (1997), *Woman on Top* (2000), *Amores Possíveis* (2001) e *O Homem do Ano* (2003).

Zezé Motta (Conceição) nasceu no dia 27 de junho de 1944, em Campos dos Goitacazes. Trabalhou em muitos filmes de Cacá Diegues, entre eles, em *Xica da Silva* (1976), *Quilombo* (1984) e *Tieta do Agreste* (1996). Ela também fez muitos trabalhos na televisão.

Milton Gonçalves (Inácio) nasceu em 9 de dezembro de 1933, em Monte Santo, Minas Gerais. Sua carreira no cinema começou em 1958, com *O Grande Momento*. Trabalhou em muitos programas de televisão e em filmes como *O Homem Nu* (1968), *O Testamento do Senhor Napumoceno* (1997), *O Que é Isso, Companheiro?* (1997) e *Carandiru* (2003), no papel de Chico. Milton é considerado um dos melhores e mais ativos atores brasileiros.

Isabel Fillardis (Mira) nasceu em 3 de agosto de 1973, no Rio de Janeiro. Trabalha na televisão.

Maria Ceiça (Carmem) nasceu no Rio de Janeiro. Trabalhou na televisão e também em *O Testamento do Senhor Napumoceno* (1997).

Stepan Nercessian (Pacheco) nasceu dia 2 de dezembro de 1953, em Cristalina, Goiás. Trabalhou em *Xica da Silva* (1976), *Deus é Brasileiro* (2003) e fez muitos papéis na televisão.

Maurício Gonçalves (Pecê) nasceu no Rio de Janeiro, e é filho de Milton Gonçalves. Trabalhou no filme *O Homem do Ano* (2003) e na televisão.

Lúcio Audrey (Piaba) trabalhou em *Como Ser Solteiro* (1998), *Cidade de Deus* (2002), *O Homem do Ano* (2003) e *Redentor* (2004).

Silvio Guindane (Maicol) nasceu dia 19 de setembro de 1983. Trabalhou na televisão e no filme *Como Nascem os Anjos* (1996).

Vocabulário

Substantivos

lua *f* - moon
animais (bichos) *m* - animals
estrelas *f* - stars
bicampeão *m* - second time champion
foguete *m* - rocket
mestre *m* - master or teacher
comunidade *f* - *favela*, slum
Acre *m* - a state in Brazil
defunto *m* - dead person
véspera *f* - eve
búzios (jogar búzios) *m* - shells used to read the future

guerra de garimpo - a war in a gold mine
tiro *m* - bullet
asa delta *f* - hang-glider
morro *m* - hill where a slum is located
porta bandeira *f* - flag bearer of a samba school
carro alegórico *m* - parade float
suvaco/sovaco *m* - armpit
lança *f* - spear
tecnologia *f* - technology
laptop *m* - laptop
banda *f* - band

grupo *m* - group
vocalista *m/f* - lead singer
violão *m* - guitar

baixo *m* - bass
ritmo *m* - rhythm
letra *f* - lyrics

Adjetivos

fedorento(a) *m/f* - stinking
simpático(a) *m/f* - nice, friendly
trabalhador(a) *m/f* - hard-working

gentil *m/f* - polite
hospitaleiro(a) *m/f* - hospitable

Verbos

repetir - to repeat
desfilar - to parade
despedir - to say goodbye
converter - to convert
acabar - to finish
deixar - to leave

rebentar - to burst
torcer - to support, to twist, to wring
atender - to answer (the phone)
pular - to jump
queimar - to burn
compor (música) - to compose (music)

Expressões

caramba! - my goodness!
besteira - nonsense
vagabundo - rogue
fim do mundo - end of the world

chuva de verão - summer rain shower
fica quieta! - be quiet!
não vale nada - worthless
bala perdida - missing bullet

Antes do filme

Leitura: O contexto

Orfeu se passa na época do carnaval, festa que começa cinco dias antes da Quaresma. Embora as tradições do carnaval variem muito de cidade para cidade, no Brasil as comemorações do Rio de Janeiro, de Salvador (Bahia), e Olinda (Pernambuco) são as mais conhecidas. No Rio, há um lugar chamado Sambódromo, onde as escolas de samba desfilam e concorrem umas com as outras. Em Salvador, há trios elétricos ou caminhões cheios de alto-falantes, com uma banda tocando em cima, que vão de um lado a outro da cidade. Já em Olinda, um elemento característico do carnaval são as marionetes enormes, transportadas pelas pessoas nas ruas estreitas da cidade. Em todo o país, as pessoas usam fantasias.

Carnaval no Brasil

Responda às seguintes perguntas em grupo.

1. Quando é o carnaval? Há alguma celebração como esta no seu país?
2. Quais são as principais festas de carnaval no Brasil? Por que elas são únicas e onde acontecem?
3. O carnaval tem uma função socioeconômica ou política no Brasil?

Depois do filme

Atividade escrita

A. Os personagens

Relacione o personagem à sua caracterização.

1. _____ Orfeu		A.	chefe de uma gangue
2. _____ Lucinho		B.	nascida no Acre
3. _____ Eurídice		C.	cantor famoso na favela
4. _____ Carmem		D.	mãe de Orfeu
5. _____ Conceição		E.	tia de Eurídice
6. _____ Maicol		F.	acusado de estupro
7. _____ Pacheco		G.	adolescente artístico

B. Ordem cronológica

Enumere as cenas na sequência em que elas aparecem no filme.

_____ Conceição joga búzios.

_____ Carmem atira uma lança em Orfeu.

_____ Eurídice chega de avião ao Rio.

_____ Orfeu canta no Sambódromo.

_____ Lucinho mata Eurídice.

_____ Maicol dá um quadro a Eurídice.

_____ A gangue ameaça Pacheco.

_____ Inácio assobia.

_____ Caetano Veloso canta no balcão.

C. Verdadeira ou falsa

Determine se a frase é verdadeira ou falsa.

1. V   F   Lucinho gosta de Eurídice.
2. V   F   Conceição acha que Orfeu deveria casar-se.
3. V   F   Orfeu é um traficante que quer aumentar o seu negócio no morro.
4. V   F   Conceição é evangélica.
5. V   F   Carmem foi o primeiro amor de Orfeu.
6. V   F   Todas as mulheres do morro gostam de Orfeu.
7. V   F   Eurídice é de São Paulo.
8. V   F   Só há homens na gangue de Lucinho.
9. V   F   Orfeu mora na casa dos pais.
10. V   F   Eurídice quer que Orfeu saia do morro com ela.

D. Fotografia

Veja a foto do cartaz de divulgação do filme e escolha a resposta mais adequada para descrevé-la:

1. Quem está na foto?
   a. Orfeu e Carmem.
   b. Orfeu e Mira.
   c. Orfeu e Eurídice.

2. Que monumento famoso aparece na fotografia?
   a. Padre Cícero.
   b. Corcovado.
   c. Estátua de Liberdade.

3. Quem é o diretor do filme?
   a. Steven Spielberg.
   b. Carlos Diegues.
   c. Walter Salles.

4. O que os personagens estão fazando na foto?
   a. Eles estão se beijando.
   b. Eles estão se queixando.
   c. Eles estão se abraçando.

5. Quais são os três atores principais do filme?
   a. Toni Garrido, Brad Pitt e Angelina Jolie.
   b. Toni Garrido, Patrícia França e Murílio Benício.
   c. Toni Garrido, Patrícia França e Marlon Brando.

E. Pequenas respostas

Veja a foto e escreva três ou quatro frases para cada uma das solicitações a seguir:

1. Descreva a foto.
2. Dê um título para a foto. A seguir, justifique sua escolha.
3. Descreva as emoções traduzidas pela expressão dos personagens.
4. Crie um diálogo entre os dois personagens.

F. Vocabulário

Preencha as lacunas com as palavras da lista abaixo:

vocalista	hospitaleira	asas delta	torcem	bicampeão	tiros
carros alegóricos	baixo	despedir-se	morro	letra	

1. No desfile das escolas de samba, muitos _____ têm um tema.
2. O _____ da banda canta bem e o homem que toca o _____ é muito bonito.
3. A escola de samba queria ganhar pela segunda vez para ser _____ .

4. No começo do filme, Carmem era muito _____ porque deixou Eurídice ficar em casa.

5. No Rio, muitos cariocas _____ pelo Flamengo, um time de futebol.

6. Sempre é difícil _____ de uma pessoa amada.

7. No _____ retratado em *Orfeu*, há muita pobreza, drogas e pessoas fazendo tudo o que podem para melhorar as suas vidas.

8. As pessoas usam _____ para pular dos morros do Rio.

9. Orfeu escreveu a _____ das músicas no filme.

10. Num lugar onde há muitos crimes, é importante tomar cuidado com os _____ que saem das pistolas.

G. Antônimos

Ligue as palavras da coluna A a seus antônimos ou idéias na coluna B:

A	B
fedorento	começar
trabalhador	cumprimentar
acabar	desligar
grupo	sol
despedir	estudante
atender	cheiroso
mestre	preguiçoso
lua	indivíduo

H. Crie uma sinopse

Depois de ver o filme e discuti-lo na aula, escreva uma pequena sinopse para encorajar outras pessoas a assisti-lo. Sinopses devem ser curtas e dar destaque aos momentos mais excitantes e marcantes do filme. Como você escreveria uma sinopse para *Orfeu*? Selecione as cenas que você quer destacar. Escreva algumas linhas descrevendo cada cena que você destacou. Coloque-as em sequência, de maneira que a leitura seja atrativa aos futuros espectadores.

I. Redação

A partir das perguntas e proposições a seguir, escreva um ensaio de uma página.

1. Descreva como a tecnologia aparece no filme *Orfeu*.

2. O que simboliza o lixo ao pé do morro?

3. Como as mulheres são retratadas neste filme? Por que elas têm lanças?

4. Fale sobre a música do filme. Que tipos de música aparecem no filme?

5. O que as pessoas fazem depois da morte de Orfeu? Que sons fazem Maicol, seu pai, Mira e o amigo? Depois da morte de Orfeu, o que aconteceu com a escola de samba? Qual é a ironia disso?

J. Comparação de filmes

Depois de assistir aos outros filmes mencionados nas perguntas a seguir, escreva um ensaio de uma página.

1. Quais são as semelhanças e diferenças entre os personagens Orfeu, Mira e Eurídice retratados em *Orfeu* e *Orfeu Negro*?

2. Há personagens que aparecem apenas em um dos filmes? Quais são? Em sua opinião, por que isto acontece?

3. Como são as favelas representadas nos filmes *Orfeu*, *Orfeu Negro* e *Cidade de Deus*?

4. Como o carnaval é retratado em *Orfeu* e *Orfeu Negro*?

5. Quem representa a figura da Morte nos dois filmes?

6. Como a religião e a fé aparecem nos dois filmes? Elas são as mesmas ou são diferentes?

7. Como a mídia é tratada neste filme e em *Ônibus 174*?

8. Como a televisão é representada neste filme e em outros, como *O Caminho das Nuvens* e *Central do Brasil*?

Atividades orais

A. Conversa

Em pares ou grupos de até quatro alunos, respondam às perguntas.

1. Por que as pessoas sempre dizem que Eurídice vem do estado do Amazonas e não do Acre? O que isso revela sobre a imagem que as pessoas do Rio têm do resto do Brasil?

2. Descreva a relação entre Orfeu e a mãe. Ela é superprotetora?

3. Por que Maicol diz que Eurídice precisa saber onde fica o sovaco do Cristo?

4. Quem é Lucinho? O que ele faz? Como é seu relacionamento com Orfeu?

5. Onde Orfeu busca inspiração? Ele mora em casa? Por que ele fica na favela?

Para saber: Escolas de samba

♦ Escolas de samba são associações de pessoas que se organizam e ensaiam o ano inteiro para desfilar durante o carnaval.

♦ A música que a escola canta durante o desfile é chamada de samba enredo. O tema é escolhido para o desfile de cada ano. Temas como a Amazônia ou Zumbi são cantados pelo puxador ou cantor principal. A escola canta enquanto desfila.

♦ Além do samba enredo, a escola cria carros alegóricos enormes, nos quais os sambistas dançam. Na escola de samba, há também a porta-bandeira e o mestre-sala, um casal fantasiado com roupas do século XVIII, encarregado de apresentar e defender a bandeira da escola; a ala das baianas, com mais de cem mulheres negras vestidas com roupas típicas da Bahia, como uma saia larga e a bateria, com centenas de homens tocando vários instrumentos de percussão.

6. Qual é a religião dos pais de Orfeu?

7. Quem é Carmem? Ela gosta de Eurídice? Quem é Eurídice para ela?

8. Por que Orfeu se esconde no carro da polícia? O que a polícia quer dele?

9. Por que Orfeu ameaça Lucinho? Como Lucinho reage?

10. O que Lucinho faz com o homem que estupra a garota? Quem vê o que acontece? Quem mata o estuprador, ao final?

11. Como é a fantasia do atirador? Por que ele não atira em Orfeu?

12. O que a mãe de Orfeu acha de Eurídice? O que ela diz?

Para saber: Mais sobre as escolas de samba

♦ Durante o desfile, a primeira fila é a comissão de frente, formada por pelo menos dez pessoas que apresentam o tema da escola.

♦ As escolas de samba mais conhecidas do Rio são Mangueira, Portela, Mocidade Independente, Imperatriz Leopoldinense e Viradouro. Esta última participou das filmagens de Orfeu.

♦ As primeiras escolas de samba começaram no início do século XX, no Rio de Janeiro, e agora existem escolas em outras cidades do Brasil, como em São Paulo, e também fora do país.

---

13. Quem vai à igreja com o pai de Orfeu?

14. Quem mata Eurídice? Qual é a reação das mulheres quando veem Orfeu com o corpo de Eurídice? O que Orfeu quer de Mira? Foi de propósito?

15. Quem dá à Mira uma lança? O que ela faz com isso? Você acha que Orfeu queria morrer e a provocou?

16. Você acha que Orfeu ia mesmo embora com Eurídice?

17. Qual é a última cena do filme? Você a considera apropriada?

B. "Canto dos Críticos"

O "Canto dos Críticos" é um programa de televisão imaginário, produzido e apresentado durante a aula. Depois de cada filme, um grupo de três a quatro estudantes discute os temas mais importantes nele retratados e questiona se o filme deve ser assistido ou não pelo público. Um estudante deve usar a câmera. Escolha dois críticos e um diretor para discutir o filme de hoje, *Orfeu*. Crie perguntas para o programa e depois discuta-as no ar. Peça a alguém para gravar a discussão.

C. Análise de uma cena (1:34 - 1:43)

Cena: a morte de Orfeu.

Assista à cena e responda às perguntas.

Observe

1. Como são as personagens femininas?
2. Como todos os personagens estão posicionados na cena?
3. Como Orfeu morre?

Escute

1. O que Orfeu diz a Mira?
2. O que Mira lhe responde?
3. Que som as pessoas fazem quando ele morre?

Esta cena na história

1. Como essa cena se encaixa na história?
2. O que ela revela sobre o relacionamento de Orfeu com as mulheres, sua fraqueza?
3. O que revela sobre seu papel na comunidade?

D. Carnaval

Em grupos de três a quatro alunos, preparem um carnaval para acontecer durante a aula. De que materiais vocês irão precisar? Escolha uma cidade onde o seu carnaval acontecerá. Qual é a importância disso? Quais são as funções das pessoas no grupo? Se vocês decidirem pelo carnaval do Rio, será necessário escrever um samba enredo.

Atividade de leitura: Entrevista com o diretor Cacá Diegues

Leia a entrevista e responda às perguntas que a seguir.

❖   ❖   ❖   ❖

Entrevista com Carlos Diegues, dezembro de 2006

1. Qual é a sua visão do cinema brasileiro de hoje em dia?

    CD: Desde a promulgação da Lei do Audiovisual, em 1994, o cinema brasileiro só faz crescer. Depois da catástrofe cultural que foi o Governo Collor, no início dos anos 1990, fazíamos 1 ou 2 filmes por ano; esse número foi crescendo inexoravelmente e, neste 2006, já tivemos quase 70 filmes de longa-metragem lançados comercialmente. Duas ou três safras de uma nova geração de cineastas surgiram ao longo desses anos, fazendo grandes filmes e algumas verdadeiras obras-primas, já consagradas internacionalmente. Esses jovens cineastas já não vêm mais apenas dos centros de produção tradicionais, como Rio e São Paulo, mas de todo o Brasil, refletindo suas regiões, culturas, etnias e sobretudo o caráter pessoal de cada um deles. Só posso, portanto, ser otimista em relação ao futuro artístico do cinema brasileiro. Mas é preciso ainda consolidar sua economia, ela ainda é frágil e qualquer erro de condução pode lhe ser fatal.

2. Em vários filmes seus como *Ganga Zumba, Xica e Quilombo* você trata abertamente do tema da escravidão no Brasil. Você acha que a escravidão já foi discutida suficientemente e aceita no Brasil?

    CD: A escravidão foi uma tragédia social que até hoje repercute na alma da sociedade brasileira. Muitos de nossos costumes sociais e raciais ainda são fruto de uma tradição escravocrata arraigada nas elites nacionais. Graças a vários fatores (entre os quais tenho o orgulho de incluir esses meus filmes), essa questão vem sendo discutida na academia e nas escolas de uma maneira mais contemporânea, sem complacência e sem ilusão. Antes desses filmes e desse período, ou seja, até mais ou menos os anos 1960, o Zumbi dos Palmares era, por exemplo, uma figura mitológica e lendária, sem grande repercussão na cultura e na história do país. Hoje ele é um herói nacional, reconhecido em todos os livros didáticos e até tem uma data oficial comemorativa de suas idéias e façanhas.

3. Falando mais sobre o escravidão, "Quilombo" não foi o seu único filme sobre os Palmares, pois em 1964 você fez "Ganga Zumba". Qual é a sua fascinação com a história dos Palmares e como é que as épocas políticas (de 1964 vs 1984) mudaram a visão dos filmes?

CD: Como sou de Maceió, Alagoas, vivi minha infância muito perto da Serra da Barriga e muito próximo das lendas que os mais velhos contavam sobre Palmares e seus heróis. Portanto posso lhe dizer que Palmares foi para mim, em primeiro lugar, um conto infantil, uma espécie de "fairy tale" muito local. Depois, com a escola, a universidade e minha consequente politização, fui compreendendo melhor o que tinha sido esse episódio histórico. *Quilombo*, de 1984, foi um pouco a continuação que fiquei devendo depois de *Ganga Zumba*, de 1964, que não pude fazer como queria por falta de recursos financeiros convenientes. Mas enquanto *Ganga Zumba* era um filme sobre a liberdade (feito às vésperas do Golpe Militar de 64) e sobre o uso dela, *Quilombo* (feito um ano antes da re-democratização de 1985) era uma espécie de "filme de antecipação", um filme sobre a utopia possível de um Brasil mais justo e democrático com que tanto sonhávamos naquele momento.

4. Nos seus filmes a figura da mulher é muito forte. Você acha que isso representa a mulher brasileira atual?

CD: Não sei se representa "a mulher brasileira atual", seria muita pretensão minha admitir isso. Talvez as mulheres de meus filmes repercutam as que conheci na minha vida, de minha mãe até minha companheira dos últimos 25 anos, Renata. Por coincidência ou não, sempre lidei com mulheres muito fortes, com personalidades às vezes até bastante impositivas e resistentes. Mas, de qualquer modo, é claro que vivi algumas décadas que, entre outras coisas, ficaram marcadas pela emancipação das mulheres, no Brasil e no resto do mundo. Essa foi uma revolução muito significativa para a humanidade e tenho a impressão de que ela ainda não acabou.

5. *Deus é Brasileiro* trata da aparência de Deus na terra. Você acha que as mudanças religiosas no Brasil em termos de fé, como a aparência de evangelismo, tem provocado um impacto significante no Brasil?

CD: *Deus é Brasileiro* não é um filme teológico, não pretende tratar de religião, a não ser no extremo limite de uma "teologia popular" brasileira, crenças que se confundem com atitudes sociais e culturais, mais do que com qualquer religião. No fundo, é uma comédia sobre a solidão e a necessidade do outro para se ser feliz. Quanto à última parte de sua pergunta, é evidente que o evangelismo está crescendo no Brasil e trazendo, nesse crescimento, alguns novos costumes que se confundem, às vezes, com o velho e recorrente autoritarismo de nossas tradições. Uma boa parte do que nossa formação tinha de melhor pode estar indo pelo ralo religioso do evangelismo.

6. Você fez uma nova versão do clássico, *Orfeu Negro* e neste há muita violência. Por que o fez? Você estava consciente das críticas da primeira versão do cinesata Camus que mostrava todos os favelados contentes com a miséria e a pobreza?

CD: A descoberta da peça de Vinicius de Moraes, "Orfeu da Conceição", foi um momento seminal na minha formação. Eu tinha 15 para 16 anos quando meu pai me levou à estréia dessa peça, em 1956, no Teatro Municipal do Rio de Janeiro. Foi uma das grandes emoções, um dos grandes êxtases de minha vida. Alguns anos depois, quando eu já estava envolvido na sopa primal de amigos, idéias e filmes amadores de onde nasceria o que seria chamado de Cinema Novo, vi o filme de Marcel Camus e me senti pessoalmente traído por sua versão que não tinha nada a ver com a realidade das favelas cariocas e muito menos com a peça de Vinicius. Ali prometi a mim mesmo que um dia faria um outro filme, baseado naquele mesmo texto e sobre aquele mesmo tema, para fazer justiça a ambos. Em 1980 cheguei a conversar com o próprio Vinicius sobre uma nova adaptação, mas ele morreu naquele ano, antes que começássemos o trabalho. Em 1990, voltei a pensar no projeto e chegamos até a filmar um desfile de carnaval com esse intuito. Mas só consegui fazer o filme mesmo em 1999, quando então fizemos uma adaptação contemporânea, viva, de hoje, como tenho certeza de que Vinicius gostaria mesmo que fosse.

7. Música é um elemento muito importante nos seus filmes. Por que a usa tanto?

    CD: Tive a sorte de ser contemporâneo de uma geração de gênios musicais e me tornar amigo da maioria deles. Por que abrir mão disso? A música é a manifestação artística brasileira por excelência.

8. Você acha que o genero de "road trip" como em *Bye Bye Brazil, Central do Brasil, Motorcycle Diaries e O Caminho das Nuvens* é um método bom para mostrar a realidade socioeconômica no país?

    CD: Gosto muito da estrutura cinematográfica do "road movie" porque ela nos permite traçar painéis mais vastos do mundo sem sair do conceito dramático que a rege. Num "filme de estrada", o que acontece à margem dela é tão importante quanto o que se dá em seu leito. Isso permite-nos incorporar novos personagens de "passagem" que, além de uma função dramática, podem simplesmente ilustrar alguma idéia nova. Num "road movie", o importante não é para onde o personagem vai, mas por onde ele vai.

9. Você teve muito sucesso internacional e nacional com os seus filmes. Você acha que o cinema brasileiro está se tornando mais conhecido fora do Brasil e por quê? O que você acha de companhias internacionais produzindo filmes no Brasil? Elas têm alguma influência sobre os temas ou os projectos?

    CD: O prestígio internacional do cinema brasileiro está crescendo simplesmente porque o conjunto de nossa produção está crescendo quantitativa e qualitativamente. Prêmios internacionais e a descoberta quase anual de novos talentos atraem a atenção de todo o mundo para nossos filmes. Quanto às companhias internacionais que produzem filmes no Brasil, elas estão apenas usando a Lei do Audiovisual que lhes permite um desconto no imposto sobre remessa de lucros, se elas investirem em filme brasileiro. Mas essas companhias são obrigadas a produzir os filmes com produtoras independentes brasileiras e são estas que se responsabilizam pelo filme e comandam sua fabricação. No Brasil, a tradição de responsabilidade e autoridade do realizador sobre seu filme é muito forte e está consolidada; o que não significa que o produtor não possa ser um parceiro de idéias.

10. Na sua opinião, como vai ser o futuro do cinema brasileiro?

CD: Não sou adivinho, não sei responder a essa questão. Mas acho que se formos nos basear no presente, temos uma oportunidade histórica de fazer do cinema uma atividade permanente no Brasil, cheia de talentos, além de muita qualidade e diversidade. O Brasil é um dos poucos países do mundo que, por seu tamanho territorial, pela formação de sua população e por tantos outros motivos, ainda pode construir uma cinematografia nacional original e diversa. ❖

Thanks to Carlos Diegues. Used by permission.

Perguntas

1. O que Carlos Diegues diz sobre o legado da escravidão no Brasil e como este tema é retratado no filme?

2. Como o diretor incorpora a música em seus filmes?

3. O que ele acha dos filmes atuais e futuros do Brasil?

4. Por que ele fez um filme que desafiou o icônico *Orfeu Negro*?

5. O que ele pensa sobre a maneira que a mulher é representada no cinema brasileiro?

Os Melhores Filmes Lusófonos

*must see

Director	Film	Year
Jorge Ileli	*Amei um Bicheiro*	1953
Roberto Farias	*Assalto ao Trem Pagador**	1962
Walter Salles	*Abril Despedaçado**	2001
Anselmo Duarte	*Absolutamente Certo*	1957
Alex Vianny	*Agulha no Palheiro*	1953
Adhemar Gonzaga	*Alô Alô Carnaval*	1936
Glauber Rocha	*Antonio das Mortes*	1969
Paulo Caldas & L. Ferreira	*O Baile Perfumado*	1997
Rogério Sganzerla	*O Bandido da Luz Vermelha*	1962
Glauber Rocha	*Barravento**	1962
Adhemar Gonzaga	*Barro Humano*	1936
Nelson Pereira dos Santos	*Boca de Ouro**	1963
Bruno Barreto	*Bossa Nova*	2000
José Padilha	*Ônibus 174**	2002
Carlos Diegues	*Bye Bye Brasil**	1977
Eduardo Coutinho	*Cabra marcado para Morrer*	1984
Ruy Guerra	*Os Cafajestes**	1962
Vicente Amorim	*O Caminho das Nuvens*	2003
Watson Macedo	*Canaval no Fogo*	1950
Abília Pereira de Almeida	*Candinho*	1954
Lima Barreto	*O Cangaceiro**	1953
Humberto Mauro	*O Canto da Saudade*	1952
Hector Bebenco	*Carandiru*	2003
Carla Camurati	*Carlota Joaquina, a Princesa do Brasil*	1996
Helena Solberg	*Carmen Miranda—Bananas is My Business**	1994
Andrucha Waddington	*Casa de Areia**	2005
Walter Salles Jr.	*Central do Brasil**	1998
José Carlos Burle	*Chamas no Cafezal*	1954

229

Carlos Diegues	*Chuvas de Verão*	1996
Fernando Meirelles	*Cidade de Deus**	2002
Nelson Pereira dos Santos	*Como Era Gostoso o Meu Francês**	1971
Alberto Pieralise	*O Comprador de Fazendas*	1951
Humberto Mauro	*O Descobrimento de Brasil*	1937
Glauber Rocha	*Deus e o Diabo na Terra do Sol**	1963
Bruno Barreto	*Dona Flor e Seus Dois Maridos**	1976
Glauber Rocha	*O Dragão da Maldade Contra o Santo Guerreiro*	1969
Leon Hirszman	*Eles Não Usam Black Tie**	1981
Carlos Manga	*Esse Milhão é Meu*	1958
Andrucha Waddington	*Eu, Tu, Eles*	2000
Humberto Mauro	*Favela dos Meus Amores*	1936
José Medina	*Fragmentos da Vida*	1929
Ruy Guerra	*Os Fuzis**	1963
Bruno Barreto	*Gabriela, Cravo e Canela*	1983
Humberto Mauro	*Ganga Bruta*	1933
Roberto Santos	*O Grande Momento*	1958
Alberto Pereira	*Hans Staden*	1999
Roberto Santos	*A Hora e a Vez de Augusto Matraga*	1966
Joaquim Pedro de Andrade	*Os Inconfidentes*	1972
Jorge Bodansky	*Iracema*	1975
Milton Amaral	*Jeca Tatu*	1959
Joaquim Pedro de Andrade	*Macunaíma**	1969
Carlos Manga	*Matar ou Correr*	1954
Nelson Pereira dos Santos	*Memórias do Cárcere*	1984
Carlos Coimba	*A Morte Comanda o Cangaço*	1960
Carlos Manga	*Nem Sansão nem Dalila*	1954
Anselmo Duarte	*O Pagador de Promessas**	1962
Tizuka Yamasaki	*Paraíba Mulher Macho*	1984
Hector Bebenco	*Pixote, a Lei do Mais Fraco*	1980
Walter Salles	*O Primeiro Dia*	1998
Suzana Amaral	*A Hora da Estrela**	1985
Carlos Hugo Christensen	*A Intrusa*	1980
Walter Lima Jr.	*Inocência*	1982
Jom Tob Azulay	*O Judeu**	1986
Mário Peixoto	*Limite*	1931
Walter Lima Jr.	*Lira do Delírio*	1977
Jason Kohn	*Manda Bala*	2007
André Klotzel	*A Marvada Carne*	1985
Walter Lima Jr.	*Menino de Engenho*	1965
José Carlos Burle	*Moleque Tião*	1942

Jorge Ileli	*Mulheres e Milhões*	1961
Walter Hugo Khouri	*Noite Vazia*	1964
Joaquim Pedro de Andrade	*O Padre e a Moça*	1965
Carlos Diegues	*Orfeu*	1999
Marcel Camus	*Orfeu Negro**	1959
Walter Lima Jr.	*A Ostra e o Vento*	1996
Bruno Barreto	*O Que é Isso, Companheiro?**	1997
Nelson Pereira dos Santos	*Rio 40 Graus**	1955
Nelson Pereira dos Santos	*Rio Zona Norte**	1957
Watson Macedo	*Samba em Brasília*	1960
Leon Hirszman	*São Bernardo*	1973
Luiz Sérgio Person	*São Paulo S. A.*	1966
Alberto Cavalcanti	*Simão, o Caolho*	1952
Tom Payne	*Sinhá Moça*	1953
Tom Payne	*Terra é Sempre Terra*	1951
Glauber Rocha	*Terra em Transe*	1967
Walter Salles	*Terra Estrangeira*	1996
Humberto Mauro	*Tesouro Perdido*	1926
Francisco Manso	*O Testamento do Senhor Napumoceno**	1997
Adolfo Celi	*Tico-Tico no Fubá*	1951
Carlos Diegues	*Tieta do Agreste*	1997
Domingos Oliveira	*Todas as Mulheres do Mundo*	1966
Nelson Pereira dos Santos	*Vidas Secas**	1963
Joge Ileli	*Viver de Morrer*	1970
Fábio Barreto	*O Quatrilho*	1995
Carlos Diegues	*Quilombo*	1984
Carlos Diegues	*Xica da Silva**	1976

Credits

Photo Credits

Used by permission.

Cover	Vera Bungarten/Luiz Carlos Barreto
pp.3, 6	Vera Bungarten/Luiz Carlos Barreto
p. 21	Walter Salles
p. 26	Walter Salles, Paula Prandini, Walter Carvalho
pp. 43, 47	José Rosa / Luiz Carlos Barreto
pp. 61, 65	© HB Filmes Ltda / Sony Picture Classics Inc.
pp. 77, 81	Domingos Peixoto /Agência O Globo, Marcelo Carnaval / Agência O Globo
pp. 91, 95	O2 Filmes Curtos LTDA
pp. 107, 112	Vantoen Pereira Jr/Luiz Carlos Barreto
pp. 125, 129	Walter Salles
pp. 141, 146	Courtesy of Claire Nascimento Andrade-Watkins, President, SPIA Media Productions, Inc.
pg.155	Archive of 25 April Documentation Center - University of Coimbra (Portugal)
pg 158	Archive of 25 April Documentation Center - University of Coimbra (Portugal)
pp. 173, 178	Leo Gandelman/Luiz Carlos Barreto
pp. 187, 191	Vantoen Pereira, Jr
pp. 203, 206	Courtesy of Janus Films
p 219	Thanks to Carlos Diegues
pp. 10, 67, 131	Maps used courtesy of www.maps.com

Text Credits

Used by permission

pp. 14-19	© Daniel Walker
pp. 36-42	Courtesy of Ricardo Mariano, Doutor em Sociologia pelo Programa de Pós-Graduação em Sociologia da Universidadede São Paulo
pp. 53-56	Courtesy of Luiza Ramos Amado
pp. 75-76	Varella, Drauzio. "Rita Cadillac." *Estação Carandiru.* Companhia das Letras, 1999
pp. 87-90	Giovana Hallack and Sabrina Valle, "Chacina da Candelária Completa Dez Anos." http://www.oglobo.com/online.25.nov.2003
pp. 103-104	© Umberto Guaspari Sudbrack
pp. 122-124	Dom Paulo Evaristo, *Brasil Nunca Mais,* Editora Vozes, 1985
pp. 137-138	Fonte Folha Online www.folha.com.br
pp. 166-170	Archive of 25 April Documentation Center - University of Coimbra (Portugal)
pp. 198-199	Organização Rede Mulher de Educação, www.redemulher.org.br/luta.htm,
pp. 214-218	Zeca Liciéro, *Iniciação ao Candomblé*, Editora Record
pp. 228-231	Thanks to Carlos Diegues.